MIKE WOODCOCK
DAVE FRANCIS

DER BEFREITE MANAGER

11 WEGE ZUR PERSÖNLICHEN EFFIZIENZSTEIGERUNG

BLOCKIERUNGEN ERKENNEN UND ÜBERWINDEN

UEBERREUTER

CIP-Titelaufnahme der Deutschen Bibliothek

Woodcock, Mike:
Der befreite Manager: 11 Wege zur persönlichen Effizienzsteigerung; Blockierungen erkennen und überwinden / Mike Woodcock; Dave Francis. [Aus d. Engl. von Paul Stein].
– Wien: Ueberreuter, 1990
(Ueberreuter-Sachbuch)
Einheitssacht.: The unblocked manager ‹dt.›
ISBN 3-8000-3335-6
NE: Francis, Dave:

Das in diesem Buch aufscheinende Material darf, so es sich nicht um ein Zitat aus früheren Publikationen handelt, für Unterrichts- und Übungszwecke vervielfältigt werden. Es ist in diesem Fall nicht notwendig, eine gesonderte Erlaubnis einzuholen. Der Verlag bittet aber, folgenden Hinweis auf allen Kopien anzubringen:

Aus: Mike Woodcock, Dave Francis: Der befreite Manager,
Verlag Carl Ueberreuter, Wien 1990

Diese Genehmigung gilt nur für die Vervielfältigung zu Unterrichts- und Übungszwecken. Vervielfältigung und Vertrieb in größerem Rahmen – oder der Abdruck in anderen Publikationen – bedarf einer gesonderten Genehmigung.

AU 118/1

Aus dem Englischen von Paul Stein
Originaltitel „The unblocked manager“, erschienen im Verlag Gower Publishing Company Ltd.

Umschlag von Brigitte Schwaiger

Gesamtherstellung: SRZ + Carl Ueberreuter Druckerei Ges. m. b. H., Korneuburg
Printed in Austria

Inhalt

Vorwort

Wir waren gerade im Begriff, unser Manuskript an den Verlag zu schicken, als wir einen unserer Freunde, Leiter einer Hauptabteilung eines großen europäischen Unternehmens, trafen. Dieses Treffen war ein trauriges Ereignis: Ihm war eben gekündigt worden; und zwar aus einem einfachen Grund: Seine Abteilung hatte Geld eingebüßt, und ihm wurde die Schuld daran gegeben. Er sagte: »Vor drei Jahren war die Marktsituation günstiger, und ich hätte das überstanden. Mittlerweile gibt es so viele Probleme, daß man das Doppelte leisten muß, um sich über Wasser zu halten. Ich war nicht gut genug.«

Unser Freund hatte genau die Probleme, mit denen gegenwärtig viele Manager fast jeder Branche in Europa konfrontiert sind.

Die Ressourcen werden knapper, die Märkte schrumpfen, der Wettbewerb wird immer schärfer, Arbeitslosigkeit lähmt die Initiative, und politische Entscheidungen machen das Geschäftsleben schwieriger. Es ist naheliegend, sich dieser rauhen Realität zu entziehen, aber Flucht vor der Wirklichkeit ist eine unfruchtbare Lebenseinstellung. Die positive Alternative dazu besteht darin, nicht nur um das Überleben zu kämpfen, sondern auch in schwierigen Zeiten erfolgreich zu sein, indem man stärker und leistungsfähiger wird. Charles Darwin beschrieb, wie bestimmte Arten einfach deshalb besser gedeihen, weil sie besser an ihre Umgebung angepaßt sind. Dieser evolutionäre Prozeß ist für Manager der neunziger Jahre ebenso relevant, wie er es für Seeigel und Eidechsen seit Beginn der Erdgeschichte war.

Dieses Buch wurde für Manager und Führungskräfte geschrieben, die ihre Fähigkeiten entfalten und auf diese Weise besser in der Lage sein möchten, schwierige organisatorische Umfeldbedingungen zu bewältigen. Infolge wirtschaftlicher und sozialer Veränderungen werden viele Personen Nachteile erleiden, und der gesunde Menschenverstand sagt uns, daß die am besten darauf vorbereiteten am wenigsten davon betroffen sein werden.

Der »Befreite Manager« ist der Aufgabe gewidmet, den einzelnen Managern zu helfen, das meiste aus ihrem Potential zu machen. Während der beiden Jahre, in denen die Gedanken dieses Buches entwickelt und erprobt wurden, haben wir mit Managern aus

Großbritannien, der Schweiz, der Bundesrepublik Deutschland, Dänemark, Österreich, Schweden, Israel, Spanien und den USA zusammengearbeitet. Wir haben viel aus den interkulturellen Vergleichen gelernt und glauben, daß unsere Methode durch diese internationale Sicht gewonnen hat. Unsere Untersuchungen wurden mit Praktikern durchgeführt und sind nicht als eine wissenschaftliche Abhandlung gedacht. Wir hoffen, daß das Fehlen von Statistiken durch den praktischen Wert unserer Ideen mehr als wettgemacht wird.

Die vorliegenden Ausführungen sind nicht einfach ein Managementlehrbuch, das gelesen und beachtet werden sollte. Vielmehr bilden sie ein Ideen- und Maßnahmenpaket zur Selbstentwicklung, das Ihre aktive Mitarbeit erfordert, um wirksam werden zu können.

Dieser Ansatz wird heute in der Fachsprache mit dem Ausdruck »interaktiv« bezeichnet. Wir möchten, daß Sie unsere Forschungsergebnisse gebrauchen, um neue Einsichten zu gewinnen, und nicht, um lediglich neues Wissen aufzuhäufen. So wird das Buch zum nützlichen Instrument für die Entwicklung von essentiellen Managementfähigkeiten. Sie werden praxisnahe und sehr bewährte Ideen finden, die Manager zur Erlangung größerer Leistungsfähigkeit gut nützen können. Es ist unsere feste Überzeugung, daß man am effektivsten durch Experimentieren, Risikofreudigkeit und kritische Überprüfung lernt.

Wir schreiben in erster Linie für praktizierende Führungskräfte und Manager, obwohl auch berufsmäßige Ausbilder und Lehrer die vorliegende Methodik für den Einsatz im Prozeß der Manager-Heranbildung brauchbar finden könnten. In gewissem Sinne ist das Buch unvollständig, da es lediglich die Bedürfnisse des individuellen Managers berücksichtigt. In unseren früher veröffentlichten Werken (siehe die Literaturhinweise im Anschluß an das Vorwort) haben wir beschrieben, wie Organisationssysteme und Arbeitsteams entwickelt werden können. Zusammengenommen bieten diese Bücher einen Ansatz für alle drei relevanten Entwicklungsebenen an: die individuelle, die teambezogene und die organisatorische. Ein umfassendes Entwicklungsprogramm muß jede dieser Ebenen berücksichtigen.

Jeder, der ein Buch über persönliche Entwicklung schreibt, arbeitet

erneut über ein Thema, das seit den Propheten des Alten Testaments fortwährend diskutiert wird. In den vergangenen Jahren haben wir von Fachleuten für Unternehmensorganisation, von Verhaltensforschern und Beratern für Persönlichkeitsentwicklung viel lernen können. Unseren größten Dank schulden wir jedoch den Hunderten von Managern, die mit uns in den vergangenen Jahren zusammengearbeitet, mit uns gelernt und uns gelehrt haben. Wir haben versucht, die für erfolgreiches Management relevanten Fertigkeiten und Fähigkeiten herauszuarbeiten. Wir hoffen, daß Führungskräfte gerne lesen, was im wesentlichen eine Zusammenfassung ihrer eigenen Ideen und Erfahrungen ist, und davon profitieren.
Jeder, der heutzutage ein Buch schreibt, ist mit dem Problem des Geschlechts konfrontiert. Es wäre falsch anzunehmen, alle Führungskräfte seien Männer. Aber stets »er oder sie« zu schreiben, führt zu einem schwerfälligen Stil. Nur deshalb haben wir uns für die herkömmliche männliche Form entschieden. Wir hoffen, die weiblichen Manager lassen unsere Erklärung gelten, daß wir damit niemanden abwerten möchten. Im Gegenteil, wir glauben, daß bei der Beurteilung von Managementqualitäten Frauen im allgemeinen unterschätzt werden.
Ein Buch entsteht in Wahrheit durch Teamwork. Viel Arbeit ist erforderlich, um Seiten mit unleserlicher Handschrift in ein gedrucktes Buch zu verwandeln. Wir danken dem gesamten damit beschäftigten Redaktionsstab, insbesondere jedoch unseren eigenen Sekretariatsdamen Josie Emmott und Angela O'Donaghue.
Als Autoren übernehmen wir selbstverständlich die volle Verantwortung für das Buch und die darin dargelegten Ansichten. Wir sind uns darüber im klaren, daß dessen Ideen zum Teil radikal und provozierend sind, aber aus unserer Erfahrung wissen wir, daß sie Managern helfen, in der rauhen Welt der gegenwärtigen Wirtschaft zu überleben. Wir hoffen, daß Sie, unsere Leser, dieses Buch für die Entwicklung Ihrer Effizienz nutzen werden und an der Selbsterforschung Gefallen finden, die einen wesentlichen Bestandteil unserer Methode bildet.

Dave Francis — Mike Woodcock

Literaturhinweise

Francis, D./Woodcock, M., *The junior management squeeze.* In: J. A. Belasco et al. (Hrsg.), *Management today.* New York: Wiley, 1975.

Francis, C./Woodcock, M., *Fifty Activities for Self-Development.* Aldershot: Gower, 1982.

Francis, D./Young, D., *Improving work groups: A practical manual for team building.* San Diego, CA: University Associates, 1979.

Woodcock, M., *Team development manual.* Aldershot: Gower, 1979; New York: Halsted, 1979.

Woodcock, M./Francis, D., *Unblocking your organization.* San Diego, CA: University Associates, 1979.

Woodcock, M./Francis, D., *Organisation Development through Team-building.* Aldershot: Gower, 1981; New York: Halsted, 1981.

Teil 1:

Einleitung

Europäische Manager durchleben eine Zeit der Verknappung, des Umbruchs und der Bedrohungen. Dies betrifft alle Unternehmensbereiche und ruft Reaktionen hervor, die von Aufregung und Hoffnung über Unsicherheit bis zu Verzweiflung reichen.
In den vergangenen zwanzig Jahren sind viele wichtige Veränderungen in der Struktur und den Arbeitsweisen von privaten und öffentlichen Organisationen zu beobachten gewesen. Der vielleicht bedeutsamste Wandel ist der verschärfte internationale Wettbewerb, mit der Folge, daß nur die effizientesten Unternehmen bestehen können. Wir brauchen uns nur zu Hause umzusehen: Ein typischer Haushalt mag in der Küche mit einem spanischen Kühlschrank und einem englischen Herd ausgestattet sein, mit einer italienischen Waschmaschine und Tischtüchern aus Indien. Im Wohnzimmer können amerikanische Teppiche liegen; und ziemlich sicher finden sich da Geräte der japanischen Unterhaltungselektronik. Das Auto in einer englischen Garage könnte sowohl aus Schweden, Deutschland oder Japan als auch aus Großbritannien stammen.
In Europa müssen Manager mit außergewöhnlichen Problemen fertig werden. Zum Beispiel erzwingt der wirtschaftliche und politische Überbau der Europäischen Gemeinschaft eine besondere Logik, die zwar einerseits gewisse Möglichkeiten bietet, andere aber beschränkt und die ihre eigenen Zwänge und Rätsel hat. Historische Vorbilder und Verhaltensmuster beeinflussen ständig die Entscheidungen der Führungskräfte in Wirtschaft und Verwaltung. Oft sind düstere Vorhersagen über die Zukunft der Unternehmen zu hören. Und die Ansicht ist weit verbreitet, daß die Wirtschaft eine Zeit sinkender Gewinne, der Energieknappheit, grassierender Inflation, der Arbeitslosigkeit, sozialer Unruhe und größerer politischer Instabilität erlebt. Viele Untergangsprognosen übersehen jedoch eine wichtige menschliche Eigenschaft: die Fähigkeit zur Innovation und zur Überwindung von Hindernissen.

Pessimistische Standpunkte sind häufig naiv und können selbst dazu beitragen, die von ihnen vorhergesagten negativen Bedingungen herbeizuführen. Es gehört zur Verantwortung der Manager aller Ebenen, alles in ihrer Macht Stehende zu tun, um eine positive und erfolgreiche Zukunft zu schaffen und zu verhindern, in einen Abwärtsstrudel gezogen zu werden.
Die wachsende Unruhe und Feindseligkeit rauher äußerer Bedingungen bedeutet, daß Organisationen überall in der Welt immer höhere Anforderungen an ihre Manager und Führungskräfte stellen. Insbesondere müssen sie bessere Fähigkeiten im Umgang mit einer unvorhersehbaren Zukunft entwickeln.
Einer unserer Freunde stellte fest: »Was bleiben wird, ist der ständige Wandel.« Also müssen sich Manager eine Einstellung, geistige Fähigkeiten und Arbeitstechniken aneignen, die sie in die Lage versetzen, ihre Funktionen auch in den kommenden Jahren positiv und effizient auszuüben.

Anforderungen an das Management

Wenn wir die in Industrieländern wirksamen politischen, sozialen, wirtschaftlichen und psychologischen Kräfte untersuchen und die Auswirkungen analysieren, die diese auf die Menschen in Managementpositionen haben, so lassen sich daraus brauchbare allgemeine Schlüsse hinsichtlich des grundlegenden Wandels der Managementtätigkeit ziehen. Diese Verallgemeinerungen haben es uns ermöglicht, die von kompetenten Managern in Gegenwart und Zukunft benötigten Stärken und Fähigkeiten vorherzusagen.
Unsere Untersuchungen haben elf Faktoren deutlich werden lassen, die das Managementverhalten in den kommenden Jahrzehnten voraussichtlich beeinflussen werden.

1. Streß, Druck und Unsicherheit nehmen in den meisten Organisationsbereichen zu. Deshalb müssen Manager imstande sein, sich ihre Zeit richtig einzuteilen und sich selbst wirksam einzusetzen, um effektiv zu sein.
2. Die Aushöhlung traditioneller Wertsysteme hat viel Verwirrung bezüglich persönlicher Anschauungen und Werte gestiftet. Des-

halb müssen Manager von heute in der Lage sein, ihre persönlichen Wertvorstellungen zu klären.

3. Es gibt viele Wahlmöglichkeiten. Deshalb müssen Manager sowohl ihre beruflichen als auch ihre persönlichen Ziele klar erkennen.

4. Unternehmenssysteme können nicht alle Ausbildungmöglichkeiten bieten, die von Managern der Gegenwart benötigt werden. Deshalb ist es für jeden Manager notwendig, kontinuierlich an seiner persönlichen Entfaltung und Weiterbildung zu arbeiten.

5. Die anstehenden Probleme werden immer komplizierter und zahlreicher, während die Mittel oft knapper werden. Deshalb wird die Fähigkeit, Probleme schnell und effizient zu lösen, eine noch entscheidendere Managementfähigkeit.

6. Der Druck, der auf den Märkten und auf der Energieversorgung, auf den Beziehungen zwischen Arbeitgebern und Arbeitnehmern sowie auf der Rentabilität lastet, macht neue Ideen und ständige Innovationen absolut erforderlich. Deshalb müssen Manager kreativ und in der Lage sein, Veränderungen wirksam in den Griff zu bekommen.

7. Auch die traditionellen hierarchischen Beziehungen stehen unter Druck. Deshalb verlangt effektives Management den Gebrauch der Fähigkeit, andere zu beeinflussen, ohne Zuflucht zu direktem Weisungsrecht zu nehmen.

8. Viele herkömmlichen Führungsstile und Managementmethoden sind weder hinreichend brauchbar noch akzeptabel, wenn es darum geht, aktuellen und künftigen Herausforderungen zu begegnen. Deshalb müssen neue und geeignetere Führungsstile angewandt werden, und viele Manager müssen andere Einstellungen und Verhaltensweisen ihren Untergebenen gegenüber entwickeln.

9. Der Einsatz von Menschen ist mit steigenden Kosten und wachsenden Problemen verbunden. Deshalb muß jeder Manager und Vorgesetzte noch findiger in der effektiven Nutzung vorhandener menschlicher Fähigkeiten werden.

10. Eine zunehmende Zahl von Veränderungen erfordert, daß die Menschen neue Fertigkeiten erlernen, neue Einstellungen entwikkeln und es vermeiden, den Anschluß zu verlieren. Deshalb müssen Manager fähig sein, anderen zu helfen, sich rasch und wirksam neue Techniken und Praktiken anzueignen.

11. Komplizierte Probleme benötigen zu ihrer Lösung in zunehmendem Maße die gemeinsamen Anstrengungen mehrerer Mitarbeiter. Manager müssen deshalb in der Lage sein, Teams zu bilden und zu festigen, die schnell innovativ und leistungsfähig werden.

Weil sie Anforderungen gegenüberstehen, von denen sie leicht überwältigt werden können, suchen viele Manager nach Orientierungshilfen. Leider sind viele der Managementideen früherer Jahrzehnte heute nicht mehr brauchbar. In diesem Buch jedoch werden Sie eine praktikable Methode finden; sie analysiert und erklärt, welche Merkmale und Fähigkeiten Manager und Führungskräfte aufweisen müssen, wollen sie in den kommenden Jahrzehnten bestehen und Erfolg haben.

Der Begriff der »Blockierung«

Wir definieren »Blockierung« als einen Faktor, der die Leistungsfähigkeit und den Output (Ertrag) eines »Systems«, zum Beispiel einer Unternehmensorganisation, eines Arbeitsteams oder eines Individuums, hemmt. Wir haben diese Konzeption der Blockierungen in unseren früheren Büchern angewandt, und es hat sich herausgestellt, daß sie überaus nützlich und weiterführend ist.
Grundsätzlich haben alle Manager das Potential, ihre Effizienz zu erhöhen und zu erweitern, aber aus vielen – teils offensichtlichen, teils im Laufe der Zeit verschütteten – Gründen haben sie Bereiche zu wenig entwickelter Befähigungen. Diese Bereiche haben wir Blockierung genannt. Unsere Entwicklungstheorie geht davon aus, daß die schnellste und wirtschaftlichste Vorgehensweise zur raschen Selbstentwicklung darin besteht, jene Blockierungen zu untersuchen, zu verstehen und zu überwinden, die den Erfolg und die persönliche Entfaltung verhindern.
Es ist sinnvoll, sich auf diejenigen Faktoren zu konzentrieren, die die volle Ausschöpfung des eigenen Potentials hemmen. Auf diesem Weg sind rasche Fortschritte zu erzielen, und das wiederum hilft dabei, an die Möglichkeit von persönlichen Veränderungen zu glauben.
Die meisten Manager sind gereifte Menschen und haben bereits ungefähre Vorstellungen von ihren eigenen Entwicklungsbedürf-

nissen, aber ihnen fehlt sowohl ein System zu deren genauer Feststellung als auch ein Mittel, ihnen gerecht zu werden.
Die Konzeption, mit der diese Blockierungen zu beseitigen sind, bietet dem Management ein klares und umfassendes Verfahren zur Überprüfung gegenwärtiger Fähigkeiten und zum Auffinden beschreitbarer Wege der Entwicklung persönlicher und beruflicher Kompetenz.

Definition des Begriffes »erfolgreiche Managementkompetenz«

Ehe die Blockierungen bei der Entwicklung eines Managers ermittelt werden können, ist zunächst eine brauchbare Definition des Begriffes »erfolgreiche Managementkompetenz« notwendig. Wir haben die Definition des erfolgreichen Managements auf die zuvor analysierten Erfolgsfaktoren gestützt. Kurz gesagt meinen wir, daß das »Managen« in den kommenden Jahrzehnten voraussichtlich folgende Fertigkeiten und Fähigkeiten erfordern wird:

- die Fähigkeit, sich selbst anzuleiten;
- fundierte persönliche Wertvorstellungen;
- klare persönliche Zielvorstellungen;
- die Betonung einer kontinuierlichen persönlichen Weiterentwicklung;
- die Fähigkeit, Probleme effizient zu lösen;
- Kreativität und Innovationsfähigkeit;
- die stark ausgeprägte Befähigung, andere zu beeinflussen;
- ein klares Verständnis der Führungs-Techniken;
- Führungskompetenz;
- die Fähigkeit, andere auszubilden und voranzubringen;
- die Fähigkeit, leistungsstarke Teams zu bilden und zu festigen.

Da jede Führungsaufgabe besondere Anforderungen stellt, ist nicht gemeint, daß jeder der oben erwähnten Erfolgsfaktoren in jeder Situation von gleicher Bedeutung ist. Sie bilden jedoch einen Rahmen für die Bewertung der eigenen Stärken im Hinblick auf die Anforderungen der übernommenen Aufgaben. Wenn es einem Manager an einer dieser Fähigkeiten gebricht, bewirkt dieses Fehlen eine Blockierung. Aus den elf Punkten der oben ausgeführten Definition können elf potentielle Blockierungen abgeleitet werden.

Die elf möglichen Blockierungen

1. Die Unfähigkeit, sich selbst anzuleiten

Eine Führungstätigkeit ist eine anstrengende und oft streßbelastete Herausforderung. Jede Führungskraft muß lernen, sich selbst als einzigartige und wertvolle Kraftquelle zu begreifen, um so ihren Erfolgsbeitrag Jahr für Jahr aufrechterhalten zu können. Es gibt Manager, die ihre Gesundheit riskieren, indem sie es zulassen, daß ihre Vitalität durch Ängste und Arbeitsdruck aufgezehrt wird. Und es gibt Manager, denen die Fähigkeit abgeht, ihren Gefühlen in angemessener Art und Weise Ausdruck zu verleihen. Manager, die nicht das äußerste aus ihrer Zeit, Energie und ihren Fähigkeiten herausholen, und solche, die nicht in der Lage sind, mit dem Streß des Manager-Daseins fertig zu werden, sind durch die *Unfähigkeit, sich selbst anzuleiten*, blockiert.

2. Unklare Wertvorstellungen

Jeden Tag werden von Führungskräften Entscheidungen erwartet, die auf Werten und Prinzipien basieren. Wenn deren persönliche Wertvorstellungen unzureichend geklärt sind, wird ihnen bei ihren Lagebeurteilungen ein festes Fundament fehlen. So kann es leicht geschehen, daß sie als schwache Charaktere angesehen werden. Die Werte, die mit dem modernen Begriff eines erfolgreichen Managements in Einklang stehen, betonen ganz allgemein Effektivität, Entfaltung von Mitarbeiterpotentialen und die Förderung der Aufgeschlossenheit gegenüber Innovationen. Manager, die sich nicht im klaren über ihre Ansichten oder darin inkonsequent sind, beziehungsweise solche, deren Wertsystem überholt ist, werden durch *unklare persönliche Wertvorstellungen* blockiert.

3. Unklare persönliche Ziele

Führungskräfte beeinflussen den Verlauf ihres eigenen Berufs- und Privatlebens durch Bewertung ihrer Optionen und durch Wählen zwischen Alternativen. Es gibt Manager, die bei der Festlegung von Zielen wenig Geschick zeigen, die unmögliche oder unangemessene Ziele verfolgen – oft sind das unzeitgemäße Ziele. Alternativen werden oft nur oberflächlich in Erwägung gezogen und wichtige Wahlmöglichkeiten ignoriert, während für bedeutungslose Angelegenheiten Zeit und Energie verschwendet wird. Solche Führungskräfte haben gewöhnlich Schwierigkeiten, selbst Erfolge zu erzielen und den Erfolg anderer richtig einzuschätzen, weil sie aufgrund *unklarer persönlicher Ziele* blockiert sind.

4. Gehemmte persönliche Entwicklung

Natürlich sind Manager in der Lage, sich beträchtlich weiterzuentwickeln, doch versäumen es einige, sich in geeigneter Weise mit ihren Schwächen auseinanderzusetzen und an ihrer persönlichen Entwicklung zu arbeiten. Ihr Merkmal ist mangelnde Beweglichkeit. Sie neigen dazu, Herausforderungen nicht anzunehmen, schlummernde Fähigkeiten verkümmern zu lassen, die ursprüngliche Begeisterung zu verlieren. Das Arbeitsleben wird zur Routine, da Risiken um der Sicherheit willen vermieden werden. Solche Manager werden durch eine *gehemmte persönliche Entwicklung* blockiert.

5. Unzulängliche Fähigkeit zur Problemlösung

Die Fähigkeit, Probleme kompetent zu lösen, ist eine ganz besondere Führungseigenschaft. Manche Manager sind unfähig, Probleme methodisch und ökonomisch anzupacken und geeignete Lösungen zu finden. Sie haben häufig Schwierigkeiten, Diskussionen über Problemlösungen zu steuern, Ziele zu setzen, Informationen zu verarbeiten sowie zu planen und zusammenzufassen. Da anstehende Fragen nicht schnell und energisch gelöst werden können, besteht die Tendenz, sie anzuhäufen. Die ungelösten Probleme behindern sowohl das Denken als auch die Aktivität des Managers, der durch seine *Unfähigkeit, Probleme zu lösen,* blockiert wird.

6. Geringe Kreativität

Die Fähigkeit, kreativ und innovativ zu sein, ist bei Managern häufig unterentwickelt. Ein Manager mit relativ geringer Kreativität gibt kaum Anstöße für neue Ideen, behindert andere dabei, kreativ zu arbeiten, und tut sich schwer, neue Wege zu gehen. Managern dieser Art sind die Methoden, mit deren Hilfe die Kreativität gesteigert werden kann, häufig fremd, oder sie machen diese als unnütze Spielerei verächtlich. Hochentwickelte Kreativität erfordert die Bereitschaft, mit Rückschlägen und Mißerfolgen konstruktiv fertig zu werden. Ein Manager, der durch mangelnde Bereitschaft zu experimentieren, Risiken auf sich zu nehmen und angesichts von Rückschlägen in seinen schöpferischen Anstrengungen nicht nachzulassen, charakterisiert ist, wird durch zu *geringe Kreativität* blockiert.

7. Geringes Beeinflussungsvermögen
Manager müssen fortwährend andere Menschen beeinflussen, die ihnen nicht direkt unterstellt sind. Manche Manager sind jedoch nicht in der Lage, sich andere zu verpflichten oder ihre Unterstützung zu erlangen, und folglich scheitern sie daran, zu den für den Erfolg notwendigen Mitteln zu gelangen. Sie neigen dazu, anderen vorzuwerfen, nicht auf sie zu hören, und sie werden von ihren Kollegen nicht wichtig genommen. Ein Manager, der nicht bestimmt auftritt, keine harmonischen Beziehungen herstellt, der sich selbst schlecht »verkauft« und nicht zuhören kann, ist durch ein zu *geringes Beeinflussungsvermögen* blockiert.

8. Mangelhaftes Managementverständnis
Wenn sich Manager nicht ernsthaft mit den Auswirkungen ihrer Führungspraktiken auf andere auseinandersetzen, ist es unwahrscheinlich, daß sie von diesen hochwertige Leistungen erhalten. Manager, die es verabsäumen, ihre Methoden zu analysieren, sind kaum in der Lage, anderen ihre Ansichten über richtiges Management zu verdeutlichen. Typisch für sie ist, daß sie sich kaum um ein Feedback kümmern, ihre Untergebenen nicht motivieren können, sich auszuzeichnen, und sich besonders schwertun, bestimmte Aufgaben anderen zu übertragen. Manager mit einem unzulänglichen Verständnis für die Motivation von Menschen, mit einem überholten, ungeeigneten oder rücksichtslosen Führungsstil sind durch *fehlendes Managementverständnis* blockiert.

9. Geringe Führungskompetenz
Die effektive Führung von Menschen und die Aktivierung von Ressourcen erfordert zahlreiche Fähigkeiten, deren Gesamtheit als Führungskompetenz bezeichnet werden kann. Zeitverschwendung und ineffektive Arbeitsmethoden führen dazu, daß die Menschen unzufrieden sind und daß ihr Leistungsniveau absinkt. In einer

derartigen Gruppe herrscht die Tendenz zu unklar definierten Rollen, zu verschwenderischen Arbeitsmethoden und zu unbefriedigenden zwischenmenschlichen Beziehungen. Die Arbeit des Managers wird von kaum jemandem anerkannt, und die Arbeitsmoral sinkt oft rapide. Der Manager, der es nicht schafft, durch die Anstrengungen anderer Ergebnisse zu erzielen, ist durch eine zu *geringe Führungskompetenz* blockiert.

10. Unzulängliche Trainerfähigkeiten

Fast jeder Manager fungiert von Zeit zu Zeit auch als Trainer. Ohne die Fähigkeit, andere auszubilden, ist es einem Manager unmöglich, Mitarbeiter zu den geforderten Leistungsstandards zu führen und sie bei ihrer Weiterentwicklung zu unterstützen. Deren Aus- und Weiterbildungserfordernisse werden nicht gründlich erfaßt, und es wird für Aktivitäten, die eine bessere Qualifizierung der Mitarbeiter zum Ziel haben, keine Zeit zur Verfügung gestellt. Sie verrichten ihre Arbeit ohne erkennbare Resonanz, ohne je »offiziell« bewertet zu werden und ohne von ihrem Vorgesetzten jemals einen Ratschlag zu erhalten. Ein solcher Manager, dem die Fähigkeit oder die Bereitschaft fehlt, anderen bei ihrer Entwicklung zu helfen, wird durch *unzulängliche Trainerfähigkeiten* in seiner Entfaltung blockiert.

11. Geringe Teambildungsfähigkeiten

Um gemeinsame Ziele zu erreichen, müssen sich die meisten Manager mit anderen zusammentun, damit sie alle ihre vereinten Fähigkeiten einsetzen können. Ein Vorgesetzter mit einer klischeehaften Einstellung zu seiner Rolle als Manager unternimmt häufig nichts, um die Entwicklung der Gruppe oder ihrer Mitglieder zu fördern. Wenn ein Manager es verabsäumt, Mitarbeiter zu kompetenten und ideenreichen Teams zusammenzuführen, verlaufen gemeinsame Arbeitsbesprechungen gewöhnlich spannungsgeladen oder aber ergebnislos. Wenn wenig unternommen wurde, um ein positives Betriebsklima zu schaffen oder effiziente Arbeitsabläufe zu entwickeln, dann ist ein Manager durch zu *geringe teambildende Fähigkeiten* blockiert.

Entwicklung persönlicher Fertigkeiten

Unruhige Zeiten sind von grundsätzlicher Bedeutung für Organisationen beziehungsweise Unternehmen, aber am unmittelbarsten ist der einzelne von ihnen betroffen. Auf den einzelnen Manager können sie sich dadurch auswirken, daß sein Lebensstandard oder Lebensstil in Mitleidenschaft gezogen wird, daß sein Entwicklungspotential vernachlässigt wird oder daß er vielleicht keine lohnenswerte Aufgabe übertragen bekommt. Es liegt deshalb im persönlichen Interesse eines jeden Managers, die Zeit und die Kraft zu investieren, die erforderlich sind, um ein hohes Leistungsniveau aufrechtzuerhalten. Dies ist die verläßlichste Absicherung gegen die Risiken, die mit dem modernen Managementleben verbunden sind.

Soziale Systeme verändern sich, und sie begrenzen individuelle Möglichkeiten, indem sie gewisse Leistungen höher bewerten als andere. Außer in von Grund auf kranken oder diktatorischen Systemen hat der einzelne die Möglichkeit, seine Zukunft zu beeinflussen und seine Lebensqualität selbst zu bestimmen. Diese prinzipielle Fähigkeit ist wohl der wertvollste Besitz eines Menschen, aber nur wenige sind sich ihrer Chancen wirklich in vollem Umfange bewußt. Ihr Leben wird durch Zwänge eingeschränkt, die ihnen, so scheint es, durch den schieren Zufall, durch die Geschichte und durch verschiedene Verpflichtungen auferlegt sind.

Die Fähigkeit, sein Leben selbst in die Hände zu nehmen, wird als Selbstverantwortlichkeit bezeichnet und ist von grundlegender Bedeutung für dieses Buch. Aus Erfahrung wissen wir, daß Menschen durchaus nicht rasch selbstverantwortlich werden, sondern sie durchlaufen eine allmähliche, aber keinesfalls ruhige Entwicklung: Zuerst werden sie sich des eigenen Leistungspotentials bewußt, dann entdecken sie Wege, wie sie daraus Nutzen ziehen können. Personen in leitenden Positionen sind von Berufs wegen in Veränderungsprozesse einbezogen, und die Qualität ihrer Arbeit ist abhängig von ihrer Fähigkeit, mit der Realität richtig umzugehen, positive Entscheidungen zu treffen, Kräfte zu mobilisieren und sich auf kreative Weise den jeweils vorhandenen Rahmenbedingungen anzupassen.

Dieses Buch legt einen subjektiven Standpunkt dar, der sich aber, wie wir hoffen, als schlüssig erweist. Weil das berufliche Dasein in Organisationen zunehmend höhere Anforderungen stellt und immer unsicherer wird, sind wir der Meinung, daß es Persönlichkeiten mit stets wachsender Kompetenz als Manager erfordert. Wir wissen auch, daß es immer schwieriger wird, Lehrbuchantworten auf Führungsprobleme bereitzuhalten. Infolgedessen muß der einzelne Manager von sich aus immer einfallsreicher werden, indem er lernt, mehr Verantwortung für sich selbst, seine Karriere und sein Leistungspotential zu übernehmen. Und diese gesteigerte Selbstverantwortlichkeit wiederum erweitert seine Einsetzbarkeit und erhöht seine Durchschlagskraft wie auch die Fähigkeit, alle Schwierigkeiten zu überstehen. Darüber hinaus gewinnt das Unternehmen eine auch in der Zukunft wertvolle, ja wesentliche Ressource.

Ein Unternehmen benötigt von seinen Führungskräften sachdienliche und wirksame Beiträge, kann aber von sich aus nicht die Weiterentwicklung jeglicher Managementfertigkeit einer jeden Führungskraft bewirken. Und sogar wenn dies möglich wäre, würde es die Mittel des Unternehmens über Gebühr belasten und seine Stabilität untergraben. Also müssen sowohl das Unternehmen als auch der einzelne ihren Teil zur Entwicklung der Managementkompetenz beitragen.

Es ist für Manager und Führungskräfte zweckmäßig, sich einer systematischen und schlüssigen Methode dafür zu bedienen. Sobald professionelle Fähigkeiten und Arbeitsmethoden beherrscht werden, bilden sie eine solide Basis für eine qualifizierte Leistung.

Bei der Entwicklung unseres Modells haben wir uns bemüht, neue Erkenntnisse der Verhaltensforschung zu berücksichtigen und diese in verständlicher Weise zu formulieren. Es liegt uns jedoch mehr an der praktischen Umsetzung als an konzeptioneller Eleganz. Es waren die Stellungnahmen von Praktikern des Managements, die es uns ermöglichten, anwendbare Techniken zu entwikkeln. Da wir meinen, auf dem richtigen Weg zu sein, haben wir unverbindliche Aussagen vermieden, und unsere Vorschläge sind subjektiv. Wir gehen davon aus, daß Sie beim Lesen dieses Buches ohnehin nur jene Ideen aufgreifen werden, die für Sie und Ihre persönliche Situation sinnvoll sind.

Wie dieses Buch genützt wird

Wir haben das Buch so aufgebaut, daß Sie den größtmöglichen Nutzen daraus ziehen können. Nach dieser Einführung werden Sie in Teil 2 zu einem vorbereitenden Test über Ihre persönlichen Blockierungen eingeladen. Anschließend finden Sie im Teil 3 elf Abhandlungen, die jeweils eine der von uns herausgearbeiteten Blockierungen erläutern. Alle Abhandlungen ergeben zusammengefaßt eine vollständige Anleitung, Menschen zu führen – für ein Management, das für Organisationen wie für Individuen sowohl heute als auch in den kommenden Jahrzehnten seinen Zweck erfüllt. Weil viele der Gedanken miteinander verknüpft sind, bitten wir Sie, den Teil 3 vollständig zu lesen. Wenn Sie dieser Empfehlung folgen, werden Ihnen einige Ideen bekannt vorkommen, andere hingegen völlig neu sein. Die Kombination der schon bekannten mit den neuen Ideen bietet Ihnen eine breite Grundlage für die Einschätzung der bei Ihnen vorhandenen Managementqualitäten sowie Ihrer Bedürfnisse nach deren Weiterentwicklung.
Teil 4 bietet zwei zusätzliche Überblicksdarstellungen, die Ihnen erstens ein Feedback, also Rückschlüsse darüber vermitteln werden, wie andere Ihre Blockierungen sehen, und Ihnen zweitens helfen werden, Ihre Managementstärken *und* -schwächen im Verhältnis zu den Anforderungen Ihres Aufgabenbereiches zu sehen. So wird es Ihnen möglich, Ihre eigenen Blockierungen genauer einzuschätzen, was zu wesentlich besseren Erfolgsaussichten Ihrer Entwicklungspläne führen wird.
Teil 5 ist ein Leitfaden für konkrete Maßnahmen, die bei der Beseitigung Ihrer Hemmnisse helfen können. Er unterstützt Sie dabei, Weitblick zu entwickeln sowie Mittel und Wege herauszufinden, die für die Erweiterung Ihrer Managementqualitäten von Nutzen sein können. Diese Anleitung befindet sich aus zwei Gründen am Ende des Buches:

- Nur nach der Beschäftigung mit den Anregungen in Teil 4 verfügen Sie über eine gediegene Analyse Ihrer Bedürfnisse.
- Es ist sinnvoll, die unserer Vorgehensweise zugrundeliegenden Anschauungen gründlich verstanden zu haben, ehe Sie einzelne Maßnahmen zur Beseitigung Ihrer Blockierung in Erwägung ziehen.

Das Buch ist so angelegt, daß es flexibel genutzt werden kann. Zum Beispiel sollten Sie, nachdem Sie die Ausführungen in Teil 4 gelesen haben, zu Teil 3 zurückkehren und die für Sie besonders relevanten Passagen nochmals lesen. Unser Ansatz betont das Experimentieren und das Lernen aus der Erfahrung. Wenn Sie an der Beseitigung Ihrer Blockierung arbeiten, können Sie die Testergebnisse benutzen, um Ihre Fortschritte zu beobachten.
Wir schlagen vor, daß Sie die persönliche Bestandsaufnahme, das heißt die »Eigenerhebung der Blockierungen«, also den Test in Teil 2, *so bald wie möglich durchführen* – auf alle Fälle, *bevor* Sie die den einzelnen Blockierungen entsprechenden Abschnitte lesen. Denn das aus diesen Abschnitten gewonnene Wissen könnte die Testergebnisse durch Vor-Urteile verfälschen.
Die zusätzlichen Erhebungen in Teil 4 wurden deshalb erst dort plaziert, weil sie neue Erkenntnisse vermitteln, die *nach* dem Verständnis der Grundvoraussetzungen unseres Modells besser genutzt werden können. Doch liegt die Entscheidung, ob Sie auch die weiteren Selbsteinschätzungstests, die sich in Teil 4 befinden, vor der Lektüre der elf Abhandlungen in Teil 3 beenden, ganz bei Ihnen.
Die in diesem Buch enthaltenen Materialien wurden grundsätzlich für den einzelnen Manager entwickelt, aber es basiert auf Gedanken, die auch schon in formalere Trainings- und in Entwicklungsprogramme für gesamte Unternehmen Eingang gefunden haben. Die in diesem Buch beschriebenen Herangehensweisen stimmen mit unseren früheren Publikationen (siehe die Literaturhinweise aus Seite) überein; diese wurden für Leute geschrieben, deren Beruf es ist, Unternehmen dabei zu helfen, erfolgreich umzustrukturieren.
Unsere Darstellung des Zugangs zu Blockierungen umfaßt nun die drei wichtigsten Bereiche hinsichtlich der Entwicklung der menschlichen Ressourcen (die Abbildung 1 gibt diese drei wesentlichen Bereiche schematisch wieder).
Im weiteren Sinne geht es bei der Entwicklung menschlicher Ressourcen darum,

- einzelnen Führungskräften zu helfen, sich geeignete Fertigkeiten, Kenntnisse, Vorstellungen und Werte anzueignen;
- Gruppen zu helfen, erfolgreich zusammenzuarbeiten;

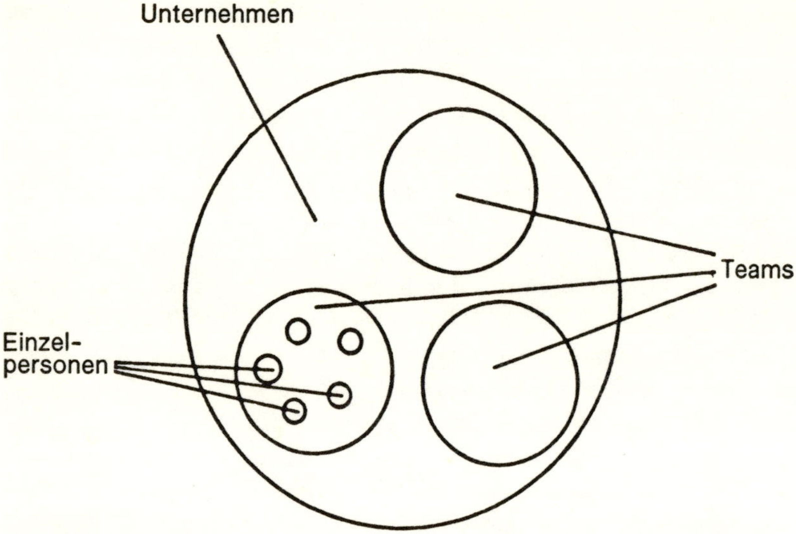

Abbildung 1: Die drei wichtigsten Bereiche der Entwicklung menschlicher Ressourcen

- Unternehmen zu helfen, die richtigen Voraussetzungen und Möglichkeiten für die produktive Tätigkeit von Individuen wie Gruppen zu schaffen.

Sie können dieses Buch dazu benutzen, sich über Ihre augenblickliche Führungskompetenz klarzuwerden, indem Sie Lücken und Schwächen erkennen, sowie dazu, ein praktikables Programm für Ihre eigene Weiterentwicklung auszuarbeiten. Bedenken Sie jedoch, daß persönliche Entwicklung niemals endet; sie ist ein Weg, auf dem man immer weiter schreitet. Dieser Prozeß hört nie auf, weil die sich ständig ändernde Welt der Wirtschaft von einem Manager ein stetiges Weiterschreiten verlangt.

Teil 2:

Bestandsaufnahme Ihrer persönlichen Blockierungen

Die sich ändernden Verhaltensmuster und Erfordernisse des Managements sind untersucht worden – nun kommt es darauf an, daß Sie sich über Ihre eigenen Fähigkeiten als Manager oder Vorgesetzter klar werden. Zu diesem Zwecke bitten wir Sie, die nun folgende Eigenerhebung der Blockierungen ganz durchzuführen. Sie wird Ihnen helfen, Ihre Stärken und persönlichen Hemmnisse zu erkennen. Durch Selbstbewertung vor dem Weiterlesen erhalten Sie ein nützliches Feedback und werden in die Lage versetzt, die Ausführungen über die einzelnen Blockierungen in den Abhandlungen von Teil 3 entschlossener zu nutzen.

Die Handhabung der folgenden Eigenerhebung der Blockierungen

Ziel

Die Bereitstellung eines Rahmens für die systematische Feststellung der eigenen Stärken und Blockierungen – mit dem Zweck, die Managementtätigkeit wirkungsvoll auszuüben.

Zeit

Ungefähr 20 Minuten, um die Fragen zu beantworten, und anschließend 40 Minuten zum Überdenken oder für die Diskussion der Resultate.

Unterlagen

Der Fragebogen ist auf den nächsten Seiten abgedruckt. Da Sie wahrscheinlich nicht in Ihr Buch schreiben wollen, empfiehlt es sich, Antwortraster und Auswertungsbogen zu photokopieren.

Umgebung

Es ist wichtig, daß Sie sich beim Ausfüllen Zeit lassen. Wählen Sie deshalb einen ruhigen Ort, an dem Sie ungestört arbeiten können.

Vorgangsweise

I. Lesen Sie die Anleitungen, bevor Sie den Fragebogen bearbeiten.
II. Versuchen Sie, jede Aussage separat zu bedenken, und warten Sie mit der Auswertung bis zum Ende der Erhebung.
III. Wenn Sie den Fragebogen vollständig beantwortet haben, analysieren Sie die Ergebnisse sorgfältig, um einzuschätzen, welchen Wert diese für Sie haben.

Andere Nutzungsmöglichkeiten

Der Fragebogen wie auch andere Unterlagen dieser Publikation können für Trainingsstunden bei der Managementausbildung benutzt werden. Wie schon im Copyright-Hinweis am Anfang des Buches vermerkt, gestattet der Verlag das Kopieren der Unterlagen für interne und nichtkommerzielle Zwecke.

Zur besonderen Beachtung

Obwohl die Untersuchungsmethode systematisch und logisch ist, reflektieren die Ergebnisse Ihre subjektiven Meinungen. Die Erhebung sollte deshalb in erster Linie als eine Hilfe zur Selbsteinschätzung und nicht als wissenschaftliche Bestandsaufnahme angesehen werden. Im Verlauf der weiteren Ausführungen werden wir Ihnen nahelegen, weitere Daten zu sammeln, damit Sie die Relevanz und Objektivität Ihrer Schlußfolgerungen beurteilen können.

Eigenerhebung der Blockierungen

Anleitung für die Durchführung der Erhebung

Fertigen Sie eine Kopie des Antwortrasters für die Eigenerhebung der Blockierung an und benutzen Sie diese Kopie, um Ihre Reaktion auf die folgenden Aussagen festzuhalten. Auf den nächsten Seiten finden Sie 110 dieser Aussagen – sie formulieren Stärken, über die Sie als Manager verfügen oder eben nicht verfügen. Lesen Sie jede Aussage und kreuzen Sie im Antwortraster (Seite 33) das Kästchen mit der entsprechenden Nummer an, falls Sie meinen, daß die Aussage auf Sie zutrifft. Arbeiten Sie den Fragebogen systematisch durch. Wenn Sie Zweifel bezüglich einer Frage haben, denken Sie darüber nach und geben Sie die Antwort so, daß sie der Wahrheit am nächsten kommt. Seien Sie mit Ihren Antworten so ehrlich wie möglich.

1. Ich werde mit Drucksituationen, wie sie zu meinem Job gehören, fertig.
2. Meine Einstellung zu wichtigen Grundsatzfragen ist mir klar.
3. Wenn wichtige Entscheidungen über mein Leben getroffen werden müssen, handle ich entschlossen.
4. Ich unternehme beträchtliche Anstrengungen, mich selbst weiterzuentwickeln.
5. Ich bin in der Lage, Probleme wirksam zu lösen.
6. Ich experimentiere und versuche es häufig mit neuen Ideen.
7. Meine Ansichten werden normalerweise von meinen Kollegen berücksichtigt, und ich beeinflusse häufig deren Entscheidungsfindung.
8. Ich verstehe die Prinzipien, die meiner Methode bei der Führung anderer zugrunde liegen.
9. Ich habe wenig Schwierigkeiten, dafür zu sorgen, daß meine Untergebenen effizient arbeiten.
10. Ich sehe mich selbst als einen guten Trainer meiner Untergebenen.
11. Ich leite Konferenzen gut.

12. Ich achte auf meine körperliche Gesundheit.
13. Ich bitte manchmal andere Leute um ihre Meinung über meine grundsätzliche Art, zu leben und zu arbeiten.
14. Wenn danach gefragt, könnte ich darlegen, was ich mit meinem Leben anfangen will.
15. Ich habe ein beträchtliches Potential für die weitere Fortbildung und Entwicklung.
16. An die Lösung von Problemen gehe ich systematisch heran.
17. Man könnte mich als einen Menschen beschreiben, der Veränderungen liebt.
18. Üblicherweise gelingt es mir, andere zu beeinflussen.
19. Ich halte meinen Führungsstil für richtig.
20. Ich genieße die volle Unterstützung meiner Untergebenen.
21. Ich investiere viel Kraft in die Ausbildung und Entwicklung meiner Untergebenen.
22. Ich glaube, daß die Beherrschung von Techniken, leistungsfähige Teams heranzubilden, für meine Effektivität wichtig ist.
23. Wenn nötig, bin ich bereit, unbeliebt zu sein.
24. Ich wähle selten den einfachsten Weg, sondern tue das, was ich für richtig halte.
25. Mein Beruf und meine persönlichen Ziele ergänzen einander weitgehend.
26. Mein Arbeitsleben ist häufig spannend.
27. Ich überprüfe regelmäßig meine Arbeitsziele.
28. Es scheint mir, daß viele andere Leute weniger kreativ sind als ich.
29. Ich hinterlasse normalerweise einen guten ersten Eindruck.
30. Ich rege Diskussionen an und suche Feedback bezüglich meiner Führungsstärken und -schwächen.
31. Mir gelingt es, positive Beziehungen zu meinen Untergebenen aufzubauen.
32. Ich nehme mir ausreichend Zeit, um die Entwicklungsbedürfnisse meiner Untergebenen festzustellen.
33. Ich verstehe die Prinzipien, die einer effektiven Gruppenentwicklung zugrunde liegen.
34. Ich verstehe es, meine Zeit effizient zu verwalten.
35. In Prinzipienfragen bin ich üblicherweise unerschütterlich.

36. Wann immer möglich, versuche ich meine Leistungen objektiv einzuschätzen.
37. Ich bemühe mich häufig, neue Erfahrungen zu sammeln.
38. Ich handhabe komplexe Informationen mit Kompetenz und Klarheit.
39. Ich bin bereit, eine Phase der Unsicherheit zu durchlaufen, um eine neue Idee zu erproben.
40. Ich würde mich als durchsetzungsfähig bezeichnen.
41. Ich bin davon überzeugt, daß es möglich ist, die Einstellungen von Mitarbeitern zu ihrer Arbeit zu verändern.
42. Meine Mitarbeiter holen für das Unternehmen das Maximum aus sich heraus.
43. Ich bewerte die Leistung meiner Untergebenen regelmäßig.
44. Ich bemühe mich um eine offene und vertrauensvolle Atmosphäre in den einzelnen Arbeitsgruppen.
45. Mein Privatleben wird von meiner beruflichen Tätigkeit nicht beeinträchtigt.
46. Ich handle nur selten gegen meine Überzeugungen.
47. Meine Arbeit trägt wesentlich zu meiner Lebensfreude bei.
48. Ich suche regelmäßig Feedback von anderen in bezug auf meine Leistungen und Fähigkeiten.
49. Ich bin ein guter Planer.
50. Ich verliere nicht den Mut und gebe nicht auf, wenn nicht sofort Lösungen gefunden werden können.
51. Es ist relativ einfach für mich, mit anderen harmonische Beziehungen herzustellen.
52. Ich verstehe, was andere Menschen zu hohen Leistungen motiviert.
53. Ich delegiere Verantwortung mit Erfolg.
54. Ich bin in der Lage und bereit, meinen Kollegen und Mitarbeitern Feedback zu geben.
55. Die Beziehungen zwischen der von mir geleiteten Arbeitsgruppe und anderen Teams im Unternehmen sind angenehm und kooperativ.
56. Ich lasse mich nur selten von meiner Arbeit völlig aufzehren.
57. Ich hinterfrage von Zeit zu Zeit meine Wertvorstellungen von Grund auf.
58. Ein Erfolgsgefühl ist für mich wichtig.

59. Ich finde Gefallen an Herausforderungen.
60. Ich überdenke meine Fortschritte und Leistungen regelmäßig.
61. Ich habe Selbstvertrauen.
62. Ich kann im allgemeinen das Verhalten anderer beeinflussen.
63. Wenn ich Menschen führen soll, ziehe ich die eingefahrenen Vorstellungen darüber in Zweifel.
64. Ich belohne eindrucksvolle Leistungen meiner Untergebenen.
65. Ich bin der Ansicht, daß die Beratung von Untergebenen einen wesentlichen Teil der Managertätigkeit darstellt.
66. Ich glaube, daß Manager nicht bei jeder Gelegenheit die Führer ihrer Teams zu sein brauchen.
67. Ich orientiere mein Essen und Trinken an dem, was meiner Gesundheit zuträglich ist.
68. Ich handle fast immer in Übereinstimmung mit meinen persönlichen Überzeugungen.
69. Ich verstehe mich gut mit meinen Kollegen am Arbeitsplatz.
70. Ich denke häufig darüber nach, was mich von noch mehr Effektivität abhält, und richte mich nach meinen diesbezüglichen Schlußfolgerungen.
71. Wenn es gilt, Probleme zu lösen, nehme ich bewußt die Hilfe anderer in Anspruch.
72. Ich kann sehr innovative Menschen führen.
73. Ich mache auf Konferenzen für gewöhnlich eine gute Figur.
74. Ich führe mit unterschiedlichen Methoden, um die Mitarbeiter meines Teams zu motivieren.
75. Ich habe selten wirkliche Schwierigkeiten im Umgang mit meinen Untergebenen.
76. Ich lasse Gelegenheiten zur Weiterentwicklung meiner Mitarbeiter nicht ungenutzt vorübergehen.
77. Ich stelle sicher, daß den Personen, die ich führe, die Gruppenziele klar verständlich sind.
78. Ich fühle mich generell energiegeladen und wachen Sinnes.
79. Ich habe ergründet, inwieweit meine Erziehung meine Ansichten beeinflußt hat.
80. Ich verfüge über einen erkennbaren persönlichen Karriereplan.

81. Ich lehne es ab aufzugeben, wenn die Dinge nicht wie gewünscht laufen.
82. Ich fühle mich der Leitung von Gruppensitzungen zur Lösung von Problemen gewachsen.
83. Ideen hervorzubringen ist kein Problem für mich.
84. Ich praktiziere, was ich predige.
85. Ich bin der Meinung, daß Untergebene Managemententscheidungen hinterfragen sollten.
86. Ich bemühe mich ausreichend um die Definition der Rollen und Aufgaben meiner Mitarbeiter.
87. Meine Mitarbeiter entwickeln die Fertigkeiten, die sie brauchen, weiter.
88. Ich besitze das Können, das erforderlich ist, um leistungsfähige Arbeitsteams aufzubauen.
89. Meine Freunde würden sagen, daß ich auf mein eigenes Wohlergehen achte.
90. Ich bin gewillt, meine persönlichen Anschauungen mit anderen zu diskutieren.
91. Ich diskutiere meine langfristigen Ziele mit anderen.
92. Ich könnte zutreffend als offen und flexibel beschrieben werden.
93. Im allgemeinen wähle ich einen methodischen Ansatz, um Probleme zu lösen.
94. Wenn ich einen Fehler mache, bringe ich die Angelegenheit in Ordnung, ohne mich aufzuregen.
95. Ich bin ein guter Zuhörer.
96. Ich delegiere Aufgaben erfolgreich an andere.
97. Sollte ich einmal in der Klemme stecken, bin ich sicher, daß ich volle Unterstützung von denen erhielte, die ich führe.
98. Ich kann andere gut beraten.
99. Ich versuche ständig, die Leistungen meiner Mitarbeiter zu verbessern.
100. Ich finde Wege, meine emotionalen Schwierigkeiten zu bewältigen.
101. Ich habe meine Wertvorstellungen mit denen des Unternehmens verglichen.
102. Im allgemeinen erreiche ich meine persönlichen Ziele.

103. Ich fahre fort, mich weiterzuentwickeln und meinen Aktionsradius zu erweitern.
104. Ich habe gegenwärtig keine größeren und nicht mehr Probleme als vor einem Jahr.
105. Mitunter schätze ich unkonventionelles Verhalten bei der Arbeit.
106. Die Leute nehmen meine Ansichten ernst.
107. Ich bin davon überzeugt, daß mein Führungsstil erfolgreich ist.
108. Meine Mitarbeiter haben vor mir als Manager großen Respekt.
109. Ich glaube, es ist wichtig, daß auch jemand anderer in der Lage ist, meine Aufgaben zu übernehmen.
110. Ich bin der Ansicht, daß Teams häufig viel mehr erreichen können als einzelne, die alleine arbeiten.

Antwortraster für die Eigenerhebung der Blockierungen

Folgen Sie den Hinweisen, die zu Beginn des voranstehenden Fragebogens gegeben wurden. Die 110 Felder des nun folgenden Rasters entsprechen den einzelnen Testaussagen. Sind Sie der Ansicht, daß eine Aussage auf Sie weitgehend zutrifft, so kreuzen Sie das betreffende Feld an. Trifft hingegen eine Aussage Ihrer Meinung nach im großen und ganzen auf Sie nicht zu, lassen Sie das Feld frei. Beginnen Sie oben links, und gehen Sie Zeile für Zeile in der numerierten Reihenfolge der Testaussagen vor. Achten Sie darauf, keine Aussage auszulassen.
Wenn Sie alle 110 Aussagen berücksichtigt haben, addieren Sie die Anzahl der Kreuze in jeder senkrechten Spalte, und schreiben Sie die jeweilige Summe in das dafür vorgesehene Feld. Anschließen widmen Sie Ihre Aufmerksamkeit bitte dem Auswertungsbogen.

	A	B	C	D	E	F	G	H	I	J	K
	1	2	3	4	5	6	7	8	9	10	11
	12	13	14	15	16	17	18	19	20	21	22
	23	24	25	26	27	28	29	30	31	32	33
	34	35	36	37	38	39	40	41	42	43	44
	45	46	47	48	49	50	51	52	53	54	55
	56	57	58	59	60	61	62	63	64	65	66
	67	68	69	70	71	72	73	74	75	76	77
	78	79	80	81	82	83	84	85	86	87	88
	89	90	91	92	93	94	95	96	97	98	99
	100	101	102	103	104	105	106	107	108	109	110
Summe											

Auswertungsbogen für die Eigenerhebung der Blockierungen

Anleitungen

Übertragen Sie jede der Summen Ihrer Punkte aus dem Antwortraster in die erste Spalte der Tabelle auf der folgenden Seite.

Füllen Sie die Spalte »Rangfolge« aus, indem Sie dort Ihre höchste Punktezahl an die erste Stelle setzen und in der betreffenden waagrechten Spalte eine 1 einschreiben, hierauf Ihrer zweithöchsten Punktezahl die Zahl 2 zuordnen und so fort. Ihre niedrigste Punktezahl hat also den Rang 11.

Füllen Sie dann die Spalte »umgekehrte Rangfolge« aus, indem Sie Ihre niedrigste Punktezahl auf Rang 1 setzen und so fort. Ihre höchste Punktezahl steht demnach dort auf Rang 11.

Nun tragen Sie in die dann folgenden tabellarischen »Zusammenfassungen« diejenigen Ihrer Eigenschaften ein, die jeweils die drei ersten Ränge einnehmen. Unter »persönliche Stärken« erkennen Sie jene Leistungsbereiche, in denen Sie offensichtlich wenig Probleme haben; die Rubrik »persönliche Blockierungen« hingegen bezeichnet die Bereiche, die zu entwickeln für Sie offensichtlich von vorrangiger Bedeutung ist.

Ihre Punktzahl		Stärken	Rangfolge	umgekehrte Rangfolge	Blockierungen
A		Fähigkeit, sich selbst anzuleiten			Unfähigkeit, sich selbst anzuleiten
B		Klare Wertvorstellungen			Unklare Wertvorstellungen
C		Klare persönliche Ziele			Unklare persönliche Ziele
D		Fortwährende persönliche Entwicklung			Gehemmte persönliche Entwicklung
E		Hinreichende Fähigkeit zur Problemlösung			Unzulängliche Fähigkeit zur Problemlösung
F		Hohe Kreativität			Geringe Kreativität
G		Großes Beeinflussungsvermögen			Geringes Beeinflussungsvermögen
H		Managementverständnis			Mangelhaftes Managementverständnis
I		Große Führungskompetenz			Geringe Führungskompetenz
J		Hohe Trainerfähigkeit			Unzulängliche Trainerfähigkeit
K		Hohe Teambildungsfähigkeit			Geringe Teambildungsfähigkeit
			Stärken	**Blockierungen**	

Zusammenfassungen

Übertragen Sie aus der Spalte »Rangfolge« die Ränge 1, 2 und 3

PERSÖNLICHE STÄRKEN	
1.	
2.	
3.	

Übertragen Sie aus der Spalte »umgekehrte Rangfolge« die Ränge 1, 2 und 3

PERSÖNLICHE BLOCKIERUNGEN	
1.	
2.	
3.	

Zusammenfassung der Blockierungen

1. *Die Unfähigkeit, sich selbst anzuleiten:* die Unfähigkeit, das Äußerste aus seiner Zeit, Energie und seinen Fähigkeiten herauszuholen; nicht in der Lage sein, mit dem Streß des aktuellen Managementdaseins fertig zu werden
2. *Unklare Wertvorstellungen:* Unklarheit über die eigenen Wertvorstellungen; Vorhandensein von Werten, die dem heutigen Berufs- und Privatleben nicht mehr gerecht werden
3. *Unklare persönliche Ziele:* Unklarheit über die Zielvorstellungen des Berufs- oder des Privatlebens; Verfolgung von Zielen, die dem gegenwärtigen Arbeits- und Privatleben nicht mehr gerecht werden
4. *Gehemmte persönliche Entwicklung:* das Fehlen der richtigen Einstellung sowie mangelnde Fähigkeiten und geringe Aufnahmebereitschaft, die notwendig sind, um sich Herausforderungen und neuen Möglichkeiten zu stellen
5. *Unzulängliche Fähigkeit zur Problemlösung:* das Nichtvorhandensein der erforderlichen Strategien zur Problemlösung und Entscheidungsfindung sowie fehlende Fähigkeiten, anstehende Probleme zu lösen
6. *Geringe Kreativität:* das Fehlen der Fähigkeit, genügend neue Ideen hervorzubringen; die Unfähigkeit, aus neuen Ideen Nutzen zu ziehen

7. *Geringes Beeinflussungsvermögen:* nicht in der Lage sein, von anderen Einsatzbereitschaft und Unterstützung zu erlangen beziehungsweise deren Entscheidungen zu beeinflussen
8. *Mangelhaftes Managementverständnis:* ungenügende Einsichten in die Motivation der Menschen am Arbeitsplatz; Vorherrschen eines nicht zeitgemäßen, rücksichtslosen oder ungeeigneten Führungsverständnisses
9. *Geringe Führungskompetenz:* Fehlen der praktischen Fähigkeit, Ergebnisse durch die Bemühungen anderer zu erzielen
10. *Unzulängliche Trainerfähigkeit:* Fehlen der Fähigkeit oder der Bereitschaft, anderen zu helfen, sich zu entfalten und ihre Fähigkeiten zu erweitern
11. *Geringe Teambildungsfähigkeit:* die Unfähigkeit, Gruppen oder Teams dabei zu unterstützen, sich weiterzuentwickeln und effizienter zu werden

Teil 3:

Blockierungen der persönlichen Effektivität

Der Test im Teil 2 diente Ihnen zur Feststellung dessen, was Sie daran hindert, Ihre Managementaufgaben wirkungsvoll zu erfüllen. Insbesondere sollten Sie die drei stärksten persönlichen Blokkierungen erkennen. Teil 3 ist dazu bestimmt, Ihnen zu helfen, Ihre Blockierungen weiter zu ergründen. Hier gilt: »Erkenne deinen Feind!«, weil wir glauben, daß der erste Schritt zur Selbstvervollkommnung darin besteht, zu erfahren und zu verstehen, was Ihre Leistung als Manager hemmt.
Die einzelnen Kapitel des Teils 3 enthalten nicht nur jeweils eine Beschreibung der Blockierungen, sondern auch erprobte Vorschläge, die Sie aufgreifen können, um die spezifische Hemmung aus dem Weg zu räumen. Im folgenden werden einige der in jedem Kapitel dargelegten Schlüsselbegriffe und Gedanken kurz wiedergegeben.

Blockierung 1: Die Unfähigkeit, sich selbst anzuleiten
- Erhaltung körperlicher Gesundheit
- Vernünftiger Einsatz der eigenen Energien
- Die Bewältigung von Drucksituationen
- Gute Zeiteinteilung
- »Dualing« – das Äußerste an Zeit und Möglichkeiten herausholen
- Merkmale von Managern mit der Fähigkeit/Unfähigkeit zur Selbststeuerung
- Wann Manager der Fähigkeit zur Selbststeuerung am meisten bedürfen

Blockierung 2: Unklare Wertvorstellungen
- Was sind Werte?
- Auswahl von Werten
- Die Aneignung von Werten

- Lebenseinstellungen
- Aktive und passive Manager
- Wie man Wertvorstellungen klärt und ändert
- Wertvorstellungen von Managern
- Merkmale von Managern mit klaren/unklaren Wertvorstellungen
- Wann Manager am dringendsten klare Wertvorstellungen benötigen

Blockierung 3: Unklare persönliche Ziele
- Das setzen von Zielen: eine Lebenseinstellung
- Prinzipien einer erfolgreichen Zielsetzung
- Warum sich Ziele setzen?
- Wie man sich Ziele setzt?
- Überprüfung des Fortschritts
- Anderen beim Setzen von Zielen helfen
- Blockierungen bei der Verwirklichung von Zielen
- Merkmale von Managern mit klaren/unklaren Zielvorstellungen
- Wann Manager persönliche Ziele am nötigsten haben

Blockierung 4: Gehemmte persönliche Entwicklung
- Was ist persönliche Entwicklung?
- Häufige Blockierungen bei der Umsetzung von Potentialen
- Selbsterkenntnis
- Wirksames Feedback
- Offenheit und Flexibilität
- Berufliche Weiterentwicklung und Karriere
- Verkümmerte Persönlichkeitsentwicklung als Blockierung
- Merkmale von Managern mit verkümmerter Persönlichkeitsentwicklung
- Wann sich Manager am stärksten um ihre Weiterentwicklung bemühen müssen

Blockierung 5: Unzulängliche Fähigkeit zur Problemlösung
- Systematische Problemlösung
- Techniken der Problemlösung
- Ebenen der Entscheidungsfindung

- Der Einsatz von Menschen und Ressourcen für die Lösung von Problemen
- Merkmale von Managern mit genügender/ungenügender Problemlösungskompetenz
- Wann Manager der Problemlösungskompetenz am dringendsten bedürfen

Blockierung 6: Geringe Kreativität
- Barrieren der Kreativität
- Kreative Lösung von Problemen
- Problemanalyse
- Entfaltung von Ideen
- Ideenauslese
- Planung von Innovationen
- Feedback und Rückschau
- Kreativgruppen und schöpferische Organisationen
- Führung kreativer Gruppen
- Individuelle Kreativität
- Merkmale von Managern mit hoher/geringer Kreativität
- Wann Manager besonders kreativ sein müssen

Blockierung 7: Geringes Beeinflussungsvermögen
- Unmittelbarer Einfluß auf andere
- Persönliche Durchsetzungsfähigkeit
- Barrieren der Selbstbehauptung
- Verbesserung persönlicher Kontakte
- Führung anderer
- Beeinflussung von Gruppen und Systemen
- Ein guter Zuhörer werden
- Merkmale von Managern mit hohem/geringem Beeinflussungsvermögen
- Wann Manager am dringendsten Beeinflussungsgeschick benötigen

Blockierung 8: Mangelhaftes Managementverständnis
- Unternehmensbezogene Managementphilosophie
- Blockierungen der organisatorischen Wirksamkeit
- Schaffung eines positiven Betriebsklimas

- Individuelle Energie
- Häufige Motivationsbarrieren
- Individuelles Managementverständnis
- Die Entwicklung einer Theorie der Führung
- Aktuelle Vorstellungen zu Fragen der Führung
- Situationsbezogener Führungsstil
- Die Persönlichkeit des Vorgesetzten
- Merkmale von Managern mit großem/mangelhaftem Managementverständnis
- Wann Manager ein klares Managementverständnis am dringendsten benötigen

Blockierung 9: Geringe Führungskompetenz

- Analysieren der Rolle des Vorgesetzten
- Aufgaben anderer definieren
- Delegieren von Verantwortung
- Effizienz lohnend machen
- Der Umgang mit schwierigen Mitarbeitern
- Merkmale von schwierig zu führenden Mitarbeitern
- Verbesserung von Arbeitsbeziehungen
- Merkmale von Managern mit großer/geringer Führungskompetenz
- Wann Manager am meisten großer Führungskompetenz bedürfen

Blockierung 10: Unzulängliche Trainerfähigkeit

- Ausbildung – eine Schlüsselaufgabe des Managements
- Der Manager als Teilzeittrainer
- Schaffung eines der individuellen Entfaltung förderlichen Klimas
- Aneignung des »Handwerks«
- Merkmale eines Lernklimas
- Richtige Einschätzung individueller Weiterbildungsbedürfnisse
- Die Führung von Beurteilungsgesprächen
- Beratung
- Leitlinien für Feedback im Beratungsprozeß
- Lernen aus den Arbeitserfahrungen
- Mit neuen Aufgaben umgehen lernen

- Coaching-Fähigkeiten
- Merkmale von Managern mit großen/unzulänglichen Trainerfähigkeiten
- Wann Manager am meisten großer Trainerfähigkeiten bedürfen

Blockierung 11: Geringe Teambildungsfähigkeit
- Erkenntnis der Teambildungsmöglichkeiten
- Die Rolle des Teamleiters
- Notwendigkeitsgrad der Teambildung
- Die Charta des Teambilders
- Erfolgreicher Stil des Teamleiters
- Der Reifungsprozeß eines Teams
- Die Überwindung der Blockierungen effizienten Teamworks
- Merkmale von Managern mit hohen/geringen Teambildungsfähigkeiten
- Wann Manager am meisten hohe Teambildungsfähigkeiten benötigen

Wir empfehlen, daß Sie alle Abhandlungen über die einzelnen Blockierungen lesen, aber besonders aufmerksam diejenigen, von denen Sie meinen, daß sie wichtig für Sie sind. Doch denken Sie daran, daß der Selbstbewertungstest nur *Ihre eigene subjektive Einschätzung Ihrer Person* wiedergibt. Sie ist nützlich, muß aber nicht in jeder Hinsicht zutreffen. Teil 4 bietet darum zwei weitere Tests, mit deren Hilfe Sie die Genauigkeit der Einschätzung erhöhen können. Der erste (»Erhebung der Arbeitsanforderungen«) kann helfen, die spezifischen Ansprüche zu klären, die Ihr Beruf an Sie stellt, und erhellen, wie diese mit Ihren persönlichen Blockierungen zusammenhängen. Der zweite Test in Teil 4 (»Einschätzung Ihrer Blockierungen durch andere«) gibt Ihnen die Möglichkeit, festzustellen, wie andere Ihre Kompetenz bewerten, und deren Ansichten mit Ihren eigenen zu vergleichen.
An diesem Punkt des Buches angelangt, können Sie zwischen folgenden zwei Varianten entscheiden:
Entweder Sie vertiefen sich sofort in die hier anschließenden Abschnitte, die sich mit den einzelnen Blockierungen befassen (in diesem Fall müssen Sie die möglicherweise von Ihrer Voreingenommenheit beeinflußten Resultate der »Eigenerhebung der Blok-

kierungen«, also die Subjektivität dieses Tests stets im Auge behalten),
oder Sie wenden sich gleich Teil 4 zu und führen zunächst die dort enthaltenen Tests durch, um die Ihnen eigenen Blockierungen genauer zu orten, bevor Sie die Lektüre der folgenden Abschnitte aufnehmen.

Blockierung 1: Die Unfähigkeit, sich selbst anzuleiten

Die Fabrik ging nicht gut. Ausländische Konkurrenz, die weltweite Rezession und der schrumpfende Inlandsmarkt hatten zu geringer Rentabilität geführt. George Smith, der Generaldirektor, arbeitete jede verfügbare Stunde, kam früh, blieb lange, nahm Arbeit mit nach Hause und hetzte von einer Sitzung zur anderen – ein hyperaktiver Manager. Und abends in den eigenen vier Wänden tat er auch nichts anderes, als Papiere zu sichten und Berichte zu schreiben. Höchstens, daß er ausgelaugt vor dem Fernseher saß, während er zugleich einen Artikel in einem Managementjournal überflog. Obwohl er einen Urlaub mit seiner Frau plante, sagte er ihn immer wieder ab, um mit der nächsten »Krise« fertig zu werden. Seine Frau, zunächst wütend über das Ausmaß von Georges Verpflichtungen, resignierte dann aber, da sie sein Verhalten ja doch nicht ändern konnte.
George tat seine Arbeit logisch und gründlich, aber er strahlte das genaue Gegenteil davon aus: ein bleicher und übergewichtiger Mensch, der ständig mit den Füßen scharrte oder mit den Fingern auf irgendeine Unterlage klopfte. Er war Kettenraucher, dessen Anzüge ausgebeult, fleckig und abgetragen aussahen.
Seine einzige Leidenschaft galt der Kompetenz von Managern, und seine geringe Freizeit verbrachte er damit, vor Studenten Vorlesungen über entsprechende Themen zu halten. Einmal hörte er zufällig über sich als »Workoholic« reden, aber dies tat er als oberflächliche Bemerkung eines verantwortungslosen und ohnehin inkompetenten Kollegen ab. Dabei mußte er ständig seine ganze Energie aufbieten, um seinen schonungslosen Zeitplan auch einhalten zu können. Ein enger Mitarbeiter sagte: »George gibt zu viel und tut nichts für sich. Ich fürchte, er wird zusammenbrechen.« Seine Kollegen waren nicht überrascht, als sie hörten, daß er mit einem Herzinfarkt ins Krankenhaus eingeliefert worden war.
George hatte Glück; er erholte sich und nahm seine Arbeit wieder auf. Er kehrte jedoch mit einer neuen Einstellung zum Leben und zum Beruf zurück. Er sagte: »Ich möchte weitermachen und Erfolg haben, aber ich werde mich nicht wieder wie eine Maschine antreiben. Ich schäme mich dafür, mich selbst vernachlässigt zu haben.« Die Erfahrung, daran beinahe zugrunde gegangen zu sein, lehrte George, sich in Hinkunft auch um sich selbst zu kümmern.

Warum jeder Manager der Selbststeuerung bedarf

Ein Job im Management ist in vielerlei Hinsicht attraktiv. Manager haben die Möglichkeit, sich neue Fachkenntnisse anzueignen, persönliche Stärken zu entwickeln und sich an neuen Herausforderungen und Erfahrungen zu messen. In einem gut geführten Unternehmen genießt der Manager Ansehen, und er genießt auch seine Machtbefugnisse. Die meisten Manager finden ihre Tätigkeit interessant und lohnend. Würden Unternehmensprozesse immer geradlinig und planmäßig ablaufen, wäre ja der Beruf des Managers überflüssig. Zu seiner Rolle gehört es, ständig mit schwierigen Problemen konfrontiert zu sein und zwischen unsicheren Möglichkeiten wählen zu müssen. Also steht er unter Anspannung, und der Manager fühlt sich häufig gestreßt.

Unternehmen haben ein unstillbares Verlangen nach der Energie und dem Engagement von Menschen, was bei ihren Managern zum Verlust von deren Spontaneität, Kreativität und Lebensfreude führen kann. Vielen gelingt es dennoch, allen Zwängen und Schwierigkeiten zum Trotz gut zurechtzukommen, andere wieder geraten unter Streß, leiden an Erschöpfung, lassen sich demoralisieren oder werden gar krank. Ganz im Sinne des englischen Sprichworts: »Die Söhne des Schusters sind oft am schlechtesten beschuht« verabsäumen auch Manager häufig, auf sich selbst mit der gleichen Sorgfalt zu achten, die sie auf die Erreichung beruflicher Ziele verwenden. Und solche wie George Smith sind von der Bedeutung ihres Jobs derartig in Anspruch genommen, daß sie ihre Gesundheit und Lebenskraft untergraben, um den Anforderungen des Unternehmens zu genügen.

Wenn sich ein Manager selbst vernachlässigt, hat das langfristig allzuoft gefährliche Konsequenzen. Aus dem Gesundheitsrisiko, den familiären Problemen, aus wachsendem Streß und Unbehagen resultiert geradezu unvermeidlich der Leistungsabfall. Eine solche Selbstzerstörung zu verhindern, dazu bedarf es – wie auch unser George Smith leidvoll erfahren mußte – einer wirksamen Selbstkontrolle, einer Selbststeuerung. Wir müssen in der Lage sein, uns selbst anzuleiten, bevor wir darangehen können, andere zu führen.

Was ist Selbststeuerung?
Dieser Abschnitt könnte auch unter der Überschrift »Die Pflege und Erhaltung des Managers« stehen, weil er herauszuarbeiten versucht, wie sich jemand rundum wohlfühlen kann, der dabei den Anforderungen des Managerlebens Genüge tut. Sich selbst Zügel anzulegen, ist ein komplexer Vorgang, weshalb es sinnvoll erscheint, die Merkmale eines Managers, der sich selbst gut managt, zu definieren. Die folgende Liste kann durchaus erweitert werden – fügen Sie alles hinzu, was Sie für Ihr eigenes Wohlbefinden für wichtig halten:

- ein gesunder Körper;
- Vermeidung schädlicher Gewohnheiten;
- Energie und Vitalität;
- eine entspannte und ausgeglichene Haltung zum Leben und zur Arbeit;
- die Fähigkeit, mit Streß fertig zu werden, und
- gute Zeiteinteilung.

Alle Aspekte der Selbststeuerung hängen miteinander zusammen. Aus praktischen Gründen beleuchten wir jedoch das Thema von vier Seiten: Erhaltung der Gesundheit; vernünftiger Einsatz der eigenen Energien; Bewältigung von Drucksituationen; gute Zeiteinteilung.

Erhaltung körperlicher Gesundheit

Es gab Zeiten, da jeder, der dafür bekannt war, sich körperlich eifrig zu betätigen, zur Zielscheibe geringschätziger Bemerkungen wohlbeleibter Herren wurde, die bei Gin und Tonic ihre Zigaretten pafften. Die Manager von heute sind sich wesentlich stärker der Notwendigkeit bewußt, körperlich fit zu sein. Die Mode hat gewechselt, und es ist fast peinlich zuzugeben, daß man nicht Tennis spielt, schwimmt, joggt, in die Sauna geht oder ein Boot besitzt. Über die verschiedenen Sportarten und Bewegungstrainings ist bereits so viel geschrieben worden, daß eine Wiederholung an dieser Stelle müßig wäre. Unsere praktischen Erfahrungen und die Beobachtung von Managern, die gut mit sich umgehen, haben uns jedoch davon überzeugt, daß es sinnvoll ist, die folgenden Grund sätze anzuführen.

Achten Sie auf Ihr Gewicht. Ein erfolgreicher und mit Arbeit eingedeckter Manager hat zahlreiche Gelegenheiten zu essen und zu trinken. Aber Übergewicht kann töten. Wenn Sie also zu viel wiegen, dann ist es äußerst wichtig für Sie, ihre Eß- und Trinkgewohnheiten in den Dienst Ihrer Gesundheit zu stellen. Es gibt Unternehmen, Bücher und Einzelpersonen, die professionelle Anleitungen und Trainingsmethoden für die Selbstkontrolle bei Essen und Trinken anbieten.

Betreiben Sie einen Sport, der Ihnen Spaß macht. Unsere Körper sind dazu da, sich zu bewegen; vernachlässigt degenerieren sie. Die meisten Managementberufe beanspruchen nur einen kleinen Teil der körperlichen Kapazität. Darum muß ein Manager Möglichkeiten für seine körperliche Betätigung finden und regelmäßig nutzen. Aber aus der Erfahrung wissen wir: Ohne Freude daran, und wenn eine gewisse Perfektion nicht erreicht werden kann, sind Körperübungen bald langweilig. Also wird es darauf ankommen, daß Sie sich für Aktivitäten entscheiden, die Ihnen sowohl vergnüglich sind als auch Ihrer Gesunderhaltung dienen.

Bringen Sie Ihre Lebensaktivitäten ins Gleichgewicht. Es gibt Tätigkeiten, die Energie aufzehren, und andere, die Kräfte regenerieren. Weil die Gesundheit eine Sache des Ausgleichs ist, dürfen Manager nicht zulassen, daß sie sich extrem einseitig betätigen. Seien Sie in einer Weise aktiv, die insgesamt ein erfülltes und abwechslungsreiches Leben ergibt. Urlaub ist lebenswichtig, weil er Möglichkeiten bietet, die sich im von Arbeit bestimmten Alltag einfach nicht finden.

Hüten Sie sich vor ungesunden Gewohnheiten. Auch Manager sind für die weitverbreiteten Abhängigkeiten wie Alkoholkonsum und Rauchen anfällig. Jede davon ist eine Gefahr für die Gesundheit, und die Risiken erhöhen sich mit zunehmendem Konsum. Viele starke Zigarettenraucher sind sich der Notwendigkeit bewußt, daß Rauchen aufzugeben, haben aber große Schwierigkeiten, den Weg zu finden, mit einer langjährigen Gewohnheit zu brechen. Es ist eine Frage der Selbststeuerungskompetenz, sein eigenes Verhalten kontrollieren zu lernen. Dazu kann gehören, schädliche nutzlose

Gewohnheiten aufzugeben und in diesem Prozeß mehr von sich selbst zu verstehen.
Reisen Sie auf intelligente Weise. Viele Manager reisen viel im In- und Ausland; das ist mit körperlichen Belastungen und Streß verbunden. Weil das Reisen ungewöhnlich anstrengend und zeitaufwendig sein kann, ist es klug, gerade dabei soviel Energien wie möglich zu sparen. Sobald Sie zu der Auffassung gelangt sind, daß die Reise notwendig ist, stellen Sie sich folgende Frage: »Was ist die zeitsparendste, produktivste, angenehmste und am wenigsten anstrengende Art, diese Reise zu unternehmen?«
Auch der Aufenthalt in Hotels bringt unter Umständen Streß. Da das Personal eine große Anzahl von Gästen bedienen muß, scheint es – besonders in modernen Hotels – an dem Wohlbefinden des einzelnen desinteressiert zu sein. Vorausplanung und der Gebrauch Ihrer Fähigkeiten, andere zu beeinflussen (siehe den Abschnitt über die Blockierung 7), kann Ihnen helfen, das zu bekommen, was Sie wirklich brauchen und wollen.

Die Erfahrungen, die wir anläßlich von Diskussionen mit Managern über die Frage der Selbststeuerung sammeln konnten, haben uns gezeigt, daß zwar die Prinzipien weitgehend akzeptiert werden, aber eine Verhaltensänderung viel schwieriger zu erreichen ist. Ein Manager drückte das so aus: »Es ist schön und gut, über Gesundheit zu sprechen, aber das Wichtigste ist, daß sich der einzelne um sein eigenes Wohlbefinden tatsächlich kümmert. Wenn Sie sich nicht für sich selbst interessieren, dann nützt selbst der beste Ratschlag der Welt nichts.«

Vernünftiger Einsatz der eigenen Energien

Die menschliche Energie kann als potentielle Fähigkeit beschrieben werden, Erfahrungen zu sammeln, Kräfte zu entwickeln und Ziele zu erreichen. Einige Leute halten Energie für eine begrenzte Ressource wie Benzin im Auto; sie gehen davon aus, daß es das Ende bedeutet, wenn der Treibstoff verbraucht ist. Doch bei der menschlichen Energie verhält es sich nicht so einfach.
Natürlich haben junge Menschen im allgemeinen mehr Energien als ältere, und es stimmt auch, daß manche Leute jedes Alters ihre

Energien verschwenden, während andere ihr ganzes Leben hindurch Kraft und Kreativität bewahren. Menschliche Energie hat also sowohl psychische als auch körperliche Ursachen. Die Vitalität eines Individuums erhöht oder vermindert sich aus emotionalen Gründen.

Energie und Gefühl

Psychische Energie kann positiv und konstruktiv oder negativ und nachteilig eingesetzt werden. Man kann die Effektivität anderer schwächen, indem man sie unterdrückt oder ihnen schadet; ebenso ist es möglich, daß Sie Ihre eigene Effektivität durch Unterdrükkung und Verleugnung Ihrer Gefühle blockieren.

Es gibt viele Manager, die nicht fähig oder willens sind, sich über ihre Gefühle im klaren zu werden. Sie weisen Emotionen als »Plage« zurück – deren Eindringen in die Arbeitswelt unwillkommen ist. Da sie Gefühle als Schwäche und das Zeigen von Gefühlen als potentielle Verwundbarkeit ansehen, möchten Sie auch selbst als weniger gefühlsbetont, als weniger affektgeladen erscheinen.

Wenn aber nun die Haltungen dieser Manager näher untersucht werden, zeigt es sich, daß sie manche Gefühle als nützlich und positiv und andere als wenig hilfreich und negativ einschätzen. Die folgenden betrachten sie als negativ und würden sie gerne aus ihrem Berufsleben eliminieren: Ärger, Angst, Eifersucht, Selbstherabsetzung und Verletzbarkeit. Die von ihnen akzeptierten Gefühle und die Gründe, warum sie diese nützlich und positiv finden, sind folgende:

Aufregung: weil sie die Aktivität stimuliert;
Mitgefühl: weil es ein humanes Management erlaubt;
Interesse: weil es den Fortschritt fördert;
Neugier: weil sie neue Bereiche erschließt;
Vertrauen: weil es den eigenen Bemühungen mehr Gewicht verleiht und Stil hinzufügt.

Reife Menschen schätzen alle ihre Gefühle und sind zum Beispiel in der Lage, Enttäuschung oder Ärger beim Platzen eines Vertrages oder Traurigkeit, wenn ein hochgeschätzter Kollege sie verläßt, auszudrücken. Jene, die versuchen, das Zeigen von Gefühlen zu

vermeiden, hindern sich selbst daran, die unvermeidlichen Spannungen des Managementlebens abzubauen. Durch die Unterdrükkung eines vorhandenen Teils von sich selbst kann es geschehen, daß sie an Selbstrespekt verlieren, weil sie beschlossen haben, es sich lieber einfach zu machen, als sich integer zu verhalten.
Auf der anderen Seite ist es durchaus möglich, daß ein Manager über eine hochentwickelte Fähigkeit verfügt, Probleme zu erkennen und zu lösen, sich zugleich aber emotional wie ein Kind benimmt. Das kann ein ernsthaftes Handicap sein, weil die Managementfunktion gefühlsmäßig reife Persönlichkeiten verlangt. Einen Schlüssel dafür, den Stand der emotionalen Entwicklung festzustellen, bildet die Kontrolle der eigenen »Stärken«. Einige Manager werden als »schwach«, »oberflächlich«, »unbedeutend« oder »unsympathisch« beschrieben, alles Bezeichnungen für jemanden, dem es an Durchsetzungsvermögen mangelt. Die Fähigkeit, mit Durchschlagskraft, Energie und Kreativität zu reagieren, verlangt eine gefühlsmäßige Reife, die als das Vermögen definiert werden kann, die Konfrontation mit herausfordernden Situationen nicht zu scheuen, mit ihnen zurechtzukommen, mit der eigenen Leistung zufrieden zu sein und zu lernen, es das nächste Mal noch besser zu machen.
Das Erlernen dessen, wie die eigene Energie effizient genutzt und erhöht werden kann, stellt ein vielschichtiges Bemühen dar. Aber wir können Ihnen einige Leitlinien anbieten, die bereits anderen geholfen haben:

Bemühen Sie sich um ein Verständnis Ihrer selbst. Energie und Stärke der Persönlichkeit eines Managers werden häufig durch zwei Hauptfaktoren vermindert. Erstens kann es dazu kommen, daß ein Manager, der Gefühlsäußerungen unterdrückt, weil er sich eher angepaßt als ehrlich zu verhalten bemüht ist, an Selbstbewußtsein verliert. Und zweitens können aus seinen ersten Lebensjahren stammende und noch immer ungelöst mitgeschleppte Probleme die Energie eines Managers blockieren. Doch kann viel getan werden, um dem Einfluß von Kindheitserlebnissen auf die Spur zu kommen und das Individuum davon zu befreien.

Wagen Sie es, Ihren Gefühlen Ausdruck zu verleihen. Was dies für die Aufrechterhaltung von Gesundheit und Energie bedeutet, ist kaum hoch genug einzuschätzen. Gefühle müssen durchlebt, akzeptiert und ausgedrückt werden. Ist eine Person nicht in der Lage, diese angemessen zu äußern, kann sie häufig demoralisiert werden, ohne zu verstehen, warum. Zufriedenstellende Beziehungen zu anderen werden behindert, das Leistungsvermögen wird geschmälert, und die Lebensfreude wird geringer.

Bemühen Sie sich um enge persönliche Beziehungen. Der Kontakt zu anderen ist ein natürlicher und wirkungsvoller Weg, eigene Spannungen aufzulösen, Unterstützung zu erlangen und die Dinge von mehreren Seiten her betrachten zu können. Die tiefsten Gefühle der meisten Menschen sind solche, die sich auf andere beziehen; enge persönliche Beziehungen nähren eine energetische Lebenseinstellung.

Suchen Sie die Herausforderung. Erreichte Ziele erhöhen im allgemeinen die Fähigkeit der Menschen, ihre Energien kreativ zu nutzen. Viele blühen auf, wenn es Schwierigkeiten zu überwinden gilt und der »Sieg« Rückschlägen zum Trotz errungen wird.

Wenn aber die Anforderungen zu groß sind, zehren sie in der Regel die Kräfte eines Menschen auf und demoralisieren ihn. Deshalb müssen Manager neue Aufgaben mit Bedacht auswählen, und zwar solche, die ihre Fähigkeiten erweitern, sie aber nicht überbeanspruchen.

Akzeptieren Sie Mißerfolge und lernen Sie aus ihnen. Es scheint unvermeidlich, daß Menschen Fehler machen und meinen, daß sie versagt haben – unter Umständen auch mit großem Bedauern daran denken. Und doch: Jeder Fehlschlag ist auch eine Gelegenheit, unmittelbar etwas über sich selbst zu erfahren und es in Zukunft besser zu machen. Auch Mißerfolgen Wert beizumessen ist ein notwendiger Teil der menschlichen Erfahrung.

Erkennen Sie Ihren Wert. Manager müssen eine realistische, aber auch optimistische Einstellung zu sich selbst kultivieren. Negative Haltungen, die ja existieren, sollten erkannt werden, aber den positiven Gefühlen der eigenen Wertschätzung sollte unmittelbarer Ausdruck gegeben werden. Zu einer kraftvollen und positiven Lebenseinstellung gehört der Sinn für das bereits Erreichte – also sollten Manager Wege finden, ihren eigenen Wert auch zu würdigen. Zum Beispiel schadet es nicht, Erfolge von Zeit zu Zeit zu feiern.

Selbstbeobachtung ist ein wichtiges Instrument, die Energien zu erkennen, über die man verfügt. Manager, die letztere bestmöglich nützen wollen, sollen folgendermaßen handeln:

- Sie sollten ihre im Augenblick vorhandene Energie so kanalisieren, daß sie produktiv werden kann;
- sie sollten jegliche psychisch bedingte Blockierung beseitigen, um mehr Energien freisetzen zu können.

Der zweite dieser Akte – das Auflösen psychischer Hemmnisse – kostet insofern sehr viel Anstrengung, als sich jede Person an einen bestimmten Energieaufwand und einen bestimmten für ihre Arbeit nötigen Grad an Stimulation gewöhnt. Es ist aber notwendig, mit eingefahrenen Verhaltensmustern zu brechen und das gesamte eigene »System« zu lehren, mit höherwertiger Energie zu funktionieren. Das braucht Zeit, aber es ist schon viel erreicht, wenn Sie sich selbst erlauben, Ihrem Aufgeregtsein, Ihrem Interesse, Ihren Gefühlen insgesamt Ausdruck zu verleihen und diese Stimmungen auch zuzulassen. Alle Faktoren, die Sie blockieren, können dann klarer erkannt und überdacht werden.

Die Bewältigung von Drucksituationen

Die Menschen reagieren auf Druck äußerst unterschiedlich. Regt sich der eine schon sehr auf, wenn er seine Uhr verloren hat, läßt sich der andere auch von einer großen internationalen Krise nicht ins Bockshorn jagen und bleibt gelassen. Es ist nützlich, über die Auswirkungen von Belastungen auf die individuelle Leistung nachzudenken. Alle Managementjobs sind zeitweise mit Druck verbunden, aber wenn ein Manager sagt, daß er »unter Druck steht«, bedeutet das gewöhnlich, daß er sich nicht in der Lage fühlt, mit den Verpflichtungen und Anforderungen zurechtzukommen.

Ärzte sind an den Auswirkungen von Drucksituationen interessiert und haben deshalb begonnen, die menschlichen Streßreaktionen zu untersuchen. Da wir (wie auch sie wissenschaftlich feststellen mußten) in einer Zeit wachsenden Stresses leben, steigen auch die körperlich-seelischen Anzeichen für das Vorhandensein von

Spannungen an, und besonders die mit Streß zusammenhängenden Krankheiten nehmen zu. In vielen westlichen Ländern benötigt eine von fünf Personen irgendwann in ihrem Leben medizinische Hilfe für eine psychische Krankheit.

Das Wort Streß wird normalerweise benutzt, um ein Erleben von innerem Druck mit psychischen Auswirkungen zu beschreiben, deren Folgen zum Beispiel eine flache Atmung und stärkere Muskelanspannung sein können. Mitunter reagiert der Körper auf Überreizung, was sich in Veränderungen des Verhaltensmusters der geistigen Aktivität äußern mag. Weil stark gestreßte Personen der Alltagsdruck zunehmend angreifbar macht, verschlechtert sich die Qualität ihrer Arbeit. In extremen Fällen von Streß kann ein Individuum sich unberechenbar verhalten oder einfach aufgeben und sich geistig der Druck ausübenden Situation entziehen. Es ist jedoch hilfreich zu erkennen, daß Streß eine *innere* Reaktion des einzelnen ist, auf die man bis zu einem gewissen Grad Einfluß nehmen kann.

Anders betrachtet ist Streß auch wertvoll, weil er die Aktivität anregt. Ungenügender Antrieb und unzureichende Anforderungen können ebenfalls persönliche Probleme hervorrufen. Die meisten Menschen brauchen ein gewisses Anreizniveau, um Grund für ein persönliches Engagement zu haben, und viele leisten dann ihre wertvollste Arbeit, wenn sie unter irgendeinem Druck stehen. Es gibt Beweise dafür, daß ungenügende nervliche Belastung zu nachlassender Arbeitsmoral, geringerer Effektivität und einem Mangel an Selbstwertgefühl führen kann.

Das Ideal ist, sich hinreichend herausgefordert zu fühlen, um zur Erreichung eines Zieles stimuliert zu werden, ohne jedoch dabei überfordert zu sein. Ein Beispiel hierfür wäre, wenn jemand, der sich entschließt, schifahren zu lernen, einen Schilehrer auswählen muß. Ein rücksichtsloser und allzu hohe Anforderungen stellender Lehrer provoziert leicht Angst und Aufgabe, ein desinteressierter hingegen wird wahrscheinlich zu wenig Herausforderung bieten. Der Anfänger braucht ein bestimmtes Maß an Unterweisung, Herausforderung und Unterstützung, das zu einem gesunden Spannungsniveau führt sowie zur Entwicklung von Fähigkeiten anspornt.

Unterschiedliche menschliche Reaktionen auf die gleiche potentielle Streßsituation führten zur Untersuchung der Gründe, warum manche Individuen weniger gestreßt sind als andere, obwohl die äußeren Anforderungen genau die gleichen sind. Ärzte haben herausgefunden, daß Menschen, die Streßproblemen gegenüber relativ immun sind, einen Lebensstil pflegen, der sie befähigt, mit den an sie gestellten Anforderungen leicht fertig zu werden. Die folgenden Merkmale sind typisch für jene Personen, die mit Streß am besten umgehen können.

1. Sie sind fähig, Probleme anstehen zu lassen, bis sie in der Lage sind, sich ihrer anzunehmen. Im Gegensatz dazu können Leute, die viel Streß erleben, häufig die Dinge nicht laufen lassen und sind ständig damit beschäftigt, Probleme aufzurühren und sich über die unwahrscheinlichsten Möglichkeiten Sorgen zu machen.
2. Sie entspannen sich bewußt nach den physischen und geistigen Anstrengungen, die mit der Streßbewältigung verbunden sind, um ihre Kräfte zu erneuern. Dazu gehört oft ein Rhythmuswechsel, zum Beispiel durch anstrengende körperliche Betätigung oder eine geplante ruhige Entspannungsübung.
3. Sie sind in der Lage, die Ereignisse ihres Leben von einem höheren Standpunkt aus zu betrachten und verlieren nicht den Überblick, lassen sich also von Einzelheiten einer Situation nicht überrollen.
4. Sie schaffen es, Entwicklungsgang und -tempo einer Streßsituation unter Kontrolle zu halten und nicht darin unterzugehen, und zwar indem sie realistisch planen und eingreifen. Sie haben eine klare Vorstellung von dem wahrscheinlichen Ablauf der Ereignisse und geben nicht auf, wenn Probleme auftauchen.
5. Sie packen die Probleme direkt an und sind darauf vorbereitet, mit Schwierigkeiten oder Unannehmlichkeiten konfrontiert zu werden.
6. Sie kennen ihre eigenen Kapazitäten und lassen Überforderung nicht zu. Sie wissen, daß ein angemessenes Anforderungsniveau konstruktiv und anregend ist, daß aber zu schwierige Aufgaben riskant sind und nur mit einem klaren Bewußtsein davon angenommen werden sollten.
7. Sie suhlen sich nicht in der Negativität, in Phasen der Depression, sondern ziehen es vor, die Ursache eines Problems zu finden

und es hierauf zu lösen. Dazu gehört oft, beim Bearbeiten der Schwierigkeiten Gefühle offen auszudrücken.

8. Sie können es vertragen, unbeliebt zu sein. Manche stark unter Streß leidende Leute verschwenden viel Energie auf die Sorge um die Meinung anderer über sie. Diejenigen, die mit Streß gut fertig werden, sind nicht übermäßig beunruhigt, wenn andere mit ihnen nicht einverstanden sind.

9. Sie binden sich nicht an eine extrem enge Terminplanung, die sich wahrscheinlich ohnehin nicht ausgeht. Diese professionelle Einstellung führt dazu, daß man nicht ständig darum kämpfen muß, fast unmöglich einzuhaltenden Verpflichtungen nachzukommen.

10. Sie achten darauf, ihre Inanspruchnahme durch die Arbeit zu begrenzen. Sie sind bereit, substantielle Anstrengungen zu machen, bemühen sich aber um einen ausgeglichenen Lebensstil.

Diese Merkmale sind teils persönliche Haltungen, teils Problemlösungsfertigkeiten. Die hervorstechendsten sind die Fähigkeit des Managers, klar und objektiv die Arbeitsanforderungen zu überblicken und kreativ bei der Lösung schwieriger Probleme zu sein. Manche halten dies für leichter erreichbar, wenn sie Entspannungstechniken verwenden. Deren Prinzip ist es, innerer Prozesse gewahr zu werden und bewußt Entspannung des Denkens und Fühlens herbeizuführen. In überraschend kurzer Zeit revitalisiert diese Entspannung den Körper und beruhigt den Geist.

Gute Zeiteinteilung

Manche Manager bewältigen innerhalb einer begrenzten Zeitspanne ein beträchtliches Arbeitspensum, während andere darüber klagen, daß sie aufgrund von »Zeitnot« nicht in der Lage sind, bestimmte Ergebnisse zu erzielen. Glücklicherweise können letztere lernen, ihre Zeit effektiver und intelligenter zu nutzen.

Ein Entwurf einer rationalen Zeiteinteilung beginnt mit der Entwicklung eines Bewußtseins dafür, wo Ihre Zeit hingeht. Ohne volles Verständnis dafür, was da Tag für Tag vor sich geht, hat die Veränderung keine Basis. Wenn Sie zu untersuchen beginnen, was Sie mit ihrer Zeit anfangen, werden Sie wahrscheinlich einige der folgenden Feststellungen treffen:

- Ich lasse es zu, daß andere über meine Zeit verfügen.
- Ich verzettele mich in Nebensächlichkeiten.
- Ich erlaube meinen emotionalen Reaktionen, meine Zeit zu mißbrauchen.
- Ich verabsäume es, gut genug zu planen, und schaffe mir deshalb zusätzliche zeitraubende Arbeit.
- Ich tue Dinge, die von anderen getan werden könnten.
- Ich schaffe es nicht, Ziele in der von mir selbst gesetzten Zeit zu erreichen.

Es heißt, daß »die Weise, wie wir unsere Zeit gebrauchen, eine Aussage darüber ist, wer wir sind«. Die Faktoren, die die effektive Nutzung von Zeit einschränken, sind die gleichen wie diejenigen, die unsere Wirksamkeit ganz allgemein untergraben.
Der Schlüssel zur besseren Nutzung der Zeit ist Bewußtmachung. Vor einiger Zeit wurden für den Sport Methoden entwickelt (Gallwey 1974), die dem einzelnen helfen, sich Techniken der genaueren Bewußtwerdung seiner selbst anzueignen. Die unterschiedlichen Methoden von zwei Eislauftrainern geben ein Beispiel dafür:
Jack wurde überredet, mit seinen heranwachsenden Kindern zum Schlittschuhlaufen zu gehen. Da er noch niemals zuvor auf dem Eis gestanden hatte, entschließt er sich, Unterricht zu nehmen. Sein erster Lehrer gibt ihm ständig Anweisungen, korrigiert seine Fehler und versucht, so vorzugehen, wie er immer vorgeht. In der zweiten Unterrichtsstunde hat Jack einen anderen Lehrer, der sich darauf konzentriert, ihm erkennen zu helfen, was passiert, wenn er bestimmte Bewegungen macht. Dieser Lehrer stellt beispielsweise folgende Fragen:

- Was haben Sie für ein Gefühl, wenn Sie schnell fahren?
- Was spüren Sie in den Füßen, wenn Sie wenden?
- Wie verändert sich Ihre Atmung, wenn Sie beschleunigen?
- Was geschah, als Sie hinfielen?
- Wie empfinden Sie Ihre Fähigkeiten?

Der zweite Lehrer half Jack, die Auswirkungen verschiedener Bewegungen zu entdecken und von einem geschärften Bewußtsein

für das, was mit ihm beim Eislaufen geschah, zu lernen. So erhielt er ein Feedback über seine Erfahrung, statt durch strenge Instruktionen zu lernen.
Zu beobachten, wie Sie Ihre Zeit verbringen, und herauszufinden, ob der Zeitaufwand Ihren Bedürfnissen entspricht, das können Sie durch Fragen an sich selbst erreichen – Fragen, wie sie der zweite Eislauflehrer Jack stellt:

- Was empfinde ich, wenn ich diese bestimmte Sache tue?
- Welche Fähigkeiten nutze ich?
- Was kommt bei meinem Zeitaufwand heraus?
- Bin ich jetzt angespannt?
- Fühle ich mich in diesem Augenblick vital und energiegeladen?
- Wie und warum entschied ich mich, meine Zeit so zu nutzen?

Beachten Sie, daß diese Fragen nur auf Information, nicht aber auf Urteile aus sind. Wenn Sie unzufrieden sind und sich selbst negativ beurteilen, dann könnte gerade dies Ihre Lern- und Veränderungsfähigkeit hemmen. Es ist sinnvoller, einfach festzustellen, wie Sie Ihre Zeit verbringen, und Ihre eigenen Beobachtungen zu sammeln. Diese beeinflussen dann immer mehr Ihre Sicht von sich selbst, und die Veränderung ergibt sich fast ganz natürlich. Der Schlüssel zu dieser Art Beobachtung, zu dieser Art Lernen ist es, sich seiner selbst bewußt zu werden.

Zeit und Energie von Managern

Viele Manager und Führungskräfte haben Probleme mit der Zeiteinteilung: Es gibt viele Anforderungen, und sie könnten leicht für zwanzig Stunden am Tag Arbeit finden. Menschen jedoch, die ihre Zeit effektiv nutzen, eignen sich eine strategische Haltung zu ihrer Zeit an, und sie stellen regelmäßig folgende Fragen:

- Muß ich dies tun?
- Will ich dies tun?
- Was ist der wahrscheinliche Nutzen?
- Was ist der leichteste Weg?
- Kann ich Unterstützung bekommen?
- Kann ich außerdem etwas anderes tun?

Die Vorstellung, die in der Redewendung *Zeit investieren* enthalten ist, ist äußerst nützlich. Gehen Sie mit Ihrer Zeit genauso um wie ein Finanzinvestor mit einem Aktienportefeuille. Die Probleme sind ähnlich. Der Anleger kann nicht einen Anteil an jedem Unternehmen besitzen, er wählt deshalb bestimmte Anlagen aus und versucht, die Gesamtanlage ausgewogen zu halten, so daß er den bestmöglichen Ertrag hat. In ähnlicher Weise hat ein Manager eine begrenzte Zeit zu nutzen und sollte diese so investieren, daß der Gesamtnutzen maximiert wird.

»Dualing«

Die Frage »Kann ich außerdem etwas anderes tun?« wurde von den erfolgreichen Managern und Führungskräften angeregt, die Wege finden, »zwei Fliegen mit einer Klappe zu schlagen«. Wir haben diese Idee aufgegriffen und eine Technik entwickelt, die wir »Dualing« nennen. Die Idealform des Dualing ist der bewußte Gebrauch von Zeitblöcken für mehr als einen Zweck. So kann beispielsweise eine Zugreise genutzt werden, um eine Fachzeitschrift zu lesen, und eine Diskussion nach dem Abendessen stellt eine Gelegenheit dar, um Ihre Standpunkte zu überprüfen und von anderen zu lernen.

Weil jeder Zeitblock zur Gelegenheit wird, verschiedene Ziele zu verfolgen, ist es erforderlich, sich der zur Verfügung stehenden kreativen Möglichkeiten bewußt zu werden. Der Gebrauch von Dualing kann eine anregende und produktive Methode für das Management wie für das tägliche Leben werden.

Effiziente Nutzung der Zeit

Manager, die ihre Zeit effizient nutzen, haben vier Merkmale gemeinsam:

1. Sie sind sparsam mit ihrer Zeit, weil sie diese als wertvolle Ressource betrachten, die klug investiert werden muß. Bevor er sich entscheidet, für eine bestimmte Sache Zeit aufzuwenden, überlegt der Manager, ob die Angelegenheit wohl einen wirklichen Nutzen hat. Aktivitäten, die wenig bringen, werden schnell eingestellt.
2. Sie entwickeln die Fähigkeit zu delegieren. Delegation heißt, Aufgaben an eine andere Person übertragen. Wenn die Verantwor-

tung, die nötige Autorität und die Möglichkeit, Initiativen zu ergreifen, auf andere übertragen werden, dann ist Zeit für wertvollere Aktivitäten verfügbar.

3. Sie planen den Gebrauch ihrer Zeit. Aktivitäten werden geplant, und eine Art Zeitplan wird erstellt, so daß zweckmä ßige Entscheidungen getroffen werden können.

4. Sie bedienen sich einer wirkungsvollen Problemlösungsmethode. Wenn Schwierigkeiten auftauchen oder Lösungen gefunden werden müssen, wird der seine verfügbare Zeit effizient einsetzende Manager sich Vorgehensweisen zu eigen machen, die zu einer sachdienlichen Problemlösung führen.

Merkmale von Managern mit der Fähigkeit/ Unfähigkeit zur Selbststeuerung

Zusammenfassend bleibt festzuhalten, daß Manager, die in der Lage sind, sich selbst zu steuern, in der Regel die Merkmale auf der rechten Seite der nachstehenden Liste aufweisen. Charakteristika der dazu unfähigen stehen links.

Unfähigkeit zur Selbststeuerung	*Fähigkeit zur Selbststeuerung*
Vernachlässigt die eigene Gesundheit;	Achtet auf gute Gesundheit;
arbeitet übermäßig lange;	begrenzt die Arbeitszeit
führt ein unausgeglichenes Leben;	sorgt für einen Ausgleich der persönlichen mit den arbeitsbezogenen Aktivitäten;
verabsäumt es, Urlaub zu machen;	plant und nimmt einen regenerierenden Urlaub;
reist ineffizient;	reist intelligent;
vermeidet Gefühlsäußerungen;	drückt Gefühle aus;
vermeidet Selbsterkenntnis;	sucht Selbsterkenntnis;
nutzt die Zeit schlecht;	nutzt die Zeit sinnvoll;

versucht, die eigenen Gefühle zu steuern;	setzt die eigenen Gefühle richtig ein;
hat keine Beziehung zur eigenen Energie;	hat eine Beziehung zur eigenen Energie;
vernachlässigt sinnvolle Kontakte zu anderen;	entwickelt sinnvolle Kontakte zu anderen;
kann Fehlschläge nicht akzeptieren;	betrachtet Fehlschläge als unvermeidlich und nützlich;
hat geringes Selbstwertgefühl;	hat hohes Selbstwertgefühl;
sucht jederzeit Beifall;	kann das Mißfallen durch andere oder Unbeliebtheit ertragen;
wird übermäßig gestreßt;	vermeidet exzessive Anforderungen;
akzeptiert unmögliche Anforderungen;	steuert Herausforderungen;
fühlt sich häufig schwach;	fühlt sich gewöhnlich stark;
nimmt übermäßige Belastungen auf sich.	nimmt lediglich zu bewältigende Belastungen auf sich.

Wann Manager der Fähigkeit zur Selbststeuerung am meisten bedürfen

Die Fähigkeit der Selbststeuerung wird am dringendsten von Managern benötigt, die unter Druck arbeiten, über eine große Freiheit der Zeiteinteilung verfügen, alleine wichtige Entscheidungen treffen und an die widersprüchliche Anforderungen bezüglich Zeit und Mittel gestellt werden.

Die Fähigkeit zur Selbststeuerung wird auch dann besonders gebraucht, wenn seine Stellung vom Manager mitunter verlangt, entschiedene öffentliche Erklärungen abzugeben oder eine unpopuläre Haltung einzunehmen. Manager benötigen Selbststeuerung insbesondere dann, wenn sie oft verreisen und lange von zu Hause abwesend zu sein gezwungen sind, oder wenn sie viele Stunden in Konferenzen zubringen und ihnen bisher unbekannte Menschen empfangen müssen. Managementtätigkeiten dieser Art können leicht die Freizeit und das Familienleben aushöhlen.

Literaturhinweise

Gallwey, W. T., *The Inner Game of Tennis.* New York: Random House, 1974 (dt.: *Tennis und Psyche. Das innere Spiel.* 3. Aufl. 1986)

Blockierung 2: Unklare Wertvorstellungen

Andrew, ein junger Manager, besuchte Martin, einen erfahrenen Praktiker, um sich hinsichtlich seiner Karriere beraten zu lassen. Der Zweck des Treffens war die Weitergabe der wesentlichen Punkte aus Martins jahrelanger Erfahrung an den gerade graduierten Andrew. Der folgende Dialog ist ein Ausschnitt aus ihrer Diskussion:

Martin: Wie geht es voran?

Andrew: Ganz gut. Natürlich gibt es eine Menge Probleme.

Martin: Was für Probleme?

Andrew: Nun, Situationen analysieren und zwischen Möglichkeiten wählen. Welche Art anderer Probleme gibt es denn sonst?

Martin: Sie meinen, Informationen auswerten und Maßnahmen planen?

Andrew: Ja, es ist schwierig, alle wichtigen Faktoren im Auge zu behalten. Die schlimmste Situation ist die, wenn man nicht sicher ist, was man zuerst zu tun versuchen soll.

Martin: Ich fand immer, daß sich Probleme in zwei Hauptkategorien einteilen lassen. Bei der einen geht es darum, den besten Weg zu finden, ein bestimmtes Ziel zu erreichen. Die Probleme dieser Kategorie nenne ich *technische Probleme.* Die zweite Kategorie ist wesentlich heikler. Ihr Inhalt ist die Auswahl der richtigen oder angemessenen Verhaltensmöglichkeit. Das Problem ist nicht, wie man es macht, sondern was getan werden muß. Ich nenne die Probleme dieser Kategorie *Bewertungsprobleme,* weil letztlich alles davon abhängt, was Sie für wichtig und der Mühe wert halten.

Ich habe immer festgestellt, daß die Bewertungsprobleme eher wirkliche Anforderungen an die meisten Menschen darstellen. Ich denke, daß es ein Teil der Manager-Aufgabe ist, einen klaren Standpunkt in solchen Angelegenheiten zu haben. Ob Sie wollen oder nicht, wir alle sind gezwungen, moralische Fragen zu entscheiden.

Andrew: Ich habe mit Moralfragen nichts zu tun. Meine Aufgabe ist es, darauf zu sehen, daß erledigt wird, was erledigt werden muß. Ich wurde eingestellt, um Probleme zu lösen und Ergebnisse zu erzielen. Die Politiker und Priester sollen klären, warum wir etwas tun, dazu sind sie ja schließlich da. Ich bin ein Manager, und das bedeutet, daß man von mir verlangt, daß die Dinge erledigt werden.

Martin: Das stimmt. Aber Sie sind auch eine Art Gärtner: Sie haben die Aufgabe, eine gesunde und produktive Leistungseinheit heranzubilden. Das verlangt mehr von Ihnen, als nur Probleme gewieft aus dem Weg zu räumen. Sie müssen auch wissen, wo Sie stehen, wenn es darum geht, Gemeinschaft aufzubauen.

Im weiteren Verlauf der Diskussion wurde es Andrew immer klarer, daß tatsächlich ein Unterschied zwischen technischen und Bewertungsproblemen besteht. Er räumte ein, daß er, als ein sich noch entwickelnder Manager, seine ureigene Position zu der Frage der Werte bestimmen müsse. Um zu verstehen, welche Themen damit verbunden sind, entschloß er sich, Antworten auf die folgenden Fragen zu suchen:

- Was sind Werte?
- Weshalb sind Wertvorstellungen wichtig?
- Welche einander ausschließenden Einstellungen sind möglich?
- Wie können Werte geklärt oder verändert werden?
- Was sind Leitvorstellungen?

Was sind Werte?

Jeder Manager trifft Entscheidungen darüber, was zu tun ist und wie es zu tun ist. Sie können sich entscheiden, am Morgen aufzustehen oder im Bett zu bleiben, zu essen wie König Heinrich VIII. oder wie ein Hindu-Heiliger, sich für die Arbeit aufzuopfern oder gerade das Nötigste zu tun, um durchzukommen. Diese Entscheidungen mögen von der Erziehung, dem Verhalten und den Ansichten unserer Gefährten und den Folgen unserer Handlungen beeinflußt sein. Es stehen normalerweise mehrere Alternativen zur Auswahl, und jede Entscheidung hängt davon ab, was als wichtig oder richtig angesehen wird.

Ihre Entscheidung darüber, was Sie für wichtig oder richtig halten, hat erheblichen Einfluß auf Ihr Leben, auf die Art der Beziehungen zu anderen und darauf, welche Persönlichkeit Sie werden. Solche früheren Entscheidungen steuern die Art und Weise, wie Sie in der Praxis handeln, sie bilden die Grundlage für Ihre Wertvorstellungen. Werte sind deshalb Entscheidungen darüber, was für Sie wichtig ist und die Mühe lohnt.

Auswahl von Werten

Einige Wertvorstellungen sind den Mitgliedern einer Gemeinschaft oder eines Staates gemeinsam. Sie werden von Gesetzen und Medien durch Konventionen und – im Falle des Abweichens – Sanktionen verankert und aufrechterhalten. In allen Gemeinwesen sind Menschen in bestimmten Rollen oder Berufen besonders dafür verantwortlich, Wertvorstellungen zu klären und zu fördern.
Zur Manager-Tätigkeit in ihren zahlreichen Ausprägungen gehören stets Urteile darüber, was wichtig ist. Die folgende Zusammenstellung enthält lediglich einige Wahlmöglichkeiten, mit denen sich die meisten Manager konfrontiert sehen:

Checkliste der Wertvorstellungen

Autorität
- Sollte sie respektiert werden?
- Sollte sie in Frage gestellt werden?

Gleichberechtigung der Geschlechter
- Sollten Menschen gleich behandelt werden?
- Sollten Frauen besondere Vorrechte haben?
- Sollte die Sexualität das Verhalten bei der Arbeit beeinflussen?

Rassengleichheit
- Sollten Rassenmerkmale Beziehungen beeinflussen?
- Wie denken Sie über andere Kulturen?

Alter
- Bewerten Sie Menschen aufgrund ihres Alters unterschiedlich?
- Wie beeinflußt die Tatsache des Älterwerdens Ihr Verhalten?

Position im Berufsleben
- Wie sehr respektieren Sie Sachkenntnis?
- Inwieweit beeinflussen akademische Grade Ihre Einschätzung des Wertes einer Person?

Risikoübernahme
- Nehmen Sie gerne Risiken auf sich?
- Würden Sie Risiken auf sich nehmen, die sich auf das Schicksal anderer auswirken könnten?

Output (Ergebnisse)
- Wieviel sollte für gute Ergebnisse geopfert werden?
- Was ist eine zufriedenstellende Leistung?

Unterstützung für andere
- Wie sehr sollen benachteiligte Menschen unterstützt werden?
- Sollten Menschen die Auswirkungen ihrer Handlungen zu spüren bekommen?
- Wie sehr sollte kranken Menschen geholfen werden?
- Ist emotionale Unterstützung Teil Ihres Jobs?

Belohnungen/Bestrafung
- Führt Bestrafung zu den erwünschten Reaktionen?
- Welche Art von Disziplin funktioniert am besten?
- Inwieweit sollte die Normeneinhaltung erzwungen werden?
- Was motiviert Menschen wirklich?

Legalität
- Sollte man sich immer nach dem Sinn des Gesetzes richten?
- Sollte man sich immer nach den Buchstaben des Gesetzes richten?

Gewinn/Verlust
- Möchten Sie gewinnen?
- Was bedeutet gewinnen?
- Müssen andere verlieren?
- Wie sehr sind Sie auf Wettbewerb aus?

Mitbestimmung
- Wünschen Sie ein »offenes« Management?
- Wie aktiv sind Sie bei der Einbeziehung anderer?
- Sollte Macht geteilt werden?

Leben/Beruf
- Wieviel Energie sollte in die Arbeit fließen?
- Wie wichtig sind für Sie Familie und Freunde?
- Wie wichtig ist Ihnen Ihre Gesundheit?

Vergnügen
- Sollte das Leben genossen werden?
- Sollte der Beruf Spaß machen?
- Ist Kreativität wichtig für Sie?

Offenheit
- Wie weit sollte die Wahrheitsliebe gehen?
- Ist es nützlich, anderen Ihre Schwächen zu offenbaren?

Einem Manager, dem es an klaren Wertvorstellungen gebricht, dem fehlt auch eine feste Grundlage für seine Handlungen. Er kann dazu neigen, lediglich zu reagieren oder dem beizupflichten, was gerade opportun ist. Deshalb ist es für Sie wesentlich, auf jede der angeführten Fragen Antworten zu haben, wie diese im Moment auch immer lauten mögen; es kann natürlich durchaus sein, daß sich Ihre Wertvorstellungen im Lichte neuer Erfahrungen wandeln. Der Prozeß des Durchdenkens und der Klärung Ihrer persönlichen Standpunkte benötigt Zeit, aber der Lohn dazu kann in größerer Kompetenz, Festigkeit, Entschiedenheit und in einem gewachsenen persönlichen Format bestehen.
Weil Werte nicht offen daliegen, mögen sie nur schwer zu fassen sein. Sie entdecken sie nur durch Beobachtung Ihrer persönlichen Reaktionen und durch Aufsuchen der Haltungen, die Ihrem Verhalten zugrunde liegen. Allzuoft fühlen Individuen sich unsicher und unbehaglich, was ihre Werte betrifft, und sie wollen für die Konsequenzen ihrer Entscheidungen keine Verantwortung übernehmen. Dies wird besser verständlich, wenn man genauer untersucht, wie Menschen zu ihren Werten gelangen.

Die Aneignung von Werten

Menschen eignen sich Werte in einer ziemlich komplexen Art und Weise an. Zum Teil übernehmen sie Werte von ihren Familien während jener Jahre, die als Entwicklungsphase bezeichnet werden. Kinder beobachten ihre Eltern aufmerksam und sehen, wie sie sich im Auf und Ab des Lebens verhalten. Das Beobachten und Erleben ihrer Eltern in ruhigen Zeiten und in belastenden gibt Kindern viel zum Nachahmen. Ebenso reagieren Kinder auf die Art, wie sie behandelt werden, und finden Wege, mit den unvermeidlich auftauchenden Problemen umzugehen. Später werden sie auch von Freunden, Nachbarn, Lehrern, Verwandten, von den Medien und vielen anderen Faktoren der Gesellschaft beeinflußt. Das Kind nimmt auf und ahmt nach, experimentiert und verwirft, und es eignet sich auf diese Weise Verhaltensmuster an, die eine Tendenz zur Verfestigung haben. Auf einer großen Zahl von Erfahrungen basierende Schlußfolgerungen verbinden sich zu einer Lebensphilosophie, die oft niemals genauer erörtert oder in Frage gestellt wird.

Lebenseinstellungen

Berne hat 1972 darauf hingewiesen, daß Individuen mittels einiger wesentlicher Schlüsse über sich und andere ihre grundlegende Lebenseinstellung bilden, die sich wiederum entscheidend auf ihr Leben auswirkt. Und es war Berne, der mit einfachen Mitteln vier grundlegende Lebenshaltungen anschaulich machte. Nach Bernes Modell halten sich Individuen im allgemeinen für »in Ordnung« oder »nicht in Ordnung«, und in ähnlicher Weise heften sie auch anderen das Etikett »in Ordnung« oder jenes mit der Aufschrift »nicht in Ordnung« an. Die vier grundsätzlichen Lebenseinstellungen, die sich aus einer Kombination von »in Ordnung« und »nicht in Ordnung« ergeben, können wie folgt beschrieben werden:

1. *Ich bin in Ordnung – du bist auch in Ordnung.* Menschen mit dieser Lebenseinstellung stehen sich selbst im wesentlichen positiv gegenüber. Das Leben finden sie im ganzen gesehen anregend und erfreulich, sie neigen zur Zufriedenheit und machen aus dem, was sie haben, das beste. Wenn sie sich ihrer Erfahrungen erinnern, kommt ihnen das Angenehme und Erfreuliche in den Sinn. Sie denken positiv über andere und meinen, daß man von anderen Menschen viel profitieren kann. Ein solcher Mensch hat, ohne deshalb sentimental oder unkritisch zu sein, festgestellt, daß von anderen eine Fülle an Kontakten, viel Zuneigung und mannigfache Anregungen kommen.
2. *Ich bin in Ordnung – du bist nicht in Ordnung.* Menschen mit dieser Lebenseinstellung stehen ihrer eigenen Person ebenfalls im wesentlichen positiv gegenüber, aber erleben einen sehr realen Unterschied zwischen ihrem Selbst und den anderen. Sie betrachten die meisten anderen Menschen als minderwertig oder unzulänglich; diesen fehlen möglicherweise so wichtige Qualitäten wie Intelligenz, Integrität, Charakterstärke, Attraktivität oder Erfahrung. Menschen mit dieser Lebenseinstellung fühlen sich überlegen und finden Mittel, dies anderen und sich selbst zu beweisen. Sie kön-

nen arrogant, zurückhaltend, stolz geschwellt werden; Manager mit dieser Einstellung sind häufig unbeliebt.
3. *Ich bin nicht in Ordnung – du bist in Ordnung.* Menschen mit dieser Lebenseinstellung glauben, mit einigen hervorstechenden Schwächen oder Fehlern behaftet zu sein, die sie anderen gegenüber unterlegen machen. Es mangelt ihnen an positiven Selbstgefühlen. Solche Menschen gefallen sich selbst nicht besonders, weil sie sich auf ihre Schwächen, Unzulänglichkeiten, Fehler und Mißerfolge – wirkliche oder eingebildete – konzentrieren. Wenn es zu Enttäuschungen und Problemen kommt, haben diese lediglich die Funktion zu zeigen, daß man selbst nicht so gut damit fertig werden kann wie andere. Andere sind prinzipiell besser, sie sind bedeutender, reifer, zielbewußter, talentierter oder eleganter. Kurz, Menschen mit dieser Haltung blicken zu anderen auf, während sie sich selbst herabsetzen.
4. *Ich bin nicht in Ordnung – du bist auch nicht in Ordnung.* Menschen mit dieser Haltung sind entweder aktuell deprimiert oder haben überhaupt den Glauben an ihre Fähigkeit verloren, das Leben voll auszukosten und es zu ihrer Zufriedenheit zu gestalten. Solche Menschen halten nicht nur wenig von sich selbst, sondern sie empfinden auch andere als in wichtigen Punkten ebenso fehlerhaft. Die ganze Welt der Beziehungen wird als eine einzige Enttäuschung erlebt. Diese Einstellung kann extrem negative Auswirkungen auf eine Person haben und führt dann zu einem sichtbaren Fehlen von Begeisterungsfähigkeit, Energie und Vitalität.

Rechtfertigungsgründe lassen sich für jede der vier von Berne beschriebenen Lebenseinstellungen finden. Die betreffenden Personen sammeln – häufig unbewußt – Anhaltspunkte, die zu beweisen scheinen, daß allein ihre jeweilige Haltung realistisch ist. Die Lebenseinstellungen wirken sich sehr auf das Verhalten von Individuen aus; die wichtigsten sind in der folgenden Aufstellung zusammengefaßt.

Lebenseinstellung	*Auswirkungen auf das individuelle Verhalten*
Ich bin o. k. – du bist o. k.	Zeigt starkes Selbstvertrauen; geht aus sich heraus;

	unterhält sinnvolle Beziehungen zu anderen; schafft Vertrauen; ist entspannt; reagiert entsprechend auf Situationen.
Ich bin o. k. – du bist nicht o. k.	Zeigt übermäßiges Selbstvertrauen; es ist schwierig, mit ihm Beziehungen zu unterhalten; wirkt arrogant; hemmt andere; übertreibt die eigene Leistung.
Ich bin nicht o. k. – du bist o. k.	Zeigt geringes Selbstvertrauen; neigt dazu, sich zu entziehen; es fehlt im an Überzeugung; ergreift keine Initiative; wertet die eigene Leistung ab; neigt dazu, gestreßt zu sein.
Ich bin nicht o. k. – du bist auch nicht o. k.	Es mangelt ihm an Energie; neigt dazu, deprimiert zu sein; es gelingt ihm nicht, bestimmt aufzutreten; orientiert sich an Mißerfolgen; es mangelt ihm an Kreativität; er entwickelt negative Beziehungen.

Aktive und passive Manager

Es hat Sinn zu versuchen, dem Leben offener und positiver gegenüberzustehen – besonders für Manager, deren Aufgabe es ist, andere anzuspornen, initiativ zu werden und Ergebnisse zu erzielen.

In einer 1979 erschienenen Arbeit beschrieben wir eine grundlegende Entscheidung, die Menschen treffen: die Entscheidung nämlich, eine positive oder negative Haltung zur Welt einzunehmen. Sich diesen Unterschied bewußt zu machen, hat sich schon für viele Manager als nützlich erwiesen.
Diejenigen mit einer aktiven Einstellung zum Leben sind an Erfahrungen, an der Erreichung gesteckter Ziele und an Kontakten mit anderen interessiert. Welche Situation auch immer eintritt, sie sehen sie als Chance. Sie suchen realistische, aber zugleich auch über die bisherige Routine hinausgehende Herausforderungen, übernehmen bis zu einem bestimmten Grad Risiken und sind bereit, um ihrer Entwicklung willen etwas Neues auszuprobieren. Sie suchen Rückmeldungen und bevorzugen offene und nicht-ausbeutende Beziehungen zu anderen. Ihr ganzes Leben lang sind sie Veränderungen gegenüber aufgeschlossen und durchlaufen Phasen der Neubewertung und Anpassung. Ihre Erfahrungen sind nicht gleichförmig, weil sie ihre Höhen und Tiefen stark empfinden.
Diejenigen mit einer passiven Haltung sind durch das Fehlen von Offenheit und durch begrenzte Fortschritte charakterisiert. Sie empfinden es als mühsam, Abenteuer einzugehen, und tendieren zur Verewigung von Routine, was naturgemäß wenig zur Befriedigung oder zur Weiterentwicklung beiträgt. Risiken und Herausforderungen werden vermieden; wenn sie aber – manchmal – doch eingegangen werden, dann mit wenig Rücksicht auf das persönliche Wohlergehen. Die Beziehungen zu anderen neigen zu Oberflächlichkeit oder Negativität; möglichem Feedback wird Widerstand geleistet, die Kommunikation ist unkreativ. Passivität kann mit fragwürdigen Motiven der Ausnutzung anderer beziehungsweise mit einem entsprechenden Verhalten einhergehen, was wiederum die Beziehungen in Mitleidenschaft zieht.

Jeder Mensch hat eine passive und eine aktive Seite, und niemand gehört gänzlich nur einer der beiden Kategorien an. Doch liegt es an Ihrer Entscheidung, welchen Teil Ihres Selbst Sie unterstützen und fördern möchten. Sich hier zu entscheiden, ist von grundlegender Bedeutung, denn wenn Sie es unterlassen, einen aktiven Wesenszug zu achten und zu stützen, wird der komplementäre, gegensätzliche Charakterzug an Stärke gewinnen. Typisch für die aktiven und die passiven Wesensmerkmale des menschlichen Verhaltens sind die folgenden:

Aktive Wesensmerkmale	*Passive Wesensmerkmale*
Sucht Herausforderungen;	Neigt dazu, Herausforderungen zu vermeiden;
benutzt Zeit und Energie als Ressourcen;	mißbraucht Zeit und Energie;
kennt sich mit seinen eigenen Gefühlen aus;	kennt sich mit Gefühlen nicht aus;
interessiert sich für andere;	hat mangelnde Empfänglichkeit für andere;
versucht, offen und ehrlich zu sein;	bedient sich der Manipulation;
treibt die eigene Entwicklung voran;	vermeidet Erfahrungen, die die eigene Entwicklung vorantreiben könnten;
hat klare persönliche Wertvorstellungen;	ist sich über die eigenen Wertvorstellungen nicht klar;
legt hohe Normen fest;	akzeptiert niedrige Normen;
begrüßt Feedback;	vermeidet Feedback;
verfügt über Durchblick;	zieht sich zurück;
toleriert und nützt ihm widersprechende Standpunkte;	ist gegenüber Meinungen anderer intolerant;
behandelt Konflikte konstruktiv;	empfindet Konflikte als negativ;
gewährt anderen Freizügigkeit;	schränkt die Freizügigkeit ein;
freut sich im allgemeinen über das Leben.	vermeidet Selbsteinsicht.

Wie bereits früher erwähnt, bilden sich Werte und persönliche Lebenseinstellungen durch frühzeitige Erfahrungen; diese Werte können sich als auf lange Sicht ungeeignet oder destruktiv erweisen. Daher ist es für Erwachsene sinnvoll, ihre Wertvorstellungen zu überprüfen und sich die folgenden Fragen zu stellen:

- Habe ich miteinander in Widerstreit stehende Wertvorstellungen?
- Glaube ich wirklich, was ich sage?
- Habe ich eine klare Haltung in für mich wichtigen Fragen?

Wie man Wertvorstellungen klärt und ändert

Es gibt vier Vorgangsweisen, mit deren Hilfe Menschen versuchen, die Werte anderer zu beeinflussen:

1. *Moralisieren.* Sie proklamieren, was gut und was schlecht ist, und nützen jede verfügbare Autorität, um ihrer Botschaft mehr Gewicht zu verleihen.
2. *Vorbild sein.* Sie versuchen, sich in Übereinstimmung mit ihren Grundsätzen zu verhalten, in der Hoffnung, daß andere ihrem Beispiel folgen und ihre positive Handlungsweise nachahmen werden.
3. *Nichteinmischung.* Sie erlauben anderen, sich so zu verhalten, wie sie möchten, ohne ihnen ihre Kommentare aufzudrängen oder sich einzumischen.
4. *Klärung.* Sie helfen anderen, aus alternativen Wertvorstellungen jene auszuwählen, die ihnen entsprechen, und legen mehr Wert darauf, Situationen zu überdenken, als einer starren Methode zu folgen. Klärung dieser Art hilft anderen Individuen, ihre eigene Einstellung zu Werten zu entdecken. Eigene Wertvorstellungen, die einem klargeworden sind, haben den Vorzug, selbstgewählt, persönlich, in sich logisch und dauerhaft zu sein.

Zu diesem Klärungsprozeß gehört die Überprüfung und die Neueinschätzung bisher bestehender Wertvorstellungen sowie das Entdecken von Einstellungen zu Angelegenheiten, die vordem nicht beachtet wurden. Oft ist es schwierig, dieses Vorhaben zu realisieren, weil Emotionen, Unvernunft und widersprüchliche Interessen das eigene Urteilsvermögen beeinflussen. Es kostet Zeit, die kaum bewußten und verschwommenen Sichtweisen ans Licht zu holen,

die das Verhalten formen. Der für das Nachdenken erforderliche Zeitaufwand kann als ärgerlich empfunden werden, weil die vordringlichen Anforderungen des Augenblicks Aufmerksamkeit erheischen. Ohne derartige Bemühungen zu investieren, kann jedoch die Untersuchung der Frage »Wer bin ich?« keine Fortschritte machen.
Eine Person, die diese Art Sondierung der persönlichen Wertvorstellungen durchführt, wird Klarheit und Aufrichtigkeit erreichen – Aktivposten für Manager, deren Arbeit schwierige Entscheidungen und die Aufrechterhaltung festgefügter Beziehungen mit anderen verlangt. Andere fühlen zu Recht, daß sie sich in Gegenwart einer Persönlichkeit befinden, die an der Bestimmung ihrer persönlichen Haltung gearbeitet hat, und respektieren dies im allgemeinen. Deshalb ist die Klärung von persönlichen Wertvorstellungen ein Instrument zur Erhöhung der Manager-Effektivität in einer stark beanspruchenden und verwirrenden Welt.

Der Prozeß der Klärung von Wertvorstellungen
Die systematische Klärung von Wertvorstellungen ist ein Lernprozeß, doch findet sich – im Gegensatz zu vielen anderen Lernvorgängen – eine große Menge der benötigten Informationen im Inneren des Lernenden selbst. Außenstehende können Ihnen zwar helfen, Ihre eigenen Werte abzuklären, aber die endgültige Wahl kann nur Ihre eigene sein. Die fünf folgenden Schritte bringen ein System in den Vorgang:

1. *Sich entschließen, ehrlich zu sein.* Weil die bisher vorherrschenden Wertvorstellungen schwierig aufzudecken sein mögen, sind Veränderungen nur durch den Entschluß zu bewirken, so ehrlich wie möglich zu sein, selbst wenn das manchmal bedeutet, sich dumm oder unreif zu fühlen. Ohne sich selbst zur Offenheit zu verpflichten, kann es kaum wirkliche Veränderungen geben.

2. *Ausdrücken der vorhandenen Werthaltungen.* Wertvorstellungen werden nur aufgedeckt, wenn eine Streitfrage erörtert wird. Diese Prozeß erfordert, daß Sie Ihre Ansichten zum Thema vollständig zum Ausdruck bringen, selbst wenn Ihnen nicht gefällt, was Sie sagen, oder Ihnen Ihre Aussagen nicht schlüssig erscheinen. Es ist nötig zu wissen, wo Sie im Augenblick stehen.

3. *Überdenken von Alternativen.* Es gibt gewöhnlich viele Möglichkeiten, ein Problem zu sehen, deshalb ist es erforderlich, andere Standpunkte zu prüfen. Das Erkennen anderer Wertvorstellungen ist der erste Schritt. Diesem folgt eine Testphase, in der Sie auf jeden der Standpunkte reagieren und entscheiden, wo Sie stehen. Ein umfassend abgesicherter subjektiver Wert ist ein solcher, der aus gründlich geprüften Alternativen frei gewählt wurde.

4. *Überprüfung der Folgerichtigkeit.* Sind die Werte geklärt, können sich in Ihrer Gesamteinstellung bzw. in Ihrem gesamten Wertesystem doch Widersprüchlichkeiten ergeben. Wenn sich also offensichtliche logische oder emotionale Unvereinbarkeiten finden, so sind diese als Fingerzeig dafür zu werten, daß die betreffenden Einzelfragen nochmals und gründlicher zu überprüfen sind.

5. *Überprüfung des Verhaltens.* Mitunter verhalten sich Menschen in einer Weise, die mit ihren eigentlichen Wertvorstellungen nicht übereinstimmt. Dies deutet darauf hin, daß sie nicht voll und ganz zu ihren eigenen Urteilen stehen. In diesem Falle sollten sie konsequenterweise nochmals überprüfen, was sie wirklich denken. Andererseits könnte es sein, daß einige Wertänderungen noch nicht ausreichend fest im Verhalten verankert und daher nicht imstande sind, seit langem bestehende Angewohnheiten ebenfalls zu verändern. Beide Erklärungen sind möglich, aber die Nichtübereinstimmung des Verhaltens mit den formulierten Wertvorstellungen ist jedenfalls ein Hinweis dafür, daß in dieser Hinsicht mehr getan werden muß.

Schrittweises Klären der Wertvorstellungen

Die schrittweise systematische Klärung der Wertvorstellungen kann dadurch unterstützt werden, daß dieser Prozeß mit anderen diskutiert wird. Damit ein solcher Dialog die erwünschte Wirkung hat, müssen Sie bereit sein, die dabei geäußerten Meinungen auf sich wirken zu lassen und Ihre Standpunkte auch zu ändern, wenn Ihnen dies richtig erscheint. Darüber hinaus ist es bei derartigen Diskussionen wichtig, besonders darauf zu achten, was Sie selbst sagen. Wenn Sie sich genau zuhören, lernen Sie Ihre eigenen Ansichten, aber auch die Intensität und Tiefe Ihrer Gefühle besser kennen. Dieses Aufdecken Ihrer Haltungen ist Teil des Klärungsprozesses. Wenn Sie sich nun überdies die geeigneten Fragen stellen, so kann das den zweiten Schritt beschleunigen, der darin besteht, daß Sie sich nicht scheuen, Ihre aktuellen Wertvorstellungen auch auszudrücken.

Die Reflexion, das prüfende Überdenken, hilft bei der Klärung der Wertvorstellungen, reicht aber in der Regel allein nicht aus. Hier bewährt sich eine »expressivere« Methode: das schriftliche Ausdrücken der eigenen Einstellungen und Werte. Man beginnt einfach damit, das Wort ICH mitten auf ein großes Blatt Papier zu schreiben und notiert dann die für einen selbst charakteristischen Eigenwerte – spontan, so wie sie einem in den Sinn kommen.

Wenn Sie das nun tun und einen Zusammenhang zwischen einzelnen notierten Worten sehen, verbinden Sie diese mit einer Linie. Die Liste läßt Sie erkennen, wo in Ihrem Wertsystem Lücken, Überschneidungen, augenscheinliche Unvereinbarkeiten und gut bzw. schlecht entwickelte Bereiche existieren. Vorausgesetzt, Sie vermeiden es, allzu penibel zu sein, kann diese Technik des Aufschreibens unerwartete Aspekte Ihrer selbst offenbaren und Ihnen Ihre allgemeine Lebenseinstellung bewußter machen.

Es kommt häufig vor, daß Menschen Ihre Werte festlegen, sie dann aber in der Praxis außer acht lassen. Dies deshalb, weil sie Ansichten vertreten, die sie ihrer Meinung nach haben »sollten«, statt diejenigen, denen sie sich wirklich verpflichtet fühlen. Wie oft haben Sie selbst sich liberaler, milder, menschenfreundlicher geäußert, als Ihnen im Augenblick zumute war?

Bei der Klärung von Werten geht es aber um die Tatsachen und nicht darum, was als gerade gesellschaftlich opportun erscheint. Sie müssen Ihre Wertvorstellungen realistisch einschätzen, und zwar selbst dann, wenn sie Ihre Auffassung davon in Frage stellen, wie Sie sich »eigentlich« verhalten sollten. Denn nur, wenn Sie der Wahrheit über sich selbst ins Auge blicken, sind Sie imstande, die anderen Möglichkeiten eingehend zu prüfen und einen Wandel einzuleiten.

Ein Zweck der Klärung von Wertvorstellungen besteht darin, Individuen zu befähigen, für die Werte, die sie vertreten, auch völlig einzustehen. Wir benutzen das Wort *Standpunkt,* weil ein Wert mit einer festen Grundlage vergleichbar ist, auf die jemand sich bewußt stellt. Die Person ist bereit, für diesen Wert einzutreten und ihn möglichst umfassend abzusichern, um ihn unangreifbar zu machen. In der Praxis jedoch mag man leicht Verhaltensweisen antreffen, die mit den Standpunkten und Werthaltungen der betreffenden Person unvereinbar sind. Ein Beispiel dafür ist ein Manager, der für einen Führungsstil der Unterstützung und des Wohlwollens plädiert, dann aber Untergebene nötigt, ständig überwacht, manipuliert und den Wert ihrer Leistungen herabsetzt. Da andere Menschen meist genau beobachten, wie wir uns in einer Krise verhalten, sind sie – vorausgesetzt, man nutzt sie dafür – eine hervorragende Informations- und Feedback-Quelle, die uns sagt, wo und wann unsere Wertvorstellungen dem Druck des Augenblickes nicht standhalten.

Zwar werden Menschen von neuen Erfahrungen und Einsichten beeinflußt, und bestimmte Wertvorstellungen wandeln sich, doch geht dies nicht reibungslos vor sich. Zu grundlegenden Veränderungen kommt es nur, wenn sich die alten Werte als unzulänglich erweisen und wenn sie unerwünschte Ergebnisse zur Folge haben.

Das Werkzeug, die Auswirkungen Ihrer Werte kennenzulernen, bildet in diesem Zusammenhang das offene Feedback. Wenn Sie Ihre Standpunkte offenbaren und hören, was andere dazu sagen, erkennen Sie durch die Reaktionen etwas über die Wirkung. Es wäre jedoch kindisch, eine Grundüberzeugung nur deshalb zu wechseln, weil Sie auf Kritik stößt; ebenso unklug ist das Festhalten an Meinungen, die der Erfahrung zuwiderlaufen. Wollen Sie Ihre Wertvorstellungen tiefer ergründen, empfehlen wir Ihnen, breitangelegte Grundsatzdiskussionen mit Freunden und Kollegen. Die in diesem Abschnitt weiter unten enthaltene Bewertungsliste soll in dieser Hinsicht Ihr Denken anregen. Wenn Sie die Haltungen anderer angreifen oder aber verteidigen, bedenken Sie, daß es der Zweck derartiger Diskussionen ist, Denkweisen zu verdeutlichen, und nicht, die Überlegenheit der eigenen Position zu beweisen.

Wertvorstellungen von Managern

Manager arbeiten nicht in der Isolation. Sie werden nicht unwesentlich von den im Management vorherrschenden Wertvorstellungen beeinflußt, insbesondere von den Ansichten und Einstellungen der übergeordneten Manager. Da es erforderlich ist, sich bis zu einem gewissen Grade an dem Unternehmensstil auszurichten, kann dies dem einzelnen Manager Probleme bereiten. Das Verhältnis von persönlichen Ansichten und Unternehmensphilosphie kann dabei – wie im folgenden dargestellt – von Übereinstimmung bis zu völligem Gegensatz reichen.

1. *Uneingeschränkte Unterstützung der Unternehmensphilosophie.* In dieser Idealkonstellation tragen Sie mit ganzer Energie alle Standpunkte des Unternehmens mit.
2. *Akzeptanz der Unternehmensphilosphie.* Sie verstehen den Firmenstandpunkt und haben keine wirklichen Schwierigkeiten, diesen zu unterstützen.
3. *Mit der Unternehmensphilosphie leben.* Trotz deutlicher Differenzen zwischen Ihren Ansichten und denen Ihrer Firma können Sie mit deren Auffassungen leben. Unter Umständen sind Sie in der Lage, das Unternehmen zu beeinflussen und dessen Vorstellungen mit den Ihren mehr in Einklang zu bringen.
4. *Erheblicher Widerspruch zur Unternehmensphilosophie.* In dieser schwierigsten Konstellation wird von Ihnen erwartet, eine Haltung zu unterstützen, die im Gegensatz zu Ihren persönlichen Werten steht. Ihre Alternativen in diesem Fall sind widerwillige Akzeptanz, Sabotage, Nichtbeachtung, Versuch der Beeinflussung der Unternehmensphilosophie oder Rückzug.

Jede dieser Optionen hat ihre Meriten, aber die Probleme sind ernster Natur. In derartigen Wertkonflikten hilft es, aktiv Schritte zu setzen, um eine Klärung der Unternehmensphilosophie herbeizuführen, weil ja die Konflikte durch Mißverständnisse und unzulängliche Kommunikation hervorgerufen sein können.
Wenn bemerkt wird, daß ein einzelner Manager sich außerhalb der im Unternehmen allgemein anerkannten Normen bewegt, werden Wege gesucht, »ihn wieder auf Vordermann zu bringen«. Im Extremfall kann jemand so uneins mit der Firma sein, daß er bestraft

wird. Das kann Verbannung in eine »Strafkompanie« mit dem Charme eines sibirischen Bergwerks oder gar Hinauswurf aus dem Unternehmen bedeuten. Derartige Konflikte helfen aber immerhin, die Grenzen des einzelnen wie des Unternehmens zu erkennen und deren Differenzen klarwerden zu lassen. Manchmal ist jede Entscheidung schwierig, weil offene Konfrontation zur Bestrafung, Rückzug zu einer persönlichen Krise und Akzeptanz zur Schwächung von Kraft und Vitalität führt. In einer derartigen Situation gibt es einen Punkt, an dem einem nichts anderes übrigbleibt, als sich klar zu deklarieren und mit den Konsequenzen zu leben.

Merkmale von Managern mit klaren/unklaren Wertvorstellungen

Personen mit unklaren Wertvorstellungen neigen zu den in der linken Spalte skizzierten Verhaltensweisen; solche mit klaren Wertvorstellungen neigen zu den rechts bezeichneten.

Unklare Wertvorstellungen	*Klare Wertvorstellungen*
Verabsäumt es, Wertvorstellungen in Frage zu stellen;	Hinterfragt häufig eigene Wertvorstellungen;
ignoriert Fakten, die im Widerspruch zu den eigenen Wertvorstellungen stehen;	ändert seine Wertvorstellungen aufgrund von Fakten;
nimmt Wertfragen nicht ernst;	nimmt Wertfragen ernst;
neigt zur Inkonsenquenz;	neigt zur Konsequenz;
weicht im Verhalten von den von ihm geäußerten Wertvorstellungen ab;	verhält sich in Übereinstimmung mit den geäußerten Wertvorstellungen;
äußert seine Ansichten nicht;	äußert seine Ansichten mit der Bereitschaft, die Meinung anderer zu hören;

beurteilt andere Standpunkte als falsch;	versucht, andere Standpunkte zu verstehen;
ist dem Leben gegenüber passiv;	hat eine aktive Haltung zum Leben;
ist nicht bereit, klare Standpunkte einzunehmen;	nimmt klare Standpunkte ein;
vermeidet Feedback, das sich auf die eigene Haltung bezieht;	sucht das Feedback;
vermeidet es, für eigene Überzeugungen einzustehen;	ist bereit, für eigene Überzeugungen einzustehen;
ist sich der Auswirkungen früher Erfahrungen auf die Wertvorstellungen nicht bewußt.	hat den Einfluß früher Erfahrungen auf die Wertvorstellungen erkannt.

Wann Manager am dringendsten klare Wertvorstellungen benötigen

Klare Wertvorstellungen werden am dringendsten von Managern benötigt, die maßgeblichen Einfluß auf Entscheidungen über die Unternehmenspolitik haben, mit Angelegenheiten von grundsätzlicher Bedeutung befaßt bzw. für Anleitung, Beratung und Fortbildung anderer verantwortlich sind. Einige Manager treffen häufig Entscheidungen über Probleme, für die es keine »richtige« Lösung gibt, gerade solche Entscheidungen aber müssen auf ihm selbst bewußten und konsequenten Überzeugungen basieren, für die öffentlich einzutreten der Manager bereit ist. Managerberufe, die Selbsthinterfragung, häufige Entscheidungen, konsequente Standpunkte und hohe persönliche Integrität erfordern, bedürfen der klarsten persönlichen Wertvorstellungen.

Literaturhinweise:

Berne, E., *What do you say after you say hello?* New York: Grove Press, 1972. (dt.: *Was sagen Sie, nachdem Sie »Guten Tag« gesagt haben? Psychologie des menschlichen Verhaltens.* 5. Aufl. 1988)

Woodcock, M./Francis, D., *Unblocking your organization.* San Diego, Ca: University Associates, 1979.

Blockierung 3: Unklare persönliche Ziele

Der Flughafen war in Nebel eingehüllt, und die Fluganzeige kündigte an, alle Abflüge seien auf unbestimmte Zeit verschoben. Im Businessclass-Warteraum des Flughafens begannen einige der betroffenen Reisenden eine Unterhaltung. Anfangs sprachen sie über das Wetter, über verpaßte Termine und andere Probleme des Reisens. Als sie auf ihre beruflichen Laufbahnen zu sprechen kamen, konzentrierte sich die Aufmerksamkeit der Gruppe auf John, der die Geschichte seines Berufslebens voller Fehlstarts und Richtungsänderungen erzählte. John hatte die Schule mit gutem Erfolg absolviert und war als Offiziersanwärter zur Luftwaffe gegangen. Er verließ das Militär, weil ihm die Disziplin »lästig wurde«, und ließ sich dann als Lehrer ausbilden. Nach dreijähriger Tätigkeit gab er sein Amt auf, weil er nicht befördert worden war. Sein nächster Karriereschritt waren der Wiedereinstieg in die Hochschule, ein Abschluß und eine kurze Tätigkeit als Sozialarbeiter. Er habe aber bald, so sagte er, »den Glauben an soziale Einrichtungen verloren«. Vor kurzem wurde John als Marketing-Trainee engagiert, der nun im Begriff stand, seine Ausbildung in Techniken der Marktanalyse zu beginnen. Freimütig bekannte er: »Und ich weiß noch immer nicht, ob ich diesmal das Richtige gefunden habe. Mag sein, daß das Geschäftsleben nichts für mich ist.«

Johns Zuhörer reagierten auf dieses Bekenntnis mit Überraschung oder Mißfallen. Einer fragte: »Wie alt sind Sie?« »Ich werde dieses Jahr sechsunddreißig«, antwortete John. »Ich glaube, ich würde gerne Meditation und Karate lernen, und zu diesem Zweck vielleicht ein Jahr in Japan studieren«, fügte er hinzu.

Ein Mann, älter als John, sagte darauf: »Sie müssen sich einer Aufgabe widmen und lange genug dafür arbeiten, um etwas zu erreichen. Klären Sie, was Sie wirklich wollen, und tun Sie alles dafür. Ohne Klarheit darüber, wie Sie leben wollen, treiben Sie aufs Geratewohl dahin. Und das ist eine schreckliche Verschwendung von Talent und Ausbildung.«

Die anderen stimmten darin überein, daß sich John nur ungenügend klar darüber war, was er wollte und wie er das erreichen könnte. Auf seiner Suche nach einem befriedigendem Lebensweg flattere er wie ein Schmetterling von einer hoffnungsvollen Möglichkeit zur anderen.

Es gibt Menschen, denen es an Klarheit über ihre persönlichen Ziele gebricht, aber es gibt auch andere, die sich in ihrem Leben in bemerkenswerter Weise auf eine Sache konzentrieren. Oder wie Bargo (1980) dies formulierte: »Es gibt jedoch einige Menschen, die Lebenskünstler zu sein scheinen. ... Nicht nur scheint die Welt Sinn für sie zu ergeben, sondern geradezu für sie geschaffen zu sein. ... Was ist ihr Geheimnis? ... Es besteht darin, daß sie eine klare Vorstellung davon haben, was sie wollen, und daß sie einen Weg finden, dieses Ziel zu erreichen. Sie arbeiten zielbewußt, und was sie erreichen, scheint sie zu befriedigen; sie wechseln nicht ständig in der Mitte des Stroms die Pferde.«
Das gegenwärtige Leben schreit buchstäblich nach klaren und gültigen Zielvorstellungen. Um mit der hohen Geschwindigkeit des sozialen und industriellen Wandels, der Zahl an Alternativen und dem Fehlen von fixen traditionellen Werten fertigzuwerden, muß jedes Individuum seine persönlichen Zielvorstellungen sorgfältig und regelmäßig neu überdenken. Viele Faktoren (wie beispielsweise die nachstehenden) spielen da zusammen und lassen diese Aufgabe zu einem schwierigen, aber ebenso wichtigen Prozeß werden:

- sich verändernde Erwartungen bezüglich der Lebensqualität;
- eine sich schnell entwickelnde Technologie;
- finanzielle und wirtschaftliche Umwälzungen;
- sich ändernde Energiekosten;
- Probleme der weltweiten Arbeitslosigkeit;
- eine immer größer werdende Kluft zwischen Industrie- und Entwicklungsländern;
- das Gefühl, der Verwaltung ausgeliefert zu sein, und der Machtlosigkeit, die Umstände zu beeinflussen;
- erhöhte Mobilität;
- Abwanderung begabter Menschen ins Ausland;
- zunehmende Gewalt.

Es liegt auf der Hand, daß substantiell und tiefgreifende Änderungen die Menschen in den meisten Bereichen beeinflussen werden.

Doch auch wenn das Umfeld nicht kontrolliert werden kann, können Individuen lernen, mit den Möglichkeiten und Alternativen des Lebens umzugehen. Klarheit über persönliche Zielvorstellungen ist ein sehr wichtiges Hilfsmittel, das Menschen besser befähigt, das meiste aus ihren Möglichkeiten zu machen.
Die persönlichen Zielvorstellungen zu verbessern kann sich als schwierig erweisen, aber sie stehen in enger Beziehung zu dem Alltagsleben eines Managers. Jeder ist anders und handelt in einem einzigartigen Umfeld, so daß jeder mit sich selbst über die eigenen Ziele ins reine kommen muß.
Der Zugang dazu wird leichter, wenn die folgenden sechs Fragen beantwortet werden; deren Erörterung findet sich auf den verbleibenden Seiten dieses Kapitels.

1. Welche Lebenseinstellung hilft Managern bei der Festlegung ihrer Ziele?
2. Welches sind die Prinzipien der Zielsetzung?
3. Warum sollen Sie sich Ziele setzen?
4. Wie können Sie sich Ziele setzen?
5. Was kann man tun, wenn sich die Dinge nicht zufriedenstellend entwickeln?
6. Können Sie anderen helfen, sinnvolle Ziele festzulegen?

Zielsetzung: eine Lebenseinstellung

Noch vor wenigen Jahrzehnten nahmen die meisten Menschen ihre Plätze in der Gesellschaft auf der Basis von Tradition und sozialen Konventionen ein. Die künftigen Möglichkeiten eines neugeborenen Kindes waren weitestgehend von starken Einflüssen vorgezeichnet, die die Weiterentwicklung eines Individuums lenkten. Obwohl einige mit den Traditionen brachen, indem sie Künstler, Unternehmer, Kriminelle oder, in manchen Fällen, Heilige wurden, folgten die meisten vorhersehbaren und konventionellen Lebensmustern. In einer derart geordneten Welt bestand wenig Bedarf nach zu Entscheidungen befähigten und einen eigenen Lebensentwurf planenden Leuten. Die meisten Menschen sahen sich mit viel zu begrenzten Möglichkeiten und allzu dominanten sozia-

len Erwartungen konfrontiert, um reale Wahlmöglichkeiten zu haben.
Die traditionelle Erziehung lehrte Fleiß und Akzeptanz des Status quo als wichtige Tugenden, doch wenn solche Verhaltensweisen heutzutage praktiziert werden, erweisen sie sich in der Regel als unangemessen und sogar riskant. Nun ist es wichtig, die eigenen Fähigkeiten zu erkennen und das eigene Leben zu gestalten, sich bietende Gelegenheiten zu ergreifen und sich für die eigene Zukunft verantwortlich zu fühlen. Eine aktive und verantwortungsbewußte Lebenseinstellung ist eine entscheidende Komponente für die Effektivität, und dies gilt ganz besonders für Manager. Herman (1972) bemerkte dazu: »Es ist weit besser, dem einzelnen zu helfen, seine Stärken und Fähigkeiten zu entdecken, zu gebrauchen und sich an ihnen zu erfreuen, so daß er sich aus eigenem Antrieb fortbewegt, als andere seinen Rollstuhl schieben zu lassen.«
Herausforderugnen, Anforderungen sind bis zu einem gewissen Punkte gesund und belebend. Weiterentwicklung und immer neue Anregungen erwachsen dem Manager aus der Verantwortung, die er trägt. Und tatsächlich legen einige kürzlich durchgeführte Untersuchungen nahe, daß ungenügende Anregung genauso gesundheitsschädlich ist wie übermäßiger Druck. Allerdings ist das letztere Phänomen weiter verbreitet: der Manager, der von seinem Job aufgezehrt wird, sich überarbeitet fühlt und seine Spontaneität durch hektische und aufgesplitterte Aktivitäten einbüßt.
Der Job eines Managers kann aufgrund seiner wichtigen Aufgaben und der dringenden, immer weiter ausufernden Probleme leicht extrem belastend werden. Da er im Zentrum der Entscheidungsfindung des Unternehmens steht, hat ein Manager das Gefühl der Bedeutung und des Beteiligtseins. So reizvoll das ist, kann es doch einen hohen Tribut an Energie und Einschränkung des Privatlebens verlangen.
Ohne Klarheit über die Richtung mangelt es einem Manager an Festigkeit und Entschlossenheit, Gelegenheiten werden ausgelassen, weil sie unentdeckt bleiben, Ablenkungen durch unwichtige Angelegenheiten mögen unverhältnismäßig viel Zeit in Anspruch nehmen, wenn der Manager sich mit Nebensächlichkeiten aufhält. Ohne Kriterien zur Bewertung von Möglichkeiten und für deren Reihung nach der jeweiligen Wichtigkeit ist es unmöglich, den

sehr knapp bemessenen Faktor Zeit wirkungsvoll zu nutzen. Eine feste und aktive Auffassung vom Manager-Dasein verlangt, daß persönliche und berufliche Ziele gesetzt und häufig mit jener Objektivität geklärt werden, die so schwierig zu erreichen ist.

Prinzipien einer erfolgreichen Zielsetzung

In den vergangenen Jahren äußerten Professoren der Betriebswirtschaftslehre und Befürworter von Managementsystemen wie zum Beispiel »Management by objectives« häufig die Meinung, Manager müßten sich selbst und ihren Untergebenen klare Ziele setzen. Obwohl »Management by objectives« (MBO, auf deutsch etwa: Management durch Zielsetzungen), mittlerweile als Managementphilosophie den Reiz des Modernen verloren hat, beeinflußt es weiterhin weltweit die Praxis.

Manche Menschen konzentrieren sich so rasch auf den Prozeß der Aufgabenbewältigung, daß sie den Blick für die tatsächliche Bedeutung ihrer Aktivität verlieren. Auf sie trifft die Beschreibung des Fanatikers »als einer Person, die ihre Anstrengungen verdoppelt, wenn sie ihre Ziele aus den Augen verliert«, zu. Sinn der Zielsetzung ist es jedoch, seinen Blick fest darauf zu richten, welche Resultate erwünscht sind. Um auf erwünschte Resultate hinzuweisen, kann man sich verschiedener Begriffe bedienen: Ziel, Zielvorstellung, Operationsziel, Sollzustand, Absicht, Vorhaben, Intention, Endzweck; da wir uns hier aber nicht mit sprachlichen Feinheiten befassen, sollen die Bedeutungsunterschiede und Anwendungsweisen nicht analysiert werden.

Wenn erfahrene Manager um Beispiele von Zielsetzungen gebeten werden, formulieren sie gewöhnlich Aussagen über zu erreichende Resultate, doch bisweilen sprachlich so vage und unpräzise, daß ihre Ziele nicht klar verstanden werden können. Es ist deshalb nützlich, die Merkmale gut formulierter Ziele zu untersuchen.

Eine Zielsetzung kann als »zeitgebundenes und meßbares Ergebnis« definiert werden. Zur Erläuterung einige Beispiele persönlicher Zielsetzungen:

- bis Weihnachten dieses Jahres 80 Kilo wiegen;

- bis zum Ende des nächsten Jahres zum Generaldirektor befördert werden;
- sich als Manager qualifizieren;
- in meinen Job mehr Risiken auf mich nehmen;
- jede Woche viermal 30 Minuten joggen;
- mehr Anerkennung für meine Arbeit finden.

Jede dieser Aussagen verrät uns etwas über das, was jemand erreichen möchte, aber sie unterscheiden sich in zwei wichtigen Punkten. Erstens weisen einige der Aussagen ein Zeitlimit für die Erfüllung auf; in anderen Aussagen ist die Zeit unbegrenzt. Zweitens sind einige Aussagen sehr präzise (jede Woche viermal 30 Minuten joggen), andere hingegen sind allgemeiner gehalten (mehr Anerkennung für die Arbeit finden). Die nützlichsten Zielsetzungsaussagen sind sowohl präzise als auch zeitgebunden.

Viele Manager berichten, daß persönliche Ziele zu mehr Veränderungen beitragen, wenn sie die folgenden Kriterien erfüllen:

- Der einzelne fühlt sich der Erreichung des Zieles persönlich verpflichtet.
- Die Erreichung des Zieles ist durch kleine Schritte möglich.
- Es sind klare Zeitgrenzen gesetzt.
- Das zu erreichende Ergebnis ist genau formuliert.

Die Festlegung von Zielen hilft dem einzelnen zu entscheiden, was wichtig und nützlich ist. Ohne Ziele werden die Menschen leicht zu Opfern des Zufalls oder dienen den Launen anderer. Doch werden Probleme nicht dadurch weggezaubert, daß man sich einfach ein Ziel setzt. Ziele sind Versuche, Vorhersagen für die Zukunft zu treffen, aber weil sich die äußeren Umstände häufig ändern, können in der Vergangenheit gesetzte Ziele belanglos oder unerreichbar werden.

Das trifft besonders in der Politik zu, die, wie auch das Management, die Kunst des Möglichen ist. Es heißt, eine Woche sei in der Politik eine lange Zeit, weil neue Faktoren eine Situation rasch und drastisch verändern können. Beständigkeit und Bedeutung von Zielen wechseln in einem Unternehmen ebenso wie im Leben eines einzelnen. Manche Zielformulierungen sind grundlegender Art und überdauern Generationen (zum Beispiel Gewinn erwirtschaften); andere sind flüchtig und vorübergehend (zum Beispiel ein schönes Weihnachtsfest feiern).

Es ist allgemein bekannt, daß es leichter ist, Ziele zu setzen, als diese auch zu erreichen. Viele Vorsätze, die am Neujahrstag gefaßt werden, sind bereits in der zweiten Januarwoche zerbröckelt. Manche Leute sind nachlässig und unrealistisch, wenn sie sich selbst Ziele setzen, weil sie die persönliche Verpflichtung auf die leichte Schulter nehmen und beides, Ziele wie Verpflichtung, rasch wieder vergessen. Für jemanden hingegen, der sich um effektive Zielsetzung bemüht, ist charakteristisch, daß er eine Verpflichtung, bevor er sie auf sich nimmt, und die Realisierbarkeit seiner Pläne, bevor er sich für diese engagiert, gründlich überprüft. Eine solche Person respektiert eine Verpflichtung und macht alle Anstrengungen, das Ziel zu erreichen – welche Schwierigkeiten auch immer auftreten mögen. Dieses Prinzip gilt auch, wenn die Ziele gemeinsam mit anderen festgelegt wurden.
Eine allgemeine Zielvorstellung mag eine nützliche Richtlinie sein, verlangt aber selten die Beachtung der Erfordernisse, die für einen Erfolg erfüllt werden müssen. Im folgenden einige Beispiele solcher persönlichen Zielvorstellungen:

- in meinem Beruf erfolgreich sein;
- gute Beziehungen zu meinem Team unterhalten;
- zu Hause entspannt sein;
- eine körperliche Betätigung herausfinden, die mir Spaß macht.

Diese Vorhaben sind weder zeitgebunden noch genauer festgelegt, aber sie bezeichnen generelle Ziele und stecken für den einzelnen Bereiche ab, in denen er erfolgreich sein möchte. Damit solche Aussagen nützlich werden, müssen sie konkretisiert werden, indem man sich fragt, wie das allgemeine Ziel erreicht werden kann, und indem man Teilziele mit möglichst genauen Zeitplänen verbindet. Betrachten Sie das Beispiel eines Managers, der von seinem jährlichen Sommerurlaub entspannt und fit zurückkehrt und den Vorsatz faßt, Übermüdung und mangelnde Fitneß nicht wieder zuzulassen. Ein derartiger Vorsatz wird leicht von den unvermeidlichen Zwängen des Arbeitslebens ausgehöhlt, wenn er nicht durch konkrete Projekte präzisiert wird – etwa solchen:

- zweimal in der Woche Tennis spielen;
- zweimal in der Woche schwimmen;
- 20 Minuten Yoga nach dem Aufstehen;
- während der nächsten Monate die Zeiteinteilung am Arbeitsplatz systematisch überprüfen.

Natürlich geht es hier nicht um die Art der Vorhaben, sondern die Beispiele sollen die Notwendigkeit konkreter Schritte zur Verwirklichung einer Absichtserklärung veranschaulichen, die nur so in die Tat umgesetzt werden kann.

Warum sich Ziele setzen?

Die Festlegung von Zielen ermöglicht es, Kriterien für die Beurteilung dessen zu entwickeln, ob das, was man tut, auch wirklich wichtig ist. Ohne klare Ziele vor Augen neigen viele dazu, ihre Schaffenskraft mit belanglosen Beschäftigungen zu vergeuden. Das wiederum führt oft zu Frustrationen und Demoralisierung oder zur kritiklosen Unterwerfung unter den Einfluß anderer. Zwar könnten andere – insbesondere, wenn sie eine übergeordnete Position einnehmen – bei der Verdeutlichung oder Festlegung von Zielen mitwirken, aber Personen, die ihre Wege und ihre Maßstäbe eigenverantwortlich wählen, fühlen sich stärker und haben ihr Leben besser im Griff. Je mehr Eigenverantwortung für die eigenen Handlungen, desto ausgeprägter das Gefühl für die eigene Würde. Viele Manager werden von widerstreitenden Zwängen und Möglichkeiten geplagt. Risiken zu übernehmen und zugleich Sicherheit im Leben zu haben – das ist häufig unvereinbar; ebenso verhält es sich mit Familienbindungen auf der einen Seite und Karriereambitionen sowie den beharrlichen Anforderungen einer Führungstätigkeit auf der anderen. Personen ohne klare persönliche Ziele neigen dazu, starkem und unmittelbar auf sie einwirkendem Druck zu erliegen. Und wenn die Ziele undeutlich sind oder von anderen nicht unterstützt werden, so werden sie oft nicht erreicht. Das Festlegen von Zielen hilft dabei, uns von Situationen oder Menschen nicht bedrängen zu lassen und jene Vorhaben, die uns wichtig sind, auch in die Tat umzusetzen. So mag ein vielbeschäftigter Manager beispielsweise von Eidechsen fasziniert sein und sich danach sehnen, die Paarungsgewohnheiten seltener Arten in der Sahara zu studieren. Doch ein anspruchsvoller Job und eine Familie, die seine Zurechnungsfähigkeit in Zweifel zieht, erlegen ihm Zwänge auf, denene er nur entgegenwirken kann, indem er sich Ziele setzt und Wege findet, diese zu erreichen. Sobald seine Ziele klar formuliert sind, werden die Leute sein Bestreben eher ernst nehmen und seine Entschlossenheit, den Vorsatz auszuführen, respektieren.

Selbst in einem unbeständigen und sich ändernden Umfeld läßt sich ein Aufstieg vollbringen, lassen sich persönliche Ambitionen verwirklichen. Es ist für Manager hilfreich, regelmäßig ihre Karriereziele zu überprüfen. Dieses ganz besonders, wenn gewisse Wirtschaftszweige rückläufig sind, andere aber aufblühen. In den nächsten zehn Jahren wird es eine völlig neue Palette von Managerjobs geben, während viele derzeit existierende überflüssig werden.

Wenn Sie Ihre Karriereziele überprüfen, sind zwei Faktoren zu bewerten. Erstens kann das Unternehmen, das Sie beschäftigt, mehrere Wege festgelegt haben, über die es seine zentralen Positionen besetzt. Diese können so beschaffen sein, daß Ihre Chancen verbaut sind, wenn Sie sich nicht entschließen, das Unternehmen, die Branche oder sogar das Land zu wechseln. Zweitens sind Ihre persönlichen Wünsche, Begabungen bzw. Grenzen für Ihre Karriere von größter Relevanz. Sie müssen sich einige Schlüsselfragen beantworten:

- Welches Einkommensniveau möchte ich erreichen?
- Wie wichtig ist Macht im Unternehmen für mich?
- Welche berufliche Position möchte ich erreichen?
- Wie wichtig sind Kreativität und Innovation für meine Tätigkeit?
- Welches ist das wahrscheinliche Schicksal meiner Branche in den nächsten zehn bis zwanzig Jahren?
- In einem Unternehmen welcher Größe möchte ich beschäftigt sein?
- Möchte ich unbedingt in *diesem* Land leben und arbeiten?
- Hätte ich gerne, daß man sich in der Zukunft an mich erinnert, und wenn ja, weswegen?

Sie werden rasch merken, daß Klarheit über diese Fragen Ihnen auch größere Klarheit über Ihre Wahlmöglichkeiten verschafft, was wiederum Ihren Zugriff auf Ihre Zukunft erhöht. Obwohl ja auch Unerwartetes und also die möglichen Perspektiven Änderndes eintreten kann, ist die Entscheidung, wann »ja« oder »nein« zu sagen ist, leichter, wenn die Richtung, die sie im großen und ganzen einschlagen wollen, feststeht.
In einem Managerleben gibt es Perioden, in denen besonderer Bedarf für die Klärung persönlicher Ziele besteht. Normalerweise entsprechen sie den folgenden Lebensabschnitten:

- Periode 1: 20 bis 24 Jahre — Karrierebeginn
- Periode 2: um 30 — besondere Fähigkeiten stellen sich heraus
- Periode 3: um 40 — Überprüfung des Erreichten und Überlegung von Veränderungen
- Periode 4: um 50 — Karriere festigen und den Ruhestand vorausplanen
- Periode 5: um 60 — Übergang zum Ruhestand

Die Bedeutung der Klärung Ihrer persönlichen Ziele erhöht sich, wenn Sie sich einem dieser Lebensabschnitte nähern. Wichtig für eine kreative Lebenseinstellung ist jedoch, offen gegenüber dem Unerwarteten zu bleiben und Klärungen systematisch anzugehen, um die zu einem gegebenen Zeitpunkt optimalsten Antworten zu finden.
Stecken Sie sich drei Zeitrahmen, wenn Sie sich Ziele setzen: die nächsten sechs Monate, die nächsten zwei Jahre und die Jahre danach. Wenn Sie sich dazu bereit fühlen, legen Sie all dies schriftlich fest – mit der Schreibmaschine –, und überprüfen Sie das Erreichte regelmäßig. Der Realitätsbezug der Ziele kann auf zweierlei Weisen getestet werden:

- *Vergleich mit der Vergangenheit:* Sehen Sie sich an, wieviel Sie im Vergleich zu früher erreicht und geschaffen haben. Doch bedenken Sie dabei: Bei der persönlichen Entwicklung sind Riesensprünge unwahrscheinlich.
- *Kontrolle mit Hilfe von Freunden:* Es gibt sicher andere, denen Sie gut bekannt sind und die Ihnen daher ein wertvolles Feed-

back geben können. Jedoch: So manche der Ihnen nahestehenden Personen mögen ein persönliches Interesse daran haben, Sie in einer bestimmten Rolle zu sehen; was diese Ihnen vorschlagen, mag also mehr mit deren Bedürfnissen als mit den Ihren Zusammenhängen. Um dies auszugleichen, empfiehlt es sich, auch die Meinung von Kollegen und von berufsmäßigen Beratern einzuholen.

Zusammenfassend können folgende Gründe für die Festlegung Ihrer persönlichen Ziele genannt werden:

- Erkennen von Karrierealternativen;
- Stärkung Ihres Selbst;
- bessere Einschätzung der Bedeutung Ihrer Handlungen und Erfahrungen;
- stärkere Überzeugungskraft Ihrer Standpunkte;
- Steigerung der Schaffenskraft;
- Schärfung Ihres Sinns für geordnete Abläufe und für Gelassenheit;
- Erhöhung der Chance, die gewünschten Ergebnisse auch zu erreichen.

Wie man sich Ziele setzt

Ziele werden üblicherweise für einen längeren Zeitraum festgelegt, so daß es nützlich ist, den Prozeß ihrer Festlegung, Einschätzung und Umsetzung näher zu betrachten.

Erster Schritt: ein Bedürfnis klären

Ziele festzulegen ist nur dann sinnvoll, wenn die bestehende Situation unbefriedigend ist oder es wahrscheinlich werden wird. Jeder muß atmen; darüber denkt niemand nach, solange genug Luft da ist. Findet man sich aber unter Wasser in einem Auto eingeschlossen wieder und der Sauerstoff wird immer weniger, muß man sich sofort eine Methode ausdenken, um so schnell wie möglich wieder an die Luft zu kommen.
Damit Sie sich persönliche Ziel setzen können, müssen Sie über Ihre derzeitige Situation nachdenken und genau klären, was Sie er-

reichen wollen. Dies wiederum erfordert Phantasie und eine gewisse Unabhängigkeit von den Einschränkungen, die Sie behindern und die Sie bisher nicht hinterfragt haben.

Zweiter Schritt: die möglichen Alternativen erkennen

Die meisten Manager müssen in jedem Lebensbereich zwischen Alternativen wählen, deren manche ihrem Wertsystem zuwiderlaufen oder ihrer Umgebung kaum zumutbare Probleme bereiten können. Aber zumindest theoretisch haben Sie die Wahl zwischen mehreren Möglichkeiten.

Der erste Schritt, sich diese Wahlmöglichkeiten deutlich zu machen, besteht darin, so viele wie möglich herauszufinden. Zum Teil kann das durch ein privates »brainstorming« erreicht werden, aber systematisches »Erforschen« und andere Menschen, die ihre Ansichten dazu äußern, können ebenso dazu beitragen. Stellen Sie sich zum Beispiel eine Person vor, die eine Änderung ihres Karriereweges erwägt. Am nächstliegenden sind wohl Tätigkeiten ähnlich jener, die diese Person gerade ausübt. Darüber hinaus existiert aber noch eine Vielzahl anderer Möglichkeiten – man kann ja auch Briefträger, Koch oder Waffenschieber werden. Nur wenn die ganze Bandbreite der Wahlmöglichkeiten erkannt ist, ist die Basis für eine weise Entscheidung gelegt.

Dritter Schritt: feststellen, was Sie wirklich wollen

Eine Liste der Wahlmöglichkeiten ist nicht genug; Sie müssen wissen, worum Sie sich bemühen und was Sie erreichen möchten. Das mag unkompliziert klingen, aber festzustellen, was man wirklich will, ist nicht immer einfach. Es gilt, drei Schlüsselfragen zu beantworten:

- Was ist für Sie wichtig?
- Welche Risiken sind Sie zu übernehmen bereit?
- Welche Auswirkungen werden Ihre Entscheidungen auf andere haben?

Die erste Frage (Was ist für Sie wichtig?) betrifft das Erkennen Ihrer persönlichen Wertvorstellungen und Standpunkte. Dieser Problemkreis wurde im Abschnitt »Blockierung 2: Unklare Wertvorstellungen« (S. 63 ff.) erörtert, an dieser Stelle muß dazu nur be-

tont werden, daß die Qualität der Entscheidungen über den Lebensstil weitgehend von der Gründlichkeit der Selbstbefragung abhängig ist. Sollten Sie damit Schwierigkeiten haben, empfehlen wir, daß Sie den erwähnten Abschnitt durchgehen.
Die zweite Frage (Welche Risiken sind Sie zu übernehmen bereit?) hilft Ihnen, die persönlichen Grenzen und Beschränkungen zu erkennen, die Ihre Auswahl bestimmen. So könnten Sie zur Meinung gelangen, daß einige der Optionen einfach zu riskant sind, und es vorziehen, sich für überschaubarere Wege zu entscheiden.
Die Bewertung von Risiken ist ein wichtiger Schritt, aber diese Aufgabe wird häufig dadurch erschwert, daß uns die Aussicht auf ein Risiko mehr ängstigt, als es das tatsächliche Risiko verdient. Das hat zur Folge, daß Menschen vor größeren Risiken zurückschrecken, ohne sie wirklich einzuschätzen. Die Risikoanalyse erfordert eine Untersuchung sowohl der Kosten als auch der Wahrscheinlichkeit, einen Mißerfolg zu erleiden. Sie kann wie folgt durchgeführt werden:

$$\frac{\text{Möglicher Nutzen im Erfolgsfall}}{\text{Mögliche Risiken des Mißlingens}} \times \frac{\text{Erfolgsaussichten}}{\text{Mißerfolgsaussichten}} = ?$$

Die dritte Frage (Welche Auswirkungen werden Ihre Entscheidungen auf andere haben?) ist die nach den Konsequenzen Ihrer Entscheidungen für Menschen, die in Ihr Leben einbezogen sind. Nur wenige sind vollständig unabhängig in ihren Handlungen. Normalerweise sind Menschen fest in ein Netz miteinander verknüpfter Beziehungen und Verantwortlichkeiten eingebunden. Ihre Entscheidungen wirken sich auf andere aus, wie umgekehrt deren Entscheidungen Einfluß auf Sie haben. Das bedeutet aber nicht, daß Sie sich wegen der (möglichen) Reaktionen anderer Leute immer von dem abhalten lassen sollten, was Sie gerne tun möchten. Die menschenfreundlichste Art und Weise, mit einem Problem umzugehen, besteht darin, an jene zu denken, die voraussichtlich von Ihren Entscheidungen mitbetroffen werden, und festzustellen, ob das, was Ihren Erfolg ausmacht, die Auswirkungen auf das Leben anderer wirklich wert ist. Die Erörterung Ihrer Ideen und möglichen Handlungen mit diesen Menschen und die Beobachtung, wie sie reagieren, kann Ihnen helfen, schwierige Entscheidungen feinfühliger zu treffen.

Vierter Schritt: die Wahl treffen

Jetzt, da Sie das ganze Spektrum der Möglichkeiten erkannt und Ihre persönlichen Bedürfnisse und Wünsche geklärt haben, müssen Sie wählen – was eine interessante Erfahrung zu werden verspricht. Denn mit dieser Wahl sagen Sie nichts anderes, als daß Sie Ihre Kräfte einem bestimmten Weg widmen wollen, und eben nicht einem anderen. Dabei kann es sein, daß Sie der andere Weg in eine befriedigendere und Ihren Wünschen mehr entsprechende Zukunft geführt hätte: Die Entscheidung kann sich als falsch herausstellen, so daß Sie in eine Situation kommen, in der Ihr Kampf um den Erfolg nahezu chancenlos ist. Es gibt eben keine sichere Methode zur Ausschaltung des Risikos falscher Entscheidungen. Sie können nichts weiter tun, als im Bewußtsein Ihrer Gründe dafür die attraktivste und meistversprechende Alternative zu wählen. Ein Ziel festzulegen ist ein Schritt vorwärts; im Moment der Entscheidung gehen Sie die Verpflichtung ein, die von Ihnen bevorzugte Maßnahme so durchzuführen, daß das Ergebnis Sie zufriedenstellt. Das bedeutet, auch die im folgenden dargelegten weiteren Schritte zu tun und Ihre Kräfte, Ihre Fähigkeit zur Lösung von Problemen in einer Weise einzusetzen, daß sich Ihr Engagement bezahlt macht.

Fünfter Schritt: die Konkretisierung des Zieles

Einige Ziele sind allgemeiner Natur, etwa: »Ich möchte in meiner Arbeit mehr Risiken auf mich nehmen.« Derartige Aussagen sind so allgemein formuliert, daß sie nur fromme Wünsche bleiben, es sei denn, man gibt ihnen einen konkreten Inhalt. Eine derartige Absicht wird nur dann eine realisierbare Aussage, wenn das zu Erreichende genauer formuliert wird.

Absichten sind als Gedächtnisstützen dafür nützlich, warum eigentlich gehandelt wird. Häufig braucht es viele Maßnahmen, um ein einziges Ziel zu erreichen, und es besteht die Gefahr, das gewünschte Ergebnis aus den Augen zu verlieren und von den auftretenden Problemen übermäßig in Anspruch genommen zu werden. Wenn das passiert, mag ein Manager, um den Erfolg bemüht, viele Stunden arbeiten, und doch nur wenig Bedeutendes erreichen. Die Überprüfung der logischen Schritte zwischen dem allgemeinen Endziel und den präzisen, praktikablen Zwischenzielen auf dem Weg dorthin hilft, weniger unnötige Anstrengungen zu machen.

Sechster Schritt: Festlegung von Zeitrahmen

Zeit ist eine Ressource, die sinnvoll genutzt oder ernstlich mißbraucht werden kann. Weil es normalerweise mehr zu tun gäbe, als möglich ist, müssen Sie wählen, wie Sie Ihre Zeit einteilen. Ebenso wichtig ist die Art und Weise, wie Sie diese Entscheidung treffen. Viele Faktoren beeinflussen die Zeiteinteilung, darunter die folgenden:

- Routineanforderungen der Arbeit;
- dringende oder zusätzliche Arbeitsanforderungen;
- Erwartungen anderer;
- persönliche Hoffnungen und Wünsche;
- das Gefühl anderer Verpflichtungen und ältere Verbindlichkeiten;
- Gewohnheiten.

Das »Managen« der eigenen Zeit ist im Abschnitt über die Unfähigkeit zur Selbststeuerung (Blockierung 1) ausführlich erörtert worden. Es genügt, an dieser Stelle darauf hinzuweisen, daß Zeit häufig ohne reelle Einschätzung der in ihr liegenden Möglichkeiten verwendet wird, da viele diesbezügliche Entscheidungen unbewußt und aus Gewohnheit getroffen werden. Man muß aber die Zeit wie Geld auf der Bank als wertvolle Ressource betrachten. Zeit ist ein entscheidender Faktor für Ihre Kapazitäten; wer sie gut nutzt, der hat größere Chancen, hohen Gewinn aus seinem Einsatz zu ziehen.
Zu Zielen, die Ihr Tun in eine bestimmte Richtung lenken, gehört auch die Festlegung, in welchem Tempo Sie Schritt auf Schritt folgen lassen. Das ist notwendig, damit Sie Ihre Zeit und Ihre sonstigen Ressourcen zweckmäßig einsetzen können. Ohne diesen Zeitrahmen haben Sie keine konkreten Überprüfungskriterien dafür, wie Sie vorankommen. Die folgenden sind Beispiele für sehr konkrete Ziele, deren Erreichung einfach zu überprüfen ist.

- bis Weihnachten 80 Kilo wiegen;
- dieses Kapitel bis 18 Uhr beenden;
- jede Woche acht Kilometer joggen;
- mein Einkommen in den nächsten zwölf Monaten um 20 Prozent steigern.

Siebenter Schritt: Kontrolle des bisher Erreichten
Jemand, der sich entscheidet abzunehmen, wird sich wohl auch dafür Ziele setzen und beginnen, Diät zu halten. Eine starke Motivationsquelle kann außer der Waage im Badezimmer ein Zettel an der Wand sein, auf dem der jeweils aktuelle Stand eingetragen wird. Zeigt dieser wöchentliche Gewichtsabnahmen an, freut sich der Fastende; tritt aber das Gegenteil ein, so ist das ein Signal dafür, daß die Strategie falsch ist: Jetzt braucht der Betreffende mehr Disziplin oder eine andere Diät. Alle Vorteile einer laufenden Notierung verdeutlicht die folgende Liste:

- Feedback über die Effektivität;
- Erfolgsgefühl bei Fortschritten;
- düstere Stimmung bei Mißerfolgen;
- Gelegenheiten, die Strategie zu überprüfen und neue Maßnahmen zu planen.

Um das Erreichte zu kontrollieren, ist es erforderlich, den Erfolg auf die eine oder andere Weise zu messen; dabei ist allerdings zu bedenken, daß es schwer meßbare Faktoren gibt. Dennoch ist es wichtig, wenn auch noch so schwierig, möglichst objektive Kriterien für die Bewertung des Voranschreitens zu finden. Ziele können ja sehr komplex sein, dazu gehören natürlich auch solche der Karriereentwicklung, die sich oft einer eindeutigen Messung entzieht. Also müssen Fortschritte in diesem Bereich Schritt für Schritt bewertet werden.
Mit den soeben dargelegten sieben Schritten haben Sie eine Checkliste zur Hand, die Ihnen hilft, sich Ihre Ziele deutlicher vor Augen zu halten. Indem Sie sich fragen, welche der Schritte Sie häufig überspringen oder nicht genügend beachten, wird es Ihnen möglich, systematisch Ihre Vorgangsweise zu überprüfen und neue Fähigkeiten zu entwickeln.

Überprüfung des Fortschritts

Die Menschen versuchen stets, in die Zukunft zu blicken und die Dinge so geschehen zu lassen, wie sie es sich wünschen. Nur selten jedoch entspricht die Entwicklung den Erwartungen, und auch die besten Pläne stellen sich oft als ungenügend heraus. Aber schon die bloße Tatsache, daß man sich Ziele gesetzt hat, birgt Gefahren in sich: Spontaneität und Freiheit eines Menschen, auf Situationen flexibel zu reagieren, können dadurch, daß dieser dem einmal festgelegten Bezugsrahmen nicht entrinnen kann oder will, stark behindert werden. Wenn starre Ziele zur Besessenheit werden, verhindern sie Erfahrungen.

Das Festlegen persönlicher Ziele bringt ein Element der Planung in das Leben der Menschen. Doch sollte den Anstrengungen, die auf dem Weg zum definierten Ziel liegen, niemals erlaubt werden, die Spontaneität zu ersticken und die Freiheit einer Person, auf neue Möglichkeiten zu reagieren, zu begrenzen. Nein, Ziele sind dann gut und richtig, wenn sie befähigen, auf die sich ergebenden Möglichkeiten aufgeschlossen zu reagieren. Wenn ein Ziel das unmittelbare Agieren einer Person schwächt, dann herrscht anstelle von Kreativität sterile Planung.

Wenn Sie der Meinung sind, daß Sie Ihre Ziele nicht erreichen können, dann nützen Sie die folgende Checkliste zur Ergründung der möglichen Ursachen:

- *Sind Ihre Ziele wirklich wichtig für Sie?* Ziele, die kein wirkliches Engagement auslösen, werden selten erreicht.
- *Sind Ihre Ziele realistisch?* Manchmal setzen sich Menschen Ziele, die praktisch unerreichbar sind, und werden dann von Mißerfolgen überrascht.
- *Haben Sie genügend Sorgfalt und Energie investiert?* Erreichbare Ziele mögen deshalb nicht realisiert worden sein, weil die Überwindung von Hindernissen mit nur unzureichenden Handlungen versucht wurde.
- *Sind die Ziele noch relevant?* Neue Umstände können es mit sich bringen, daß manche Ziele nicht mehr aktuell, also überholt sind.
- *Haben Sie andere hinreichend einbezogen?* Ohne Hilfe und Un-

terstützung schlagen viele Projekte fehl. Frühzeitige Mitteilung dient der Zielerreichung.

- *Haben Sie vorzeitig aufgegeben?* Es gibt viele Fälle, in denen jemand zu früh das Handtuch wirft, obwohl Beharrlichkeit zum Erfolg geführt hätte.

Anderen beim Setzen von Zielen helfen

Manager und Vorgesetzte haben die ständige und wichtige Aufgabe, anderen Personen Ziele klarzumachen und Ziele zu setzen. Das ist eine derart zentrale Aufgabe, daß eine ganze Managementphilosphie, genannt »Management by objectives« (MBO), zur Qualitätsverbesserung von Zielsetzungen in Unternehmen entwikkelt wurde.

Der Zweck dieses MBO ist es, die Aufmerksamkeit auf den tatsächlichen »Status quo«, auf die gegenwärtige Situation und, von da ausgehend, auf das zu Erreichende zu konzentrieren, statt Aufgaben einfach in Angriff zu nehmen. Obwohl MBO detaillierten Überlegungen der höheren Führungsebenen hinsichtlich der erwünschten greifbaren Resultate das Wort spricht, empfiehlt es zugleich, die Entscheidungen über die konkreten Maßnahmen jener Person zu überlassen, die sie vor Ort auch durchzuführen hat.

Obwohl die Konzeption des »Management by objectives« ziemlich in Verruf geraten ist, haben doch viele Manager erkannt, daß die ihm zugrundeliegenden Gedanken nützlich und schöpferisch sind. Davon ausgehende Programme versagten lediglich deshalb, weil MBO als Antwort auf alles und jedes gepriesen und bisweilen mit missionarischem Eifer gepredigt wurde. Ausgangspunkt des Mißerfolges war die Ersetzung von Initiative durch Administration, als Bürokratie die Kreativität einschränkte, vorgegebene Ziele Strafcharakter annahmen und Forderungen nach Änderungen bekämpft wurden, weil letztere nicht ins System paßten.

Während der letzten zwanzig, dreißig Jahre wurden komplexe und weitreichende Systeme entwickelt, um Manager zu bewegen, klare und meßbare Kriterien zu entwickeln und das von ihnen Erreichte systematisch abzuwägen. Viele dieser vorausschauenden Pro-

gramme wurden jedoch nicht akzeptiert und zu organisatorischen Fossilien im Kopf älterer Manager, die sich an die in sie gesetzten Erwartungen, an die von ihnen ausgelösten hektischen Aktivitäten und an deren allmähliches Versiegen erinnern.
Zum Beruf des Managers gehört die Sorge um das Überleben, und in einem oft feindlichen Umfeld lernen sie sich zu schützen. Manager fühlen sich verwundbarer, wenn Ziele im einzelnen festgelegt werden, denn sie wissen, daß es schwieriger ist, ein bewegliches Ziel zu treffen. Anderen wiederum, die um ihre exponierte Stellung wissen, ist ebenso bewußt, daß sie in Windeseile an den Pranger gestellt werden, sollten ihre Leistungen hinter den Erwartungen zurückbleiben.

Blockierungen bei der Verwirklichung von Zielen

Wie nahezu alles im Instrumentarium des Managers kann auch das Festlegen von Zielen mißbraucht werden. Aber genausogut ist es möglich, die Vorteile zu nutzen, die darin liegen, Leute anzuspornen und sich den Sinn all der investierten Arbeit wieder vor Augen zu führen, sowie darin, die Zeit wirkungsvoll zu nutzen. Wir haben festgestellt, daß sich die von Zielsetzungen ausgehenden Erfolgschancen erhöhen, wenn die folgenden potentiellen Fallen vermieden werden:

1. *Mangel an Realitätssinn.* Ziele müssen erreichbar sein, dürfen aber vor allem die Möglichkeiten des einzelnen nicht überbeanspruchen.
2. *Undefinierter Zeitrahmen.* Richtig festgelegte Ziele beinhalten auch einen Zeitplan. Nur so ist eine regelmäßige Überprüfung möglich.
3. *Fehlende Meßbarkeit.* Wo immer möglich, sind Ziele am besten so definiert, daß der Erfolg meßbar ist. Dies erlaubt eine klare Bewertung des Erreichten.
4. *Unwirksamkeit.* Ziele ergeben nur dann einen Sinn, wenn sie zu weitergefaßten Vorhaben beitragen. Wirksamkeit hat hierbei den Vorrang vor reibungslosem Funktionieren – sie steht im Zentrum aller Überlegungen. Natürlich müssen die Ziele für das Unternehmen auch wirklich von Bedeutung sein.

5. *Fehlen von Gemeinsamkeit.* Leuten, die gemeinsam ein Ziel zu verfolgen bereit sind, kann die Gruppe große Kraft geben. Es geschieht viel zu oft, daß Ziele diktiert und daher nur widerwillig akzeptiert werden und daß die vorantreibende Vitalität des gemeinsamen Gruppenwillens niemals nutzbar gemacht wird.
6. *Konflikte mit anderen.* Häufig werden Einzel- oder Gruppenziele in einer Art geplant, daß sie – ohne daß dies beabsichtigt war – mit anderen in Widerspruch geraten. Wenn dann auch kaum Mechanismen existieren, diese Konflikte aufzuarbeiten, werden viele Anstrengungen vergeudet.
7. *Mangel an Kommunikation.* Große Unternehmen sind besonders durch Kommunikationspannen verwundbar. Ein Direktorengremium legt – häufig in Geldwert ausgedrückte – Ziele fest und gibt sie dann nicht bekannt. Schließlich sickern bruchstückhaft Informationen durch, aber es fehlt an einer mitreißenden, in einer verständlichen Sprache ausgedrückten Zielvorgabe.
8. *Ziele als »Strafe«.* Das Festlegen von Zielen kann als Strategie zur Verfolgung und Bestrafung einzelner Personen mißbraucht werden. Wird diese »Philosophie« exzessiv angewandt, kommt es zu negativen Haltungen und zu subtilen Formen von Sabotage.
9. *Mangel an Überprüfung.* Ein wichtiger Vorteil von Zielsetzungen besteht darin, daß sie einen Rahmen für systematische Überprüfungen bilden. Beratungen helfen dem einzelnen zu lernen, und die notwendigen Veränderungen hinsichtlich der menschlichen Ressourcen und des Systems insgesamt finden auch tatsächlich statt.

Ziele geben die Richtung an, in die die Reise geht. Denken Sie an einen Ozeanriesen: Er hat genügend Laderaum, um gewaltige Mengen an Frachtgut von einem Kontinent zum anderen zu bewegen, und doch wäre er ohne Steuerruder zu Untätigkeit verdammt. Ziele sind Steuerrudern vergleichbar: Sie lenken die Aktivitäten einzelner Personen und von Gruppen in die gewünschte Richtung. Ohne sie werden an sich vorhandene Kapazitäten nicht genügend freigesetzt und verkümmern in weiterer Folge.

Merkmale von Managern mit klaren/unklaren Zielvorstellungen

Links haben wir Merkmale aufgelistet, die unserer Beobachtung nach auf Manager mit unklaren persönlichen Zielvorstellungen zutreffen; rechts finden Sie die Charakteristika ihrer diesbezüglich klar denkenden Kollegen.

Unklare Zielvorstellungen	*Klare Zielvorstellungen*
Hat keine genau formulierten persönlichen Ziele;	Weiß über seine Absichten genau Bescheid;
tendiert zu Richtungsänderungen;	bewahrt Kontinuität;
verabsäumt es, sich Rechenschaft über die Größenordnung der gemachten Fortschritte zu geben;	bewertet Fortschritte regelmäßig;
gibt sich keinen Zeitrahmen;	setzt zeitliche Limits;
ist sich über seine Karrieremöglichkeiten im unklaren;	verschafft sich Klarheit über seine Karrieremöglichkeiten;
vermeidet Risiken;	übernimmt kalkulierbare Risiken;
ist auch mit vage formulierten Zielen zufrieden;	verdeutlicht sich und anderen die jeweiligen Ziele;
persönliche Angelegenheiten und Arbeit sind in einem unbefriedigenden Ungleichgewicht;	Persönliches und Arbeit sind in einer angenehmen Balance;
plant seine Karriere nicht;	plant seine Karriereschritte;
verfügt nicht über die Fähigkeit, Ziele festzulegen;	hat die Fähigkeit der Festlegung von Zielen;
verfolgt Ziele nicht gemeinsam mit anderen;	verfolgt Ziele gemeinsam mit anderen;
verschwendet Zeit;	nutzt die Zeit sinnvoll;

setzt Kräfte falsch ein;	setzt Kräfte sinnvoll ein;
delegiert nicht wirkungsvoll;	delegiert wirkungsvoll;
beurteilt Untergebene subjektiv.	beurteilt Untergebene objektiv.

Wann Manager persönliche Ziele am nötigsten haben

Wie bereits erörtert, ist es für Manager besonders wichtig, daß sie während ihres ganzen Lebens ihre persönlichen Ziele klären. Vor allem aber in der jeweiligen Mitte der fünf entscheidenden Phasen ist es notwendig. Das Wesentliche einer kreativen Lebenseinstellung besteht in Aufgeschlossenheit gegenüber dem Unerwarteten; diese läßt sich durch stetiges und systematisches Überprüfen der Ziele fördern – und dadurch, daß man sich ein System zurechtlegt, mit dessen Hilfe die zur jeweiligen Zeit besten Antworten gefunden werden können.

Manager, die tatsächlich in der Lage sind, auf ihre Karriere Einfluß zu nehmen, und zugleich ihre augenblickliche Tätigkeit als unbefriedigend empfinden, brauchen klare persönliche Zielvorstellungen. Wenn es an Erfolgs- und Entwicklungsmöglichkeiten fehlt, muß sich ein Manager neue Ziele überlegen und seine Wahl treffen. Ziele sind auch dann wichtig, wenn ein Manager Schwierigkeiten hat, ein zufriedenstellendes Gleichgewicht zwischen Familie, Freizeit und Arbeitsleben herzustellen.

Literaturhinweise

Bargo, M. Jr., *Choices and decisions: A guidebook for constructing values.* San Diego, CA: University Associates, 1980.

Herman, S., *Notes on freedom.* In: J. W. Pfeiffer/Jones J. E. (Eds.), *The 1972 annual handbook for group facilitators.* San Diego, CA: University Associates, 1972.

Blockierung 4: Gehemmte persönliche Entwicklung

> Eine Gruppe von Managern saß beim Mittagessen. Einer, Anfang 40, sprach über soeben in die Produktion eingeführte technische Innovationen: »Offen gesagt, mache ich mir große Sorgen. Vor zwanzig Jahren wurde ich als Maschinenbauingenieur ausgebildet, und jedes Jahr sehe ich, wie meine Fähigkeiten und Kenntnisse immer mehr veralten. Diese Mikroprozessoren und elektronischen Kontrollsysteme gehen über meinen Horizont. Mag sein, daß die Jüngeren damit umgehen können, aber mir scheint die Entwicklung so rasch zu gehen, daß Ältere wie ich beiseite geschoben werden.«
> Hierauf begannen auch die anderen, ihre Ängste angesichts des Wandels in ihren Jobs zu äußern. Sie fragten sich, ob sie mit Neuerungen fertig werden könnten und ob ihre Fähigkeiten und Leistungen weiterhin gebraucht werden würden. Als die Gruppe den Mittagstisch verließ, stellte einer von ihnen eine Frage, die dann alle im Verlauf des Tages beschäftigen sollte. Er sagte: »Wie Sie wissen, scheinen einige Leute Überlebenskünstler zu sein. Ich vergleiche sie mit dem alten Pavian, der an einem schwachen Ast hängt und sich einfach auf einen anderen schwingt. Wir jedoch reden so, als ob wir unser ganzes Leben lang am gleichen Ast hängenbleiben müßten. Sind wir anders als der Pavian? Was macht einen Überlebenskünstler aus?«

Das Anpassen an Veränderungen ist heute für viele Menschen eine ganz reale persönliche Aufgabe geworden, weil Umbrüche in Technologie, Organisation, Märkten und Arbeitsbedingungen immer häufiger und einschneidender fühlbar werden. Nur wenige sind in der Lage, ihre Zukunft einigermaßen genau vorherzusehen, was sie mit dem Problem konfrontiert, nicht zu wissen, worauf sie sich verlassen können. Da Hilfe von außen wenig wahrscheinlich ist, müssen sie eigene Fähigkeiten entwickeln, um mit den neuen Herausforderungen auf kreative Weise umzugehen; sie müssen sich also die Fähigkeit zu überleben aneignen.
Jeder entwickelt sich während seines ganzen Lebens weiter – bewußt oder unbewußt. In den ersten zwanzig Jahren steht die körperliche Reifung im Mittelpunkt; die schulische Ausbildung und

eine Unzahl neuer Erfahrungen erweitern den Horizont und entwickeln die Fähigkeiten des einzelnen. Im Erwachsenenalter nehmen die Anregungen von außen ab, was die persönliche Weiterentwicklung in steigendem Maße von der Initiative des einzelnen abhängig macht.
In diesem Kapitel wird die Bedeutung der persönlichen Entwicklung für Manager und Vorgesetzte von heute unter folgenden vier Aspekten (zugleich die Überschriften seiner Abschnitte) untersucht:

1. Persönliche Weiterentwicklung
2. Selbsterkenntnis
3. Aufgeschlossenheit und Flexibilität
4. Fachliche und karrierebezogene Entwicklung

Was ist persönliche Entwicklung?

Die Fähigkeit, sich akademisches, theoretisches Wissen anzueignen, hat nur wenig mit der Fähigkeit zu tun, die eigene Kompetenz zu erhöhen. Persönliche Entwicklung bedeutet jedoch für unterschiedliche Leute etwas jeweils anderes; darum sollten Sie über unsere Definition nachdenken, statt sie einfach zu akzeptieren. Wir glauben, daß sich entwickelte Individuen wie folgt verhalten:

- Sie verantworten ihre Handlungen und fühlen sich für ihre Weiterbildung selbst verantwortlich;
- sie werden ihren persönlichen Bedürfnissen gerecht, ohne andere dadurch zu beeinträchtigen;
- sie erreichen substantielle Fortschritte in der selbstgewählten Weise, sich selbst auszudrücken und verständlich zu machen;
- sie erleben und genießen ausgiebig die Annehmlichkeiten des Lebens;
- sie sind in ihren täglichen Handlungen kraftvoll und vital;
- sie sind gegenüber Veränderungen und neuen Erfahrungen aufgeschlossen.

Als mehr und mehr Psychologen erkannten, daß der mit der persönlichen Entwicklung zusammenhängende Fragenkomplex sehr wichtig für den Erfolg des Managers ist, begannen sie, Ausbildungsmethoden für die »Persönlichkeitsentwicklung« von Managern auszuarbeiten. Anfangs wurden dabei so manche unpassende und radikale Techniken angewandt. Bald jedoch bildeten sich brauchbarere heraus, so daß zahlreiche Manager von der Selbsterfahrung in gut geführten Trainingslehrgängen profitierten. Von den Managementtrainern stammen einige nützliche Ideen zur persönlichen Entwicklung; die folgenden betrachten wir als Schlüssel zum Erfolg:

- Manager sind für ihre eigene Fortbildung verantwortlich;
- die besten Einsichten erlangt man dadurch, daß man vor den offen geäußerten Ansichten anderer die Ohren nicht verschließt;
- man lernt in der Regel effektiver durch direkte Kenntnisnahme als durch Mitteilungen aus zweiter Hand;
- die Menschen brauchen Möglichkeiten, persönliche Ziele zu erreichen und ihre Kreativität auszuleben;
- es existieren mehr Wahlmöglichkeiten, als im allgemeinen auf Anhieb zu erkennen ist;
- Gefühle und Emotionen sind ein wichtiger Teil eines Individuums, die zu ignorieren gefährlich ist;
- Beziehungen zu anderen können häufig über die eigenen Erwartungen hinaus vertieft werden;
- es ist lebenswichtig, die eigene Individualität zu erfahren und zu erkennen.

Auch wenn Sie nicht an Seminaren mit dem Thema Persönlichkeitsentwicklung teilnehmen, können Sie diese Prinzipien in Ihrem Alltagsleben nutzen. Unserer Meinung nach beruht jegliche persönliche Entwicklung auf einer einzigen Tatsache: Jeder Mensch besitzt ein nicht genütztes Potential. Natürlich hat jeder seine Grenzen: Alter, Körpergröße, Gesundheit, familiäre Situation, Bildung und Umfeld können reale Schranken sein. Wenn Sie jedoch Ihre Beschränkungen, die so festgefügt zu sein scheinen, eingehend untersuchen, so werden etliche scheinbar unüberwindliche Hürden sich als durchaus übersteigbar herausstellen. Viele können ganz aus dem Weg geräumt werden – macht man sich nur die Mühe, es zu versuchen.

Häufige Blockierungen bei der Umsetzung von Potentialen

Bei der Persönlichkeitsentwicklung handelt es sich sowohl um die Beseitigung von Barrieren als auch um das Hinzufügen von neuen Fähigkeiten, neuem Wissen. Einige der häufigsten Faktoren, die die Fähigkeit der Menschen blockieren, ihr Potential auszuschöpfen, sind die folgenden:

Familiärer Einfluß. Schon als Kind beginnt man, die erfahrene Umwelt in Verständniskategorien zu ordnen. Die Erfahrung lehrt das Kind, seine Möglichkeiten zu erfassen und geeignete Verhaltensweisen zu entwickeln. Obwohl ein Kind dazu neigt, das Verhalten und die Gewohnheiten der Eltern und anderer wichtiger Personen zu imitieren, gibt es auch Zeiten, in denen Kinder sich diesen widersetzen. Fast immer entwickelt das Kind unwillkürlich eine begrenzte und einseitige Auffassung über sich selbst. Diese prägenden Haltungen sind so grundlegend, daß der von ihnen ausgehende Einfluß kaum je in Frage gestellt wird und ein Mensch im Erwachsenenalter ein »Programm abspielen« kann, das in seiner Kindheit begründet wurde.

Persönliche Trägheit. Manche Leute finden sich damit ab, daß ohnehin nichts zu ändern, nichts zu verändern sei. Oder sie versuchen es (oft halbherzig) – und scheitern. Entmutigt fragen sie: »Was soll's?« Diese Haltung gibt der möglichen Veränderung keine Chance, weil es vor einem tatsächlichen Engagement schon zur Kapitulation kommt und so jegliche Erfolgschancen von vorneherein untergraben werden. Jeder Veränderung muß die Überwindung von Trägheit vorausgehen, und dazu braucht es Energie und Ausdauer.

Vorzeitiges Scheitern. Manchmal beginnt jemand bewußt an seiner Entwicklung zu arbeiten, wird dann aber durch Mißerfolge demoralisiert. Irgendein Hindernis bringt Antrieb und Kraft zum Erliegen, und wenig wirklich Wertvolles wird erreicht. »Es klappt ohnehin nichts« – hat diese Einstellung einmal Platz gegriffen, so kommt es immer wieder zur Resignation. Tatsächlich können Hindernisse sehr schwer zu überwinden sein, so daß der Versuch fast zuviel Kraft kostet. Dennoch ist es möglich, das Gefühl der Enttäuschung zu bekämpfen, was es einem ermöglicht, mit erneuter Anstrengung »zurückzuschlagen«.

Mangel an Unterstützung. Zur persönlichen Entwicklung gehört oft, engere Bindungen zu anderen Personen einzugehen. Wenn sich eine Person zu ändern versucht, besteht das Risiko der Verwirrung, des Unbehagens und der Unsicherheit. Die Unterstützung anderer ermutigt während der unvermeidlichen Schwierigkeiten des Wandels. Vergleiche mit anderen helfen dem einzelnen, das Eigenständige seiner eigenen Leistung zu erkennen.

Ungenügendes Feedback. Jeder Mensch beobachtet und beurteilt andere: mitunter in schmeichelhafter Weise, oft jedoch kritisch. Ein Beobachter kann sehen, wie andere reagieren, ihre Wahl treffen und mit Problemen fertig werden. Selten fühlt man sich jedoch so frei, diese Gefühle und Wahrnehmungen anderen gegenüber vollständig auszudrücken, in vielen Kreisen gilt das ja auch als unhöflich. Dabei ist es schade, daß diese Informationen zurückgehalten werden, weil sie der persönlichen Entwicklung eines anderen dienlich sein könnten. Die Erfahrung lehrt, daß die Menschen in hohem Maße ehrliches Feedback benötigen, um in dieser Hinsicht voranzukommen.

Feindschaft anderer Personen. Jeder einzelne ist in ein komplexes Netz sozialer Beziehungen auch zu solchen Menschen eingebunden, die durchaus Anteil daran haben, daß sich die betreffende Person nicht verändert; sie wollen, daß sie die Person bleibt, als die sie sie kennen. Jede Veränderung Ihrer selbst stellt eine potentielle Bedrohung für die Menschen Ihres Lebenskreises dar; zumindest mag sie eine Quelle des Unbehagens sein. Ohne zu begreifen, was geschieht, werden andere Menschen oft versuchen, Ihre Anstrengungen, sich zu verändern, durch Verspottung, Abwertung oder sogar direkten Widerspruch zu sabotieren.

Unzureichende Ressourcen. Manchen Menschen fallen Veränderungen leichter als anderen. So hat ein kluger zwanzigjähriger Student ein Vielfaches der Möglichkeiten eines nicht sehr gesunden Sechzigjährigen. Doch gelegentlich gelingt jemandem trotz der engen, vor einer bestimmten Situation gesetzten Grenzen ein bedeutender Durchbruch. Ein solcher Erfolg ist jedoch die Ausnahme. Es ist vernünftiger, die Realität der Möglichkeiten und die tatsächlich vorhandenen Mittel zu prüfen, um konkrete Ziele zu erreichen. Aufregende Phantasien sind verlockend, aber wirkliches Wachstum wurzelt in den praktischen Ereignissen und Erfahrungen des Alltags.

Es ist leicht, in einen vagen pseudo-mystischen Jargon zu verfallen, wenn man versucht, den Begriff der Persönlichkeitsentwicklung zu definieren. Weil das in der Praxis für einen Manager oder Vorgesetzten kaum von Nutzen wäre, haben wir eine aus unserer Erfahrung abgeleitete eigene Definition versucht:

Persönlichkeitsentwicklung ist ein Prozeß, durch den eine Person ihre Fähigkeit steigert, Alltagssituationen zu bewältigen, zufriedenstellende und offene Beziehungen mit anderen zu knüpfen, die eigenen Anschauungen selbstsicher zu vertreten und insgesamt die Schönheit und Dynamik des Lebens freudig zu genießen. Zur Persönlichkeitsentwicklung gehört auch, sich mit Schwierigkeiten zu konfrontieren und das Risiko einzugehen, auf allen Gebieten offener und wahrhafter zu sein.

Selbsterkenntnis

Wenn man anderen Menschen zuhört, wie sie über sich selbst reden, ist eine interessante Beobachtung zu machen: Es gibt Leute, die große Umwege zu gehen bereit sind, um »lästigen Gefühlen« auszuweichen. Wenn sie Redensarten gebrauchen wie: »Es ist nicht gut, Versäumtem nachzuweinen«, oder: »Gefühle dieser Art bringen Ihnen nichts ein«, so wird klar, daß sie versuchen, sich selbst unter Kontrolle zu halten, um nur ja ein ruhigeres und bequemeres Leben zu führen. Das ist ein Beispiel dafür, wie manche der Selbsterkenntnis aus dem Wege gehen.
Menschen, die ihre eigene Persönlichkeitsentwicklung aktiv beeinflussen wollen, sind gewöhnlich schockiert, wenn sie entdecken, daß eine ganze Menge mehr unter der Oberfläche schlummert, als sie selbst für möglich gehalten hätten. Da existieren lange unterdrückte oder auch nur nicht wahrgenommene Gefühle der Freude und des Vergnügens ebenso wie negative Emotionen. Sie stellen auch fest, daß sie häufig ihre eigenen Kapazitäten unterschätzt und ihr Leistungsvermögen unterbewertet haben.

Die erste Phase bei der Entwicklung von mehr Selbsterkenntnis ist eine der schwierigsten: die Entscheidung, die eigenen Veranlagungen möglichst vorurteilslos zu untersuchen, ohne das Resultat vorwegzunehmen. Das ist leichter gesagt als getan, weil jeder ein bestimmtes Bild von sich hat. Die Menschen versuchen, sich so zu präsentieren, wie sie gesehen werden möchten, und haben Angst davor, möglicherweise zu entdecken, nicht ganz so stabil zu sein, wie sie gerne glauben. Dabei untergräbt die Befürchtung, mit irgend etwas nicht fertig zu werden, die eigene Kraft – und ist doch oft eine ganz unbegründete Angst.

Weil die allermeisten zu mehr imstande sind, als sie von sich selbst annehmen, ist der erste Schritt zu Selbsterkenntnis ein Lernschritt, der darin besteht, sich selbst mehr zuzutrauen.

Das steht allerdings im Widerspruch zu der weit verbreiteten Annahme, es komme in erster Linie darauf an, sich mehr Wissen anzueignen und mehr Erfahrungen zu sammeln.

Wenn Sie nun begonnen haben, den Weg der persönlichen Weiterentwicklung bewußt zu beschreiten, taucht bald die Frage auf: »Wie weiter?« Es gibt vieles, was Sie tun können, um sich selbst zu helfen. Da gibt es kein fertiges Rezept; Ihr Erfolg hängt direkt davon ab, wie stark Ihr Interesse ist. Ist Ihre Energie groß genug, Hilfe zu suchen, dann werden Sie sie auch zu finden wissen. Die folgenden Ideen helfen Ihnen beim Start.

Vertiefung der Selbsterkenntnis: Wie beginnen?

1. *Lesen.* Zum Thema Selbstentdeckung und Psychologie der individuellen Entwicklung gibt es viele Bücher. Finden Sie heraus, welche Buchhandlung diese Art Bücher führt, und schmökern Sie.
2. *Mit der Familie und mit Freunden sprechen.* Andere wissen sehr viel von Ihnen. Wenn sie mit Ihnen nicht darüber sprechen, so vielleicht aus Schüchternheit oder falsch verstandener Höflichkeit. Führen Sie so ausführlich wie möglich Gespräche über sich selbst und darüber, wie Sie den anderen erscheinen, aber achten Sie darauf, Ihre Gesprächspartner nicht zu langweilen!
3. *Versuch, neuartige Erfahrungen zu machen.* Der Weg des geringsten Widerstandes führt unerbittlich zu sich stets wiederholenden Erfahrungen gleicher Art, die keine Anregungen vermitteln.

Versuchen Sie daher, für Sie bisher unbekannte Erfahrungen zu machen – einfach um Ihre Reaktionen zu testen.

4. *Sich einer Gruppe anschließen, die sich der Persönlichkeitsentwicklung widmet.* Vielen Menschen wurde durch die besondere Atmosphäre und die Anleitung in einer Gruppe für Persönlichkeitsentwicklung schon geholfen. Seien Sie bereit, gewisse Anstrengungen auf sich zu nehmen, aber machen Sie nur mit, wenn Sie sich in der Gruppe wohl fühlen.

5. *Schreiben.* Man kann viel über sich selbst herausfinden, indem man seine Gedanken niederschreibt und diese Notizen später nachliest. Da sind einige Überraschungen möglich: Es kommt vor, daß man das Geschriebene dann am liebsten verbrennen würde!

6. *An Vorträgen und Diskussionen teilnehmen.* Solche gibt es gelegentlich; wenn sie auch manchmal gut gemeinten Unsinn vermitteln, so können doch erfahrene Vortragende und Diskutanten nützliche und wichtige Gedanken anregen.

7. *Versuche künstlerischer Kreativität.* Theaterspiel, Musikausübung, Malerei oder andere Kunstformen sind für das Entdecken der eigenen Ausdrucksmöglichkeiten deshalb besonders interessant, weil sie, damit es zu annehmbaren Resultaten kommt, Selbsterkenntnis erfordern.

8. *Körperliche Herausforderungen suchen.* Über das eigene Selbst kann man durch fast jede Art körperlicher Herausforderung viel erfahren. Wesentlich dabei ist, daß Sie in einer Weise körperlich aktiv werden, die tatsächlich Ihre Fähigkeiten erweitert.

9. *Erkennen von Entgegengesetztem.* Sie können viel über sich selbst erfahren, indem Sie Menschen, Situationen und Handlungen, die Sie nicht mögen, bewußt wahrzunehmen versuchen. Sich so selbst in Gegensatz zu setzen, macht Ihnen Ihre eigene Position klar und hilft Ihnen, Ihr Wissen über sich zu vertiefen.

10. *Rückbesinnung auf Ihre Erziehung.* Ihre Erziehung und die anderen prägenden Erfahrungen Ihrer Kindheit und Jugend haben immer noch starken Einfluß auf Ihr Denken und Fühlen. Menschen wiederzubegegnen, Orte wieder aufzusuchen, die für Sie einmal von Bedeutung waren, kann geradezu Offenbarungen der Selbstentdeckung auslösen. Die wertvollsten Einsichten sind oft jene, die daraus entstehen, daß Sie Gedanken und Reflexionen erlauben, sich frei zu entfalten – es ist jedenfalls besser als der Ver-

such, das eigene Denken und Fühlen im Hinblick auf mögliche Folgerungen zu kanalisieren.

Wirksames Feedback

Der vielleicht wirksamste Weg, mehr über sich selbst zu erfahren, besteht im Feedback von anderen. Das Wort »Feedback« ist ein Fachausdruck aus dem Ingenieurwesen, der auf menschliches Verhalten übertragen wurde. Es bedeutet einfach, Informationen darüber zu erlangen, wie sich das eigene Verhalten auswirkt, was wiederum Einsichten über die eigenen Haltungen und die Wirkung auf andere vermittelt. Feedback kann bei der Entscheidung helfen, ob man das Verhalten ändert – und sei es nur experimentell – oder nicht. Besonders Manager und Führungskräfte brauchen ein solches Feedback, weil viel von ihrer Leistungskraft und der Art ihrer Beziehungen zu anderen abhängt. Der Gebrauch von Feedback, um besseres Verständnis für die Beziehungen zu anderen zu entwickeln, vermag das Verhaltensgeschick in Gruppen verbessern und helfen, Schwierigkeiten in Beziehungen zu überwinden. Jedoch: Dieses wirksame Instrument für die Persönlichkeitsentwicklung kann auch mißbraucht werden. Deshalb ist es wichtig für denjenigen, der im Feedback-Verfahren auf jemanden anderen reagiert, darauf zu achten, seine Stellungnahmen so zu gestalten, daß sie für den Empfänger nützlich sind und ihm nicht schaden. Mit der Hilfe vieler Manager haben wir die folgenden Grundregeln für den Gebrauch von Feedback entwickelt:

Grundregeln für wirksames Feedback

Helfen wollen. Mitunter benutzen Manager Feedback als Mittel, eine »Rechnung zu begleichen« oder jemanden zu disziplinieren. Dieses Verhalten bewirkt, daß Feedback als Bestrafung erlebt wird und sein Wert, dem Empfänger lernen zu helfen, deshalb vermindert wird. Nützliches Feedback ist dadurch eindeutig definiert, daß es der Intention entspringt, dem Empfänger zu helfen.

Volle Aufmerksamkeit widmen. Da im Manager-Alltag viel zu tun ist, viele Probleme zu bewältigen sind, ist es häufig schwierig, jemandem anderen volle Aufmerksamkeit zu widmen. Feedback geben ist aber eine so wichtige und delikate Aufgabe, daß sie – vor allem jedoch der Empfänger, um den es ja schließlich geht – ungeteilte Aufmerksamkeit verlangt.

Vom Empfänger erbeten. Feedback wird dann am bereitwilligsten gegeben, wenn es wirklich erbeten ist, zum Beispiel auf die Aufforderung: »Sagen Sie bitte, wie fanden Sie mein Verhalten in der und der Situation?« Von einer solchen Bitte um kritische Stellungnahme ausgehend ist ein nutzbringender Meinungsaustausch möglich. Offenheit dieser Art trägt sehr zu fruchtbaren Arbeitsbeziehungen bei.

Keine Umschreibungen. Brauchbares Feedback beschränkt sich nicht auf Allgemeines, sondern ist spezifisch und geht auf besondere Vorfälle oder Verhaltensweisen ein. Von wirklichem Wert ist nur die direkte, offene und konkrete Aussage. Ungenaue, verblümte, vorsichtige Darlegungen sind nutzlos und können den Empfänger nur verwirren oder frustrieren.

Vollständig zum Ausdruck bringen. Am wirksamsten ist Feedback, wenn nichts verborgen gehalten wird. Nur die Oberfläche streifen ist ungenügend. Die uneingeschränkte Mitteilung der durch ihn ausgelösten Gefühle und Reaktionen erlaubt dem Empfänger, die tatsächliche Wirkung seines Verhaltens einzuschätzen.

Nicht mit Bewertungen befrachten. Wenn Ihre Aussage ein Werturteil enthält, so wird von den meisten Menschen vor allem das Urteil und kaum der sonstige Inhalt Ihrer Bemerkung registriert. Deshalb sollten Beschreibung und Bewertung strikt voneinander getrennt gehalten werden. Am nützlichsten ist Feedback dann, wenn es den Empfänger ermutigt, selbst zu einer Beurteilung zu finden, statt lediglich Ihre Meinung zu akzeptieren.

Zur richtigen Zeit geben. Der Nutzen von Feedback hängt auch stark davon ab, ob der Empfänger zum Zuhören bereit ist, Zeit zum Nachdenken hat und ihm das Ereignis noch frisch im Gedächtnis ist. Das Aufschieben von Stellungnahmen kann Gegenbeschuldigungen aufbauen, die das Lernen und den Informationsaustausch hemmen.

Sofortige Umsetzbarkeit. Nützliches Feedback erlaubt dem Empfänger, darüber nachzudenken, ob er versuchen sollte, seine Handlungsweise zu ändern. Feedback, das nicht unmittelbar nutzbare Informationen gibt, ist von geringem Wert. Hinweise auf mögliche

Alternativen hingegen sind gut, weil der Betreffende in die Lage versetzt wird, ein anderes Verhalten und neue Wege zur Lösung alter Probleme zu erwägen.
Überprüfen und Klarheit suchen. Wann immer möglich sollte eine Feedback-Aussage auch der Meinung anderer entsprechen, damit Sie einigermaßen sicher sein können, nicht einem falschen Eindruck bzw. einer unvollständigen Information aufgesessen zu sein. Sind verschiedene Standpunkte eingeholt und miteinander verglichen worden, können Unterschiede und Gemeinsamkeiten geklärt werden, was das Feedback umfassender und objektiver zu gestalten erlaubt.

Feedback kann die Entfaltung einer Person beträchtlich fördern – das gilt auch und besonders für Manager. Wenn Sie sich in Situationen bringen, die frei geäußertes Feedback zulassen, kann das nur zu Ihrem Vorteil sein. Manchmal ist es hilfreich, sich einer Trainingsgruppe anzuschließen, die diese Technik anwendet. In solch einer Gruppe, deren andere Teilnehmer Ihnen in den meisten Fällen nicht bekannt sein werden, haben Sie Gelegenheit, zu experimentieren und Ihre Wirkung auf andere zu erkunden. Diese Gruppenerfahrung hilft Ihnen, mehr und mehr zu erkennen, was für ein Mensch Sie sind, und sie erweitert Ihre persönlichen Grenzen.
Ein Grundzug einer gereiften Persönlichkeit ist die Kenntnis ihrer Gefühle und ihrer eigenständigen, unverwechselbaren Wirkung auf andere. So ergibt Selbsterkenntnis zwangsläufig ein Bewußtsein von der jeweils eigenen Weise der Selbstdarstellung und Wirkung nach außen. Natürlich kann es da auch zu Fehlern und daher Störungen im Feedback-Prozeß kommen. So ist es nicht sinnvoll, zu jedem gleichermaßen offen zu sein. Deshalb ist es günstig, wenn Sie sich zunächst auf solche Personen stützen, die Achtung vor Ihnen haben, und erst einmal bei diesen versuchen, sich freier auszudrücken. Achten Sie darauf, Feedback für die jetzt gelockerte Weise Ihrer Selbstmitteilung zu erhalten. Sie werden herausfinden, daß diese Erfahrung Sie näher zu sich selbst führt und auf lange Sicht Ihre Kontakte zu anderen bereichert.
Es ist zwar ein wesentlicher Bestandteil der Selbstentfaltung, die eigenen Charaktereigenschaften und Haltungen zu akzeptieren,

aber es dauert einige Zeit, sich über sich selbst klarzuwerden, wie überhaupt alle Techniken der Steigerung der Selbstbewußtheit gemeinsam haben, daß ihre Anwendung Zeit in Anspruch nimmt – also ist Geduld vonnöten. Dies gilt auch für Meditationstechniken, deren Einfachheit vielen hilft, tiefer liegende Ebenen ihrer selbst wahrzunehmen und mit einiger Übung neue Fähigkeiten der Selbsterkenntnis zu entwickeln.

Offenheit und Flexibilität

Manager und Führungskräfte haben die Wahl, ob sie versuchen, so offen und ehrlich wie möglich zu sein oder sich erfolgreich an die »Spielregeln« zu halten. Die Untersuchung der möglichen Vor- und Nachteile beider Einstellungen zu den zwischenmenschlichen Beziehungen ergab die folgenden Auflistungen:

Die offene Person:

Potentielle Vorteile

- hat Überzeugungskraft
- schafft Vertrauen und Loyalität bei anderen
- ist beständig
- äußert seine Gefühle und reduziert daher Spannungen
- kann mit schwierigen Problemen umgehen
- hat enge Beziehungen zu anderen
- achtet darauf, was geschieht
- engagiert sich vorbehaltlos

Potentielle Nachteile

- kann in eine prekäre Situation gebracht werden
- kann Abwehr anderer verursachen
- hat bisweilen innere Zweifel
- gibt Schwächen bzw. Mißerfolge zu

Der »Spieler«:

Potentielle Vorteile
- sieht leistungsstark und zuverlässig aus
- ist flexibel
- paßt seine Leistung dem Bedarf an
- kann politisch wirksam sein
- ist vorsichtig gegenüber Verpflichtungen
- kann die Fronten wechseln
- stellt sein eigenes Interesse an die erste Stelle

Potentielle Nachteile
- ihm ist zu mißtrauen
- Mangel an persönlicher Autorität
- untergräbt die Selbstachtung anderer
- wird durch ein tatsächliches Dilemma verunsichert
- engagiert sich nicht vorbehaltlos

Ihre individuelle Lebenseinstellung hängt von Ihren Wertvorstellungen ab. Wir glauben jedoch, daß eine Persönlichkeitsentwicklung, die diese Bezeichnung verdient, zwangsläufig zu größerer Offenheit und Direktheit führt. Das heißt nicht, daß wir totale Offenheit in jeder Lebenslage befürworten. Manchmal ist es notwendig, die eigene Meinung bei sich zu behalten. Unser Vorschlag läuft darauf hinaus, daß Sie sich klarmachen, wie weit Sie wann Ihre Meinung offen äußern sollen und daß Sie sich jeweils Rechenschaft darüber legen, warum Sie in einer bestimmten Situation mit der Wahrheit, wie Sie sie sehen, hinter dem Berg gehalten haben. Der Ausgangspunkt der Entwicklung von Offenheit besteht darin, auf Ihre eigene Ausdrucksweise zu achten, ohne Werturteile zu fällen. Notieren Sie einfach, wann Sie sich unumschränkte Meinungsäußerungen erlaubten und wann Sie es mit der Ehrlichkeit nicht so genau nahmen. Dabei könnten sich bestimmte Verhaltensmuster herausstellen, die zeigen, daß gewisse Menschen oder Situationen Ihren Grad an Offenheit vermindern. Dies gibt Anlaß zu einigen Gedanken im Hinblick auf Ihre Selbstbeobachtung und -kontrolle. Hier einige Fragen, die sich Ihnen eventuell stellen:

- Welche Merkmale haben jene Situationen gemeinsam, in denen ich weniger offen bin?
- Habe ich vor etwas Angst?
- Was habe ich zu verlieren, wenn ich offener bin?
- Was gewinne ich, wenn ich weniger offen bin?
- Was wären – realistisch eingeschätzt – die Auswirkungen von mehr Offenheit?

Das Aufwerfen dieser Fragen hilft Ihnen bei der Erkundung Ihrer Haltung zur Offenheit. Sollten Sie zu dem Schluß kommen, daß die Entwicklung offenen Verhaltens einigen Wert für Sie haben könnte, haben Sie einige Leitlinien an der Hand, die Ihrer Entfaltung nützlich sein mögen.

Gelegenheit für Offenheit

Es gibt keine Offenheitsrezepte oder Programme: Es müssen Gelegenheiten für größere Offenheit und für die Analyse ihrer Konsequenzen gefunden werden. Wir baten Manager und Führungskräfte, sich dazu zu äußern; die daraus resultierende Liste mag Ihnen einige Möglichkeiten aufzeigen:

Beim Bewerten: Formale Bewertungskonferenzen sind häufig sterile Begegnungen, die oft mehr schaden als nützen. Wird hingegen ein solches Meeting offen geführt, ist es eine gute Gelegenheit, die Arbeit eines längeren Zeitraumes genau Revue passieren zu lassen.
Bei der Beratung: Informelle Beratung ist notwendig, um mit alltäglichen Problemen fertig zu werden, und sie hilft den Mitarbeitern, sich ständig weiterzuentwickeln. Eine offene Haltung erhöht den Wert dieser Tätigkeit und baut bessere Beziehungen auf.
Beim Kommunizieren: Es besteht die Neigung, die natürliche Intelligenz der Menschen bei weitem zu unterschätzen. Offene Kommunikation gibt den Mitarbeitern eine wesentliche Unterstützung dabei, sich der Gegebenheiten ihrer Situation bewußt zu werden, und schafft ein Vertrauensverhältnis, das in schwierigen Zeiten von unschätzbarem Wert ist.
Beim Gespräch mit Vorgesetzten: Menschen in übergeordneten Positionen haben oft das Problem, von ihren Untergebenen nicht aufrichtig informiert zu werden. So haben sie es schwer, die Wahrheit zu erfahren, wenn sie nur die beschönigte Version zu hören be-

kommen. Dabei wären gerade die harten Fakten ihrem Lernprozeß sehr zuträglich.
Bei der Lösung von Problemen: Problemlösung ist geradezu die Definition von Management. Die rückhaltlose Analyse von Ursachen und möglichen Lösungen trägt erheblich zur Qualität des Ergebnisses bei.
Bei Arbeitsbeziehungen: Früher war in vielen Unternehmen ein kompliziertes Wechselspiel zwischen Gewerkschaft und Führungsetage festzustellen, bei dem jede Seite die andere auszumanövrieren und zu überlisten trachtete. Heute stimmen die meisten Fachleute darin überein, daß offene und zuverlässige Beziehungen langfristig der beste Weg sind, um dieses Verhältnis kooperativ und dem beiderseitigen Nutzen dienend zu gestalten.

Entwicklung von Flexibilität

Die Entwicklung der Fähigkeit, neuen Erfahrungen gegenüber aufgeschlossen zu sein und mit wechselnden Situationen fertig zu werden, ist für einen Manager lebenswichtig. Neuere Untersuchungen der Managementpraxis zeigen, daß fachliche Kompetenz eine ständige Anpassung an neue Situationen verlangt. Zur Flexibilität gehören folgende Fähigkeiten:

- Situationen genau einzuschätzen;
- auf andere zu hören;
- das Aktuelle stets im Auge zu haben und es beständig neu zu definieren;
- sich nicht nach den »guten alten Zeiten« zu sehnen;
- an Herausforderungen Gefallen zu finden;
- vor sich selbst eigene Fehler zuzugeben.

Flexibilität ist eng mit Offenheit verbunden. Sind Menschen offen, dann sind sie imstande, das um sie herum Geschehende bewußt auf sich wirken zu lassen und ihre eingeübten Haltungen zu hinterfragen. Unserer Meinung nach geht wirkliche Persönlichkeitsentwicklung in die Richtung, sich wachsend Herausforderungen zu stellen, und nicht dahin, sich ihnen zu widersetzen.
Der Ausgangspunkt sollte sein, mit den jetzt und hier anstehenden Fragen, Problemen und Handlungsmöglichkeiten zu beginnen. Die meisten Leute schaffen es, ihr äußeres Bild sauber und ordent-

lich erscheinen zu lassen, aber innen kann es ganz anders aussehen. Es ist also notwendig, daß Sie auf Ihre inneren Zweifel und Konfusionen eingehen, weil diese auf Ihr Verhalten und Ihre Stimmungen starken Einfluß haben. Mit allen Mitteln ein Image aufrechtzuerhalten kann die Flexibilität ganz wesentlich behindern. Wer sich für ein offenes und flexibles Managementverhalten entscheidet, der muß lernen, aufrichtiger zu sein, was schwieriger ist, als es klingt: In einer Managementposition wird man leicht dazu verführt, Hintergedanken zu haben, und das muß durchaus nicht mit bösen Absichten verbunden sein. Wenn jemandem etwas unangenehm ist, will er sich in der Regel davon freimachen. Läßt sich das Problem nicht so einfach aus der Welt schaffen, kann es sein, daß man sich weigert, es auch nur zur Kenntnis zu nehmen. Hat man sich jedoch für mehr Offenheit und für die Ausweitung der eigenen Flexibilität entschieden, wird es möglich, bisher nicht zum Ausdruck gebrachte Seiten des Ichs zu erkunden – einfach um herauszufinden, was sich dort verbirgt. Ein Manager formulierte es so: »Mir ist klargeworden, daß mir die Wahrheit mit allen ihren Mißlichkeiten wichtiger ist als ein geruhsames Leben.«
Wachsende Offenheit und geistige Beweglichkeit sind für die persönliche Weiterentwicklung von entscheidender Bedeutung. Danach zu streben erweist sich bald als der beste Weg zur Entfaltung. Weil dieser Weg aber unvermeidlich mit Schwierigkeiten verbunden ist und man leicht in die Irre gehen kann, braucht man die Nähe zu anderen Menschen und ihre Unterstützung. Also muß man sich Zeit für tatsächlich offene Diskussionen nehmen.

Berufliche Weiterentwicklung und Karriere

Die Jobs der meisten Manager und Führungskräfte sind fest umrissen – durch eindeutige Aufgabenstellungen, erwartete Ergebnisse und oft schriftlich festgelegte Arbeitsplatzbeschreibungen. Letztere sind geradezu als »Verträge« zwischen Managern und Unternehmen aufzufassen.
Doch ist ein Manager eine Führungskraft, außerdem Mitglied einer Berufsgruppe. Zwar mögen andere, zum Beispiel Anwälte und Ärzte, engere berufliche Bindungen zueinander haben, so ist

es auch für Manager wichtig, Beziehungen zu Kollegen in anderen Unternehmen, Branchen, ja anderen Ländern aufzunehmen. Dies kann durch Berufsvereinigungen geschehen; darüber hinaus ist aber das selbständige Auftreten als Mitglied dieser Berufsgruppe aus vielen Gründen von großem Vorteil:

- für die Erweiterung des Horizonts;
- als Hilfe dafür, die Bedeutung professionellen Verhaltens besser zu erkennen;
- für die Steigerung des Selbstvertrauens;
- für die Erweiterung der Karrieremöglichkeiten.

Die berufliche Weiterentwicklung kann auf verschiedene Weisen betrieben werden, deren jede von Bedeutung ist. Wenn Sie die folgende Liste der beruflichen Entwicklungsmöglichkeiten betrachten, fragen Sie sich einmal, was Sie davon im vergangenen Jahr unternommen haben:

- Teilnahme an Ganztags-Fortbildungsveranstaltungen;
- Teilnahme an Kurzlehrgängen;
- Besuch von Abendkursen;
- Aktivität in einer Standesgruppe;
- Besuch anderer Firmen;
- Lesen von Fachbüchern;
- Teilnahme an Fernkursen;
- Inanspruchnahme von Beratungsmöglichkeiten;
- Lesen von Fachzeitschriften;
- Teilnahme an Seminaren und Diskussionen.

Phasen der Karriere

Ein häufig übersehener Aspekt der beruflichen Weiterentwicklung ist jener, daß Menschen mit der Zeit und ihrer erlangten Reife wegen tendenziell ihre Lernbedürfnisse verändern. Eine typische Karriere verläuft nach dem folgenden Muster:

> Nach Abschluß der Schulbildung tritt ein junger Mensch in ein Unternehmen ein. Da in den ersten Monaten vieles noch völlig unbekannt ist, kann es zu großen Schnitzern kommen. Das Hauptproblem für den neuen Mitarbeiter ist es, *einbezogen zu werden* und einen Platz im Unternehmen zu finden. Diese Periode läßt sich mit dem

Erlernen eines neuen Spieles vergleichen: Die Regeln müssen begriffen und Entscheidungen müssen getroffen werden. *Es ist eine Zeit des raschen Lernens.*

In den ersten Arbeitsjahren muß der einzelne seine Stärken entwickeln und sein Format andeuten; jetzt muß es ihm darauf ankommen, sich einen Namen zu machen. Nun kann es geschehen, daß er die Usancen im Unternehmen stark in Frage stellt und kühn, geradezu anmaßend auftritt. Diese Phase ist eine *des Kampfes und der Suche nach Anerkennung.*

Auf der Basis der bisherigen Erfahrungen, vielleicht aber auch, weil eine nun gegründete Familie neue Anforderungen stellt, gelangt die Karriere in eine Phase der *Konsolidierung.* Persönliche Anerkennung ist kein Problem mehr, aber die allgemein fachliche und die speziell innerbetriebliche Kompetenz bedarf der Ausweitung, damit die betreffende Person als eine verläßliche Stütze des Unternehmens erkannt wird und Anerkennung findet. Wertvorstellungen werden neu durchdacht, und die Bedeutung der Arbeit wird neu eingeschätzt. In dieser Konsolidierungsphase beginnt man, das Erreichte wie das zu Erreichende mit anderen Augen zu sehen.

Doch bald darauf kommt für viele Manager eine Periode der Unruhe, des Zweifels, der Nachdenklichkeit, und zwar dann, wenn sie anfangen, mehr auf sich selbst zu sehen, sich also selbst ernster zu nehmen. Sie hinterfragen die Bedeutung ihres Jobs, und sie sind sich nicht mehr so sicher, ob sie ihre Lebenskraft weiterhin einer Anstrengung widmen sollen, die sie bis dahin nicht in Frage gestellt hatten. Diese Phase bezeichnen wir als eine der *Neubewertung.* Ist diese insofern erfolgreich durchlaufen, daß sie die Betreffenden nicht aus der Bahn geworfen hat, dann resultieren aus ihr ein vertieftes Verständnis für Probleme und eine gewisse Weisheit.

Noch später konzentriert sich der nun sehr erfahrene Manager auf die Entwicklung von anderen und befaßt sich mit der Prosperität des Unternehmens als ganzem sowie mit der persönlichen Effizienz der Jüngeren. Diese Periode wollen wir die Periode der *»Staatskunst«* nennen; in ihr tritt das Interesse für die Entwicklung anderer stärker hervor als das Eigeninteresse.

Natürlich ist jede Lebensgeschichte anders, weshalb dieser Standardlebenslauf nur ein ganz allgemeines Muster entwerfen konnte – aber Phasen dieser Art lassen sich immer wieder erkennen. Und wir wissen, daß viele während eines jeden Überganges mit innerem Aufruhr und Streß zu kämpfen haben. Zur besseren Verdeutli-

chung zeigt Abbildung 2 die durchschnittliche Karriere und ihre Krisen noch einmal, diesmal in graphischer Form.
Während eines Managerlebens ändern sich die Tätigkeit und die daraus resultierenden Anforderungen etliche Male. Wichtig ist, daß die neuen Aufgaben den persönlichen Bedürfnissen des einzelnen zu der jeweiligen Zeit nicht entgegengesetzt sind. Eine Aufgabe, die nicht Ihrem Potential entspricht, bzw. nicht zu dessen Ausweitung beiträgt, hat die Tendenz, Sie zu schwächen, und zwar unabhängig davon, wie stark oder einflußreich die erlangte Position ist.

Verkümmerte Persönlichkeitsentwicklung als Blockierung

Wenn Sie Ihr Potential nicht erkennen, so kann dies eine schwer zu überwindende Blockierung zur Folge haben. Vergegenwärtigen Sie sich einmal, wie Sie kurz nach Ihrem Urlaub agieren. Die meisten Menschen empfinden dann ein Gefühl der Entspannung, größere Arbeitsfreude, sind voller Energie und fühlen sich besser imstande, ihre Aufgaben zu erfüllen. Würde dieser Zustand auch zu anderen Zeiten häufiger vorkommen, so wäre er ein enormes Kapi-

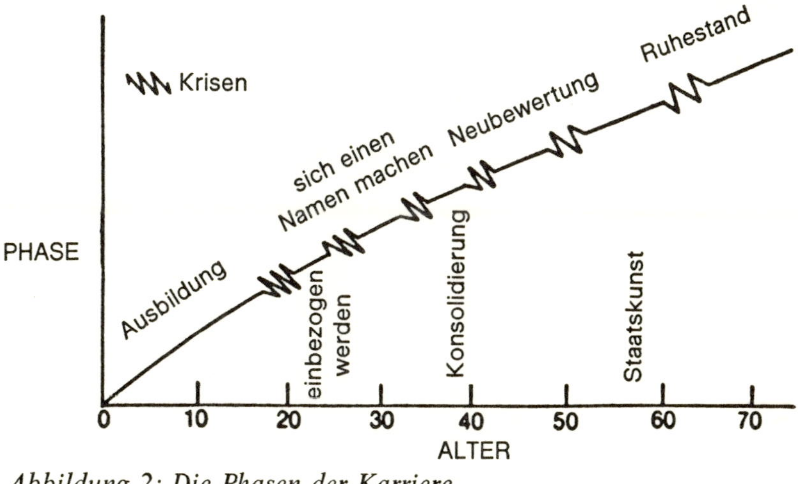

Abbildung 2: Die Phasen der Karriere

tal. Doch dem ist nicht so: Die zahllosen Anspannungen und Anforderungen, die der Alltag mit sich bringt, kosten viel Kraft und verschleißen die Menschen. Doch nur, wenn der Mangel an Lebensqualität erkannt und der Entschluß gereift ist, bewußter und daher auch »effektiver« zu leben, kann eine wahrhafte persönliche Entfaltung beginnen. Wird dies nicht begriffen, so wird die dazu notwendige Offenheit und Energie nicht erreicht werden und die Veränderung kaum stattfinden.

Merkmale von Managern mit verkümmerter Persönlichkeitsentwicklung

Für Manager ist die persönliche Weiterentwicklung wichtig, weil ihre Aufgaben stets große Anforderungen an ihre Klugheit und Urteilsfähigkeit, an ihre Zeit und an ihre Kräfte stellen. Ein schwacher Manager oder einer mit mangelnder Reife ist für seine Untergebenen, Kollegen und Vorgesetzten ein ständiges Problem. Solche aber, die darum bemüht sind, aktiv ihre eigene Entwicklung voranzutreiben, tendieren zu den in der rechten Spalte aufgelisteten Eigenschaften. Die linke Rubrik gibt die Merkmale jener Manager wieder, die in ihrer Entwicklung steckengeblieben sind:

Verkümmerte Persönlichkeitsentwicklung	*Vorangetriebene Persönlichkeitsentwicklung*
Entzieht sich der Verantwortung, sich weiterzubilden;	Setzt selbst Schritte zu seiner Weiterbildung;
versäumt es, sein Inneres zu erkunden;	will sich über sich selbst Klarheit verschaffen;
unterläßt es, sich Zeit für die Eigenentwicklung zu nehmen;	nimmt sich genügend Zeit für die Förderung seiner eigenen Entwicklung;
entzieht sich Herausforderungen;	mag Herausforderungen;
vermeidet Feedback zu geben bzw. sich Feedback zu stellen;	fördert Feedback;

vernachlässigt die Selbstreflexion; hält Gefühle zurück;	nimmt sich Zeit zum Nachdenken; geht den eigenen Gefühlen auf den Grund;
vermeidet die Selbstprüfung;	bewertet die eigenen Fähigkeiten;
sucht kaum Anregungen;	liest und diskutiert viel;
ist sich des eigenen Potentials nicht bewußt;	vertraut auf die eigenen Fähigkeiten;
nimmt zwischenmenschliche Beziehungen nicht ernst;	bemüht sich, offener zu sein;
ist sich der Einflüsse, die auf ihn wirken, nicht bewußt;	begreift, wie er beeinflußt wird;
kümmert sich nicht um die Weiterentwicklung;	steuert seine berufliche Weiterentwicklung;
mag keine Veränderungen im eigenen Arbeitsbereich.	reagiert auf Veränderungen in der Jobsphäre.

Wann sich Manager am stärksten um ihre Weiterentwicklung bemühen müssen

So banal es klingen mag: Der Hinweis ist wichtig, daß das Bemühen um Persönlichkeitsentwicklung eine nicht endende Anstrengung ist, weil ja Vollendung auf diesem Gebiet nicht erreichbar ist. An niemanden wird jemals die Auszeichnung für eine voll entwikkelte und reife Persönlichkeit vergeben. Also ist die Eigenentwicklung ein fortwährendes Bestreben und eben kein Ziel, das man schließlich erreicht.
Die meisten Managementtätigkeiten verlangen ein hohes Niveau an persönlicher Reife; in dem Maße jedoch, wie die Veränderungen rasanter aufeinander folgen, wächst auch die Notwendigkeit, eine kreative und flexible Haltung einzunehmen. Druck und Verantwortung verlangen den Individuen immer mehr ab, und Manager müssen ihre Leistungsfähigkeit trotz des Druckes aufrechterhalten. Managerposten, bei denen Wandel eine große Rolle spielt und die ständig neue Anforderungen an ihren Inhaber stellen, ver-

langen eine überdurchschnittliche Fähigkeit zur Persönlichkeitsentwicklung, ob es sich nun um technologische Veränderungen, neue Märkte, umstrukturierte Unternehmen oder neuartige, bisher nicht gekannte Herausforderungen handelt. Bewußte Eigenentfaltung ist auch für diejenigen erforderlich, die erwarten, in anspruchsvollere Tätigkeiten aufzurücken, oder sich in der Übergangsphase zwischen zwei Karriereabschnitten befinden. Wann immer ein Manager aufnahmefähiger, energiereicher, kreativer oder einfallsreicher werden muß, hat er es nötig, diesen Aspekt besonders zu beachten.

Blockierung 5: Unzulängliche Fähigkeit zur Problemlösung

> Einige Freunde saßen an einem späten Nachmittag an einer Bar. Sie diskutierten darüber, was sie unternehmen könnten, und es wurden mehrere Ideen geäußert: schwimmen gehen, einen Film ansehen, Karten spielen, tanzen gehen, gemeinsam kochen, Musik hören, Fußball spielen usw. Jede Idee wurde von einigen unterstützt, von den anderen aber abgelehnt. Es wurde Abend, und dieser schleppte sich dahin, bis einer sagte: »Jetzt ist es für alles zu spät, also bleiben wir hier und trinken noch etwas.« Allgemeines Aufseufzen, und die Freunde bestellten eine weitere Runde.

Wie die Geschichte zeigt, müssen die Menschen in den verschiedensten Situationen ständig die jeweiligen Probleme zunächst erkennen und dann lösen, aber nur wenigen wird geholfen, sich die für diese Aufgabe nötige Gewandtheit und Erfolgsorientiertheit anzueignen. Weil nun sein Beruf vor allem im Lösen von Problemen besteht, ist Reife auf diesem Gebiet für die Arbeit des Managers von grundlegender Bedeutung.

Probleme zu lösen ist nie einfach, aber diese Fähigkeit kann substantiell ausgebaut werden. Dieser Abschnitt untersucht drei dafür mögliche Wege:

1. das systematische Herangehen an Probleme;
2. das Herausfinden geeigneter Techniken für verschiedene Arten von Problemen;
3. das Einbeziehen von Personen und anderer Hilfsmittel als Unterstützung bei der Lösung von Problemen.

Diese drei Methoden müssen, damit sie wirksam werden, auf geeignete Weise miteinander verknüpft sein, aber jede einzelne steht für sich und kann aus verschiedenen Blickwinkeln betrachtet werden. Uns ist klargeworden, daß eine lediglich intellektuell-theoretische Bewertung dieser Methoden nicht ausreicht; sie müssen in der Praxis angewandt und erprobt werden.

Systematische Problemlösung

Es ist merkwürdig aber wahr, daß jede Methode der Problemlösung weniger wirksam ist, wenn sie strikt angewandt wird. Deshalb sollten Sie die folgenden Leitlinien flexibel nutzen und bereit sein, Ihre Herangehensweise dem jeweils konkreten Problem anzupassen. Da es grundsätzlich möglich ist, Probleme methodisch zu bearbeiten, und die einzelnen Lösungsschritte prinzipiell erkennbar sind, so kann es, wenn Sie scheitern, daran liegen, daß Sie einen oder mehrere der im folgenden dargelegten Schritte nicht genau genug beachtet haben.

Erster Schritt: Einstimmung
Zunächst ist es erforderlich, das Problem zu beurteilen, zu verstehen und einzuordnen, um herauszufinden, welche besonderen Herausforderungen es stellt. Hat das Problem mit einer Gruppe von Menschen zu tun, dann kommt es darauf an, daß die Mitglieder des Teams die Natur des Problems verstehen und entscheiden, wie sie sich organisieren, um gemeinsam wirkungsvoll an seiner Bewältigung zu arbeiten.

Zweiter Schritt: Ziele
Ein Ziel ist eine Aussage darüber, was ein einzelner oder eine Gruppe zu erreichen beabsichtigen. Das Ziel einer Gruppe kann entweder klar verstanden und von allen ihren Mitgliedern akzeptiert sein, oder es erscheint verschwommen, ist sehr allgemein gehalten und Anlaß für Meinungsverschiedenheiten. Ein Ziel sollte klar und präzise dargelegt und von allen Betroffenen verstanden worden sein, bevor die beschlossenen Maßnahmen ergriffen werden.
Es ist durchaus möglich, daß ein Ziel im Lichte der Erfahrungen neu definiert oder angepaßt werden muß. Es kann auch sein, daß eine spezifische Aufgabe mehrere Zielsetzungen verlangt. Allgemein gehaltene oder weit gesteckte Ziele können durch die Frage »Wie?« genauer anvisiert werden.

Dritter Schritt: Erfolgskriterien

Es ist gut zu wissen, wie man Erfolge mißt. Manchmal kann die Festlegung eines Zieles schon Kriterien für diese Beurteilung einschließen. Ist das nicht der Fall, dann werden Sie Wege suchen müssen, Ihre Leistung objektiv einzuschätzen. Zwei Fragen können bei der Suche helfen:

- Wie messen wir, ob wir unsere Ziele erreicht haben?
- Wie beurteilen wir, ob wir wirkungsvoll zusammengearbeitet haben?

Sind die Erfolgskriterien festgelegt, wird es den Gruppenmitgliedern möglich, die geforderte Endleistung klar zu verstehen. Von nun an sind sie in der Lage, genau die Kraft aufzuwenden, die für die Erfüllung der Aufgabe nötig ist, und die Zeit am rationellsten zu nutzen.

Vierter Schritt: Information

Bevor eine Problemlösung gefunden werden kann, sollte das Problem in seinem vollen Ausmaß verstanden worden sein. Leute, die mit einem Problem befaßt sind, mögen über Fakten, Meinungen, Ideen oder Vorurteile darüber verfügen. Weil nun das menschliche Gehirn nicht fähig ist, große Mengen an Information zu behalten, helfen die fortgeschrittenen Techniken der Informationssammlung und -darstellung dabei, das jeweilige Problem zu verdeutlichen. Zusätzliche Informationen müssen möglicherweise eingeholt werden, sei es aus der Gruppe oder durch weitere Untersuchungsarbeit. Sind einmal genügend Informationen gesammelt, wird es möglich, verschiedene Alternativen der Vorgangsweise zu erkennen. Diese Alternativen sollten klar formuliert werden, damit ihre Stärken und Schwächen einschätzbar werden.

Fünfter Schritt: Planung

Die Planungsphase beginnt mit der Entscheidung darüber, was getan werden soll. Hier mag nun die eine Möglichkeit den anderen vorgezogen werden. Die Mitglieder einer »Aktionsgruppe« müssen nun den Gesamtplan völlig verstanden haben und imstande sein, die nun vom einzelnen zu setzenden Handlungsschritte klar zu definieren.

Sechster Schritt: Maßnahmen

Nun wird die Aufgabe in Angriff genommen. Wenn Ziele und Erfolgskriterien klar sind, wissen alle Beteiligten, was sie zu erreichen versuchen, und so vermögen sie, wenn es die Umstände erfordern, ihre Pläne auf intelligente Weise diesen anzupassen. Die Qualität der Zielerreichung ist – verbunden mit etwas Glück – weitgehend eine Frage der richtigen Vorbereitung.

Siebenter Schritt: Rückschau zum Zweck des Bessermachens

Jeder lernt aus den Ergebnissen seiner Handlungen. Man lernt durch die Beurteilung der Merkmale eigener Erfolge und durch den Versuch, die Gründe für Fehlschläge zu erkennen. Wichtig ist jedoch, Niedergeschlagenheit und Pessimismus zu vermeiden, wenn man seine Mißerfolge Revue passieren läßt. Ohne Feedback bestehen wenig Chancen auf Veränderung und Weiterentwicklung – man neigt dann dazu, immer wieder die gleichen Verhaltensmuster zu wiederholen. Das Sprichwort »Übung macht den Meister« wäre präziser, wenn es lautete: »Übung macht beständig.« Weil das Ziel der Rückschau darin besteht, Informationen und Kräfte zu sammeln, um es in der Folge besser zu machen, ist es nützlich, diese Überprüfungstätigkeit mit dem Festlegen von Richtlinien für die weiteren Aktivitäten zu beenden.

Das hier vorgeschlagene systematische Lösen von Problemen in sieben Schritten ist eine flexibel anzuwendende Methode. An jedem Punkt können Sie ja einige Schritte zurückgehen und Ihre Vorgangsweise an die Ihnen eigene Arbeitsmethode bzw. an die gerade aktuelle Teilaufgabe anpassen. Es braucht Zeit, sich diese Methode anzueignen, seien Sie also auf eine Phase des Lernens vorbereitet. Abbildung 3 versucht, die den empfohlenen Lösungsschritten innewohnende Anpassungsfähigkeit graphisch zu veranschaulichen.

Coverdale (siehe im anschließenden Literaturverzeichnis unter Taylor) hat in seiner wichtigen Arbeit über systematische Lösung von Problemen darauf hingewiesen, daß die dargestellte Methode Managern und Führungskräften auch eine gemeinsame Sprache für ihre Kommunikation untereinander zur Verfügung stellt. Es empfiehlt sich, die ganz normalen Geschäftsbesprechungen einmal daraufhin zu untersuchen, ob nicht ein systematischeres Vorgehen von Nutzen wäre. Unserer Erfahrung nach sind Aufzeichnungen, vorzugsweise mit der Videokamera, ein ausgezeichnetes Mittel, Besprechungen zu analysieren und Sitzungen zu planen. Um das tun zu können, ist allerdings die freiwillige Mitarbeit aller Beteiligten vonnöten.

Durch Videoaufzeichnungen gegebenes Feedback ist äußerst wirksam, wenn eine Gruppe mit den in ihr stattfindenden Prozessen konfrontiert werden soll. (Hier sei auf die in der anschließenden Literaturliste genannte Arbeit von Francis hingewiesen). Und es setzt den einzelnen in die Lage, sich selbst mit einer Objektivität zu sehen, die auf anderem Wege kaum zu erreichen ist. Das Medium Video hat eine Unmittelbarkeit, die die Durchführung besonders genauer, gewissenhafter Analysen erlaubt. Einzelpersonen, die einander wechselseitig Feedback geben, können mit dessen Hilfe Schwierigkeiten im zwischenmenschlichen Bereich erkennen und offen austragen. Weil die Veranschaulichung mittels Video dem jeweiligen Team einen Gradmesser für seine Effizienz zur Verfügung stellt, ist die Einschätzung der von dieser Arbeitsgruppe

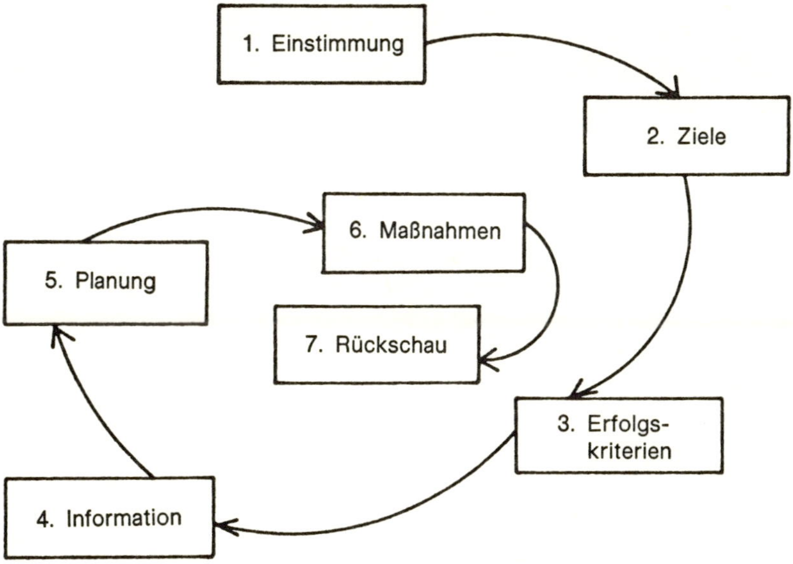

Abbildung 3: Der Zyklus des systematischen Lösens von Problemen

gemachten Fortschritte dadurch möglich, daß deren Routinesitzungen in regelmäßigen Abständen aufgezeichnet werden. Auf diese Weise kann der siebente der systematischen Problemlösungsschritte, den wir »Rückschau zum Zweck des Bessermachens« genannt haben, in das »Alltagsleben« des Unternehmens eingeführt werden.

Manager und Führungskräfte, die Vorfälle des realen Lebens, wie sie sich tagtäglich ereignen, als positive Lernerfahrungen zu nutzen wissen, könnten mit Hilfe systematischer Problemlösungsstrategien ihre persönliche Leistungskraft beträchtlich steigern.

Techniken der Problemlösung

Problem ist nicht gleich Problem, und im Laufe einer Woche können sich einem Manager ganz verschiedene Aufgaben stellen, zum Beispiel:

- eine Machbarkeitsstudie auszuarbeiten;
- einer schwierigen Konferenz vorzusitzen;
- einen Kunden zu überzeugen, einen bereits erteilten Auftrag abzuändern;
- einen Untergebenen in der Frage geänderter Karrierebedingungen zu beraten;
- eine Kontroverse mit der Gewerkschaft zu bewältigen;
- sich für einen Weg zu geringerem Streß zu entscheiden.

Alle diese Probleme können mit verwickelten Planungsarbeiten mit der Beilegung zwischenmenschlicher Unstimmigkeiten und sonstigen emotionalen Fragen, mit Einflußnahme auf andere und Selbstkontrolle, mit Konfliktstrategien und einer Vielzahl zu treffender Entscheidungen verbunden sein.

Ebenen der Entscheidungsfindung

Es gibt mannigfache Unterschiede in der Art der Entscheidungen, die Manager zu treffen haben, und in dem Schwierigkeitsgrad der Probleme, die nach Lösungen verlangen. Uns scheint es nützlich, zwischen vier Ebenen der Entscheidungsfindung zu differenzieren, deren jede besondere Managementfertigkeiten verlangt. Bedenken Sie aber bei der Lektüre die spezifischen Erfordernisse Ihres Jobs sowie die Anforderungen, die er an Sie und Ihre Fähigkeiten stellt.

Die Ebene der Routine. Hier sind die Entscheidungen solche, wie sie ständig, oft tagtäglich anfallen. Der Manager verhält sich logisch, geradezu programmiert, fast wie ein Computer, wenn es gilt, Situationen zu analysieren und auf sie in vorhersehbarer Weise zu reagieren. Seine Funktion ist es, die augenblickliche Lage zu erfassen und zu definieren, um dann aus eigener Verantwortung geeignete Maßnahmen einzuleiten. Probleme treten dann auf, wenn ein Manager unsensibel ist, Zeichen falsch deutet, sich unlogisch verhält, falsche Schlußfolgerungen zieht oder unentschlossen ist und es verabsäumt, rechtzeitig wirkungsvoll zu agieren. Der Manager hingegen, der eine gegebene Situation richtig wahrnimmt, logische Schlüsse zieht und zielsicher handelt, erfüllt alle Erwartungen. Auf dieser Ebene hat Kreativität kaum Platz, wird auch nicht besonders geschätzt, weil die Verfahrensweisen alle »vorgeschrieben« sind.

Die Ebene der Auswahl. Für Entscheidungen dieser Ebene braucht es schon einige Initiative, der Manager verfügt hier über einen gewissen Ermessensspielraum, jedoch innerhalb festgelegter Grenzen. Die Vorzüge einzelner Lösungsmöglichkeiten müssen eingeschätzt und es muß versucht werden, die für das jeweilige Problem am besten geeignete aus einer Reihe in der Praxis schon oft erprobter und bewährter Alternativen zu finden. Ob das Ergebnis positiv ausfällt, hängt von der Fähigkeit des Managers ab, einen Handlungsablauf zu wählen, der mit größter Wahrscheinlichkeit akzeptabel, wirtschaftlich und wirksam ist.

Die Ebene der Umstellung oder Anpassung. Hier hängen die Entscheidungen mit neuartigen Herausforderungen zusammen, weil der Manager in mancher Hinsicht innovative und kreative Lösungen finden muß. Üblicherweise erfordert das eine Mischung von bereits bewährten Antworten mit einigen neuen Ideen. Die Wirksamkeit des Managers hängt von seiner Initiative sowie von der Fähigkeit ab, einen kreativen Sprung ins Ungewisse zu wagen. Entscheidungen dieser Art reagieren auf Probleme, die an sich schon aufgetreten sein mögen, jedoch nicht in der aktuellen besonderen Ausprägung. Es geht also um eine neuartige Lösung für ein im Prinzip bereits bekanntes Problem.

Die Ebene der Innovation. Hier stellt die Entscheidungsfindung die höchsten Ansprüche an den Manager, und sie ist am kompliziertesten. Sie verlangt ein hohes Maß an flexiblem, schöpferischem Denken, damit es zu einer zufriedenstellenden Lösung kommen kann. Häufig geht es um ein Problem, das zunächst kaum verstanden wird und dessen Lösung neue Ideen und Techniken verlangt. Der Manager muß nun Wege finden, mit unerwarteten, nicht vorhersehbaren Fragen umzugehen, und er muß oft sein Denken in völlig neue Bahnen lenken, unter Umständen sogar zu einem für ihn neuen Denksystem finden. Bei den avanciertesten und anspruchsvollsten Problemen dieser Art mag es soweit kommen, daß die Entwicklung eines neuen Zweiges der Wissenschaft oder der Technologie nötig wird.

Jede dieser Ebenen der Entscheidungsfindung stellt unterschiedliche Anforderungen an die berufliche Kompetenz eines Manager. Die folgenden Beispiele verdeutlichen das:

> Stellen Sie sich den Leiter einer kleinen Schuhverkaufsfiliale vor, dessen Arbeit fast vollständig Routine ist. Die Zentrale legt Vorgangsweisen für nahezu alle Eventualitäten einschließlich Kundenbeschwerden, Personalprobleme, Schaufensterdekoration, Bestellwesen und Belegerfassung fest. Die Aufgabe des Managers besteht darin, sorgfältig und menschlich innerhalb der vom Unternehmen vorgegebenen Richtlinien zu operieren. Kommt es wirklich einmal zu etwas Unvorhergesehenem, spricht er sich mit dem zuständigen übergeordneten Manager ab. Obwohl das meiste Routine ist, trifft auch der Filialleiter wichtige Entscheidungen und muß, damit das Geschäft Erfolg hat, eine gewissenhafte und verantwortungsbewußte Haltung einbringen. Nach unseren Kategorien der Entscheidungsfindung ist die Arbeit dieses Filialleiters zum allergrößten Teil eine auf der *Routine*-Ebene.

> Der für die Produktion verantwortliche Direktor einer Fabrik arbeitet in einem relativ offenen Umfeld und muß sich häufig für eine unter mehreren Alternativlösungen entscheiden. Diese können den Bereich der Qualitätskontrolle, des Umgangs mit Rohmaterialien, der Personaleinstellung, der innerbetrieblichen Beziehungen sowie eine

Vielzahl anderer Bereiche betreffen. Darüber hinaus ist der Manager für die Entwicklung eines gesunden, wirkungsvollen und anpassungsfähigen Systems verantwortlich. In der Produktion gibt es viele Probleme, die in der überwiegenden Mehrzahl aber schon einmal aufgetreten und daher bekannt sind. Die Bandbreite der Lösungsmöglichkeiten ist dennoch groß, und die Aufgabe des Managers besteht darin, sich für solche Maßnahmenpakete zu entscheiden, die den größten Erfolg versprechen. Nicht nur ist er imstande, eine Schwierigkeit rational zu analysieren, er hat auch ein »Gefühl« für eine problematische Situation, das ihm hilft, angemessen zu reagieren. Die Lage in der Fabrik ist vielschichtig und wird auch von schwer zu definierenden Faktoren beeinflußt, so daß die getroffenen Maßnahmen zwangsläufig zu einem Gutteil auch von der persönlichen Beurteilung durch den Manager abhängen. Die gewählten Lösungsschritte erweisen sich in der Regel dann als zielführend, wenn sie entschlossen verwirklicht und wenn die dazu nötigen Hilfsmittel auch in genügender Zahl eingesetzt werden. Die Aktivitäten des Produktionsleiters sind zum größten Teil solche der Entscheidung zwischen möglichen Strategien, weshalb er also nach unserer Einteilung auf der Ebene der *Auswahl* agiert.

Ein anderer Bereich des Unternehmens ist die Marketing-Abteilung. Ihre Aufgabe ist es, neue Lösungen für an sich hinreichend verstandene Probleme zu finden. Von ihrem Personal werden neue Ideen gefordert, ob es sich nun um die Änderung von Werbe-Strategien oder das Erdenken von Anreizen handelt, die erlahmende Verkaufsanstrengungen wieder beleben sollen. Um Entscheidungen dieser Art ein stabiles Fundament geben zu können, müssen die Probleme klar erkannt und auf ihr Wesentliches reduziert sein, und es müssen die relevanten Daten systematisch erfaßt worden sein. Charakteristisch für einen guten Manager im Marketing-Bereich ist die Fähigkeit, tatsächlich neue, dabei aber fundierte Strategien auszuwählen und durchzusetzen, die natürlich auch geschäftlich Sinn haben müssen. In erster Linie kreativ mit Angleichung an geänderte Umstände beschäftigt, trifft der Marketing-Manager Entscheidungen auf der Ebene der *Anpassung* bzw. *Umstellung*.

Noch unklare oder noch nicht so recht begriffene Fragenkomplexe stellen an einen Manager besondere Anforderungen. Ein Beispiel dafür wäre der Leiter einer Forschungsabteilung, deren Aufgabe es ist, etwas unverwechselbar Neues zu entwickeln, sei dies nun eine avancierte Mondlandefähre, ein künstlicher Diamant oder eine neuartige

Weise der Energiegewinnung. Gewöhnlich beginnt ein solcher Manager an einem Problem zu arbeiten, das noch unzulänglich definiert ist und nicht mit einer schon bekannten Antwort gelöst werden kann. Da heißt es also, Ressourcen zu mobilisieren und eine Organisation zu schaffen, die wirklich kreativ zu sein in der Lage ist. Bisweilen müssen da neue Terminologien, Konzepte, Instrumente, ganze Technologien entwickelt oder andere noch nicht existierende Voraussetzungen geschaffen werden. Das bedeutet, daß ein weiter Bereich der zentralen Verantwortlichkeit des in Frage stehenden Managers tatsächlich Neuland ist und er deshalb Entscheidungen auf der Ebene der *Innovation* zu treffen hat.

In den meisten Unternehmen existiert eine Entsprechung zwischen jeweiliger Managerposition und jeweiliger Ebene der Entscheidungsfindung. Der Manager der vordersten Front muß Initiativen ergreifen, doch sind diese ziemlich klar vorhersehbar. Daher ist der Junior-Manager für gewöhnlich damit befaßt, Beweglichkeit und Interesse seiner Untergebenen aufrechtzuerhalten und den Leistungsstandard nicht absinken zu lassen. Höhere Entscheidungsebenen sind mit größeren Herausforderungen verbunden, hier sind ranghöhere Manager mit Innovationen, dem Mobilisieren von Ressourcen und dem Eingehen von Risiken befaßt.
Die folgende Checkliste verknüpft unsere vier Ebenen der Entscheidungsfindung mit den jeweils zentralen Anforderungen, die an den betreffenden Manager gestellt werden. Solche, die auf höheren Entscheidungsebenen arbeiten, benötigen auch die Fertigkeiten, die auf den unteren Ebenen erforderlich sind.
Die Erfahrung lehrt, daß es gleich ungünstig ist, wenn ein Manager für seinen spezifischen Job zuviel mitbringt, wie wenn er dafür unterqualifiziert ist. Ein Job auf der Routine-Ebene verlangt Fähigkeiten, die der Aufgabe angemessen sind. Eine Führungskraft, die es versteht, mit noch nicht eingegrenzten Problemen, mit Fragen schöpferischer Neugestaltungen oder solchen der Strategie umzugehen, fühlt sich meist frustriert, wenn er diese seine Fähigkeiten nicht auch einsetzen kann. Ist sein Potential auf diese Weise blokkiert, unterschätzt er leicht die unmittelbar anstehenden Aufgaben, fühlt sich unausgelastet und ärgert sich über ein System, das ihm restriktiv erscheint.
Manager lernen durch Vergleich und Erfahrungen mit erprobten

Praktikern sowie dadurch, ihre eigenen Erfahrungen zusammenzufassen, sich neuen Einsichten zu stellen, Herausforderungen zu bewältigen und Aufgaben erfolgreich zu lösen. Der Aufstieg zu höheren Entscheidungsebenen gelingt nur dann, wenn sich der Manager in die Lage setzt, auch deren Probleme zu meistern.

Art der geforderten Entscheidungen	*Zentrale Anforderungen*
Ebene der Routine	• disziplinierte Einhalten vorgegebener Verhaltensweisen • solide Beurteilungsfähigkeit • menschliche Führung • Kontrolle/ Motivierungsfähigkeit
Ebene der Auswahl	• Zielsetzungsvermögen • Planung • Rückschau und Entwicklung • Informationsanalysen
Ebene der Umgestaltung	• Problemerkennung • systematisches Lösen von Problemen • Heranbildung von Arbeitsteams • Risikoanalyse • kreatives Management
Ebene der Innovation	• strategische Planung • Entwicklung von Systemen

Der Einsatz von Menschen und Ressourcen für die Lösung von Problemen

Manager müssen im Zuge erforderlicher Problemlösungen häufig mit anderen zusammenarbeiten, was auf verschiedene Art und Weise geschehen kann:

- Ein Manager und ihm Untergebene arbeiten an alltäglich auftretenden Problemen;
- Kollegen geben informell Ratschläge;
- Teambesprechungen werden abgehalten;
- Ausschüsse und Projektgruppen treffen sich;
- externe Ressourcen oder Vertragspartner werden herangezogen.

Die Vorteile der Einbeziehung mehrerer Personen zur Lösung von Problemen sind im Abschnitt über geringe Teambildungsfähigkeit »Blockierung 11« dargelegt. Treffen, die zum Äußern unterschiedlicher Standpunkte anregen und zu brauchbaren technischen Beiträgen führen, können helfen, die anstehenden Probleme zu definieren und dafür Lösungen zu finden. Befolgt man bei derartigen Zusammenkünften die folgenden Leitlinien, so mögen sie zu noch besseren Ergebnissen führen.

Stellen Sie klar, wem das Problem »gehört«
Es wird oft versucht, sich angesichts lästiger oder schwieriger Probleme der Verantwortung zu entziehen. Weil dies aber die Möglichkeit, Lösungen zu finden, erheblich einschränkt, ist es zweckmäßig, sehr genau festzulegen, wer für die Lösung des jeweiligen Problems verantwortlich ist.

Bestimmen Sie einen Koordinator für Gruppensitzungen
Der Koordinator einer Problemlösungsgruppe hat eine aktive Rolle, deren Wesen aber von der Zusammensetzung der Gruppe abhängt. Neu gebildete Teams sind noch nicht an die Zusammenarbeit gewöhnt, so daß Loyalitätskonflikte oder schlechte persönliche Beziehungen zu Schwierigkeiten führen könnten. Anfangs muß der Koordinator daher geeignete Verfahren des Zusammenwirkens und der optimalen Zeitnutzung im Hinblick auf die gestellte Aufgabe entwickeln. Damit die Gruppe ihre potentiellen

Fähigkeiten voll entfalten kann, ist jedem der folgenden Bereiche genaue Beachtung zu schenken.

Rollendefinition der Gruppenmitglieder: Es muß sichergestellt sein, daß die besonderen Fähigkeiten der einzelnen Mitglieder bekannt sind und daß jeder seinen spezifischen Beitrag zum Nutzen des Ganzen leistet.

Strukturierung der Gruppe: Es müssen dahingehend Maßnahmen getroffen werden, daß die Gruppe der Aufgabe entsprechend organisiert ist.

Sich der Arbeitsweise der Gruppe bewußt sein: Wird die Arbeitsweise der Gruppe genau beobachtet, so können etwaige Erscheinungen von Unreife oder andere Probleme im Ansatz erkannt und sogleich diskutiert werden.

Wie ein Sieb handeln: Die vorgebrachten Ideen müssen in eine dem Gruppenzweck entsprechende Ordnung gebracht werden, was der Gruppe hilft, das Ziel nicht aus dem Auge zu verlieren und die Einzelfragen der Reihe nach zu behandeln.

Verdeutlichung der einzelnen Beiträge: Es muß darauf geachtet werden, daß die Diskussionsbeiträge auch von allen verstanden und daß alle diesbezüglichen Unklarheiten ausgeräumt wurden.

Ideen und Reaktionen erbitten: Die Teammitglieder müssen ermutigt werden, ihre Ansichten, Anregungen und Gedanken zu den anderen Beiträgen zu äußern; das gilt besonders für Personen, die geistig abwesend erscheinen.

Genügend Zeit geben: Es muß sichergestellt sein, daß jedermanns Meinung vollständig angehört wird.

Empfehlungen zum Zwecke des Voranschreitens: Bei jedem auftretendem Problem, jeder neuen Information müssen Vorschläge für den Umgang damit gemacht werden.

Die Disziplin aufrechterhalten: Sehr wichtig ist es, jedem Verhalten Aufmerksamkeit zu schenken, das die Arbeitsfähigkeit der Gruppe beeinträchtigt.

Ressourcen nutzen: Verfügbare Hilfsmittel müssen beachtet, bei ihrem Einsatz muß Hilfestellung gegeben werden.

Halten Sie Ideen fest und geben Sie Handlungsanleitung

Viele Ideen werden produziert, aber niemals umgesetzt. Darum ist es wichtig, daß sie festgehalten und niedergeschrieben werden. Sind Taten zu setzen, muß die dafür verantwortliche Person benannt, muß aber auch ein von allen akzeptierter Mechanismus für die Überprüfung des Fortschritts festgelegt werden.

Gehen Sie in der Praxis systematisch vor

Zwar haben die meisten Menschen die Absicht, systematisch zu arbeiten, aber die täglichen Zwänge können die Verwirklichung sehr erschweren. Die folgenden Ideen versuchen, dem abzuhelfen:

- Führen Sie sich das Problem tagtäglich vor Augen, zum Beispiel indem Sie ein Plakat aufhängen, auf dem steht: Systematisch arbeiten bedeutet, alles Schritt für Schritt zu erledigen.
- Benutzen Sie einen Aktenordner, eine Flügelmappe oder dergleichen und schreiben Sie zu Ihrer Erinnerung die sieben Problemlösungsschritte (siehe unter »Das systematische Herangehen an Probleme«, S. 126) auf das Deckblatt.
- Halten Sie regelmäßig Rückschau über Ihre Zusammenkünfte. Nehmen Sie sich am Ende eines jeden Treffens Zeit für die Verwendung einer Hilfe, etwa der Schrift »Skilful Problem Solving« (Woodcock und Francis 1979).
- Suchen Sie bezüglich ihres Arbeitsstils Feedback von Kollegen, Personalspezialisten oder Gruppenmitgliedern, die in der Lage sind, Möglichkeiten der Optimierung von Ihnen geleiteter Besprechungen vorzuschlagen.
- Zeichnen Sie gelegentlich Problemlösungskonferenzen per Tonband oder Video auf. Spielen Sie das Band ab und erstellen Sie eine Liste von Verbesserungsvorschlägen.
- Benutzen Sie vierteljährlich das »Problem-Solving Inventory« (Bestandsaufnahme der Problemlösungen von Francis und Woodcock, 1982). Merken Sie in Ihrem Terminkalender alle drei Monate Eintragungen in dem dort wiedergegebenen Fragebogen und die Überprüfung Ihrer Fortschritte vor.
- Bilden Sie mit zwei oder drei Kollegen eine Diskussionsgruppe, in der Sie Ihre Erfahrungen bei der Lösung von Problemen erörtern und sich gegenseitig beraten.

Die Erfahrung lehrt, daß Problemlösungsgruppen selbst zu Problemen werden können. Es geschieht nur zu häufig, daß sie sich festfahren und daß ihre Zusammenkünfte qualvoll, frustrierend und vor allem wirkungslos werden. Dem muß also entgegengewirkt werden, weil diese Konferenzen an sich schon hohe Kosten verursachen, bedenkt man den Einsatz an Menschen und Ressourcen, an Zeit und eventuellen Reisespesen, wozu ja noch die Mittel kommen, die für gesellschaftliche Gepflogenheiten aufzuwenden sind. Aber derartige Treffen sind unerläßlicher Teil des Organisationslebens: Die findige Lösung von Problemen stellt einen wesentlichen Aktivposten jedes Unternehmens dar. Nicht umsonst heißt es, daß sich erfolgreiche von anderen Unternehmen durch ihre Fähigkeit unterscheiden, die auftauchenden Probleme in ihrer gesamten Bandbreite rasch zu lösen. Wessen Problemlösungsfähigkeit schwach ausgeprägt ist, der hat als Manager oder andere Führungskraft ein ganz entscheidendes Handicap zu überwinden. Sollte aber dieser Mangel gar in einem gesamten Unternehmen weit verbreitet sein, so wird er zum Haupthindernis für dessen Prosperität.

Merkmale von Managern mit genügender/ungenügender Problemlösungskompetenz

Der folgende Vergleich führt Charakteristika auf, wie sie bei dem jeweiligen Managertypus immer wieder vorzufinden sind:

Der mangelhafte Problemlöser	*Der gewandte Problemlöser*
Läßt es regelmäßig zu, daß Probleme ungelöst bleiben;	Schiebt Probleme nie auf die lange Bank;
benutzt ungeeignete Techniken;	wählt geeignete Techniken;
arbeitet nicht systematisch;	geht an alle Fragen systematisch heran;
stellt nicht klar, wem das Problem gehört;	legt die Zuständigkeit klar fest;
arbeitet auf unklare Ziele hin;	weiß über seine eigenen Ziele klar Bescheid;

verfügt über nur vage Leistungskriterien;	legt klare Leistungskriterien fest;
sammelt kaum Informationen;	sammelt mit Geschick Informationen;
plant ungenau;	plant umsichtig;
gibt sich über Konferenzen keine Rechenschaft;	nimmt sich Zeit für die Rückschau;
hat die Koordination der Gruppe kaum im Griff.	ist ein effektiver Koordinator.

Wann Manager der Problemlösungskompetenz am dringendsten bedürfen

Ein hohes Maß an Problemlösungskompetenz ist für Aufgaben erforderlich, die den Umgang mit neuartigen Situationen und mit Personen, deren Leistungen erst integriert werden müssen, umfassen; außerdem dann, wenn Unternehmensziele zu klären, komplexe Informationen zu analysieren sind und/oder detailliert geplant werden muß. Jeder Manager muß die in seinem Bereich »normalen« Probleme zu lösen verstehen; außerordentliche Fähigkeiten auf diesem Gebiet sind jedoch dort unerläßlich, wo häufig Innovationen oder Adaptierungen gefordert sind.

Literaturhinweise

Francis, D., Using a video system in human relations training. In: J. E. Jones & J. W. Pfeiffer (Hrsg.), *The 1979 annual handbook for groupfacilitators.* San Diego, CA: University Associates, 1979.

Taylor, M., *Coverdale on management.* London: Heinemann, 1979.

Woodcock, M./Francis, D., *Organisation development through team building.* Aldershot: Gower, 1981; New York: Halsted, 1981.

Woodcock, M./Francis, D., *Fifty Activities for Self-development.* Aldershot: Gower, 1982.

Blockierung 6: Geringe Kreativität

Vor einigen Jahren gelangte einer unserer Freunde zu dem Schluß, das Leben hier, wo man ständig von der Bürokratie eingeschränkt werde, sei nichts für ihn. Er packte seinen Rucksack und ging nach Israel, um in einen Kibbuz einzutreten. Zwei Jahre lang verlegte er Bewässerungsrohre und half begeistert mit, den Alltag der Gemeinschaft zu organisieren. Nach seiner Rückkehr trafen wir uns, um bei einigen Flaschen Wein unsere inzwischen gemachten Erfahrungen auszutauschen. Er erzählte vom Leben in der Wüste und beschrieb das Management des Kibbuz. Er berichtete, daß während seines Aufenthalts die Leitung der Gemeinschaft ausgewechselt worden sei, was eine rückläufige Produktivität, Unzufriedenheit sowie nachlassendes Interesse am Wohlergehen der anderen zur Folge gehabt habe.
Später, als er schon mehr getrunken hatte, fand unser Freund stärkere Worte der Mißbilligung. Denn es sei viel menschliches Potential von der Kibbuzleitung verschwendet worden, weil deren unnötige Restriktionen die Leistungskraft der Mitglieder beeinträchtigt hätten.
Später stand er etwas schwankend auf und sagte: »Wenn ihr mich fragt, so ist das Wichtigste an einer Führung ihre Kreativität«. Mit diesen etwas kryptischen Worten beendete er die Unterhaltung.

Ein Mangel an Kreativität kann in der Tat die Wirksamkeit des Managements ernsthaft beeinträchtigen. So manche Manager halten sich selbst für nicht sehr kreativ und meinen, daß in der Bevölkerung insgesamt schöpferische Menschen sehr selten seien. Diese Ansicht entspringt aber einer Haltung, die den Begriff Kreativität zu eng, also in unkreativer Weise auffaßt. Denn Schöpferkraft wird von Menschen in allen Lebensbereichen zum Ausdruck gebracht:

- Ein Lehrer findet einen neuen Weg, seinen Schülern die Funktionsweise der Photosynthese zu vermitteln;
- ein Bahnbeamter hat neue Ideen für die Verschönerung des Bahnhofs;
- ein Unternehmer entwickelt eine rationellere Verpackung für eines seiner Produkte;

- eine Ehefrau verbindet die Hausarbeit mit Fitneßtraining.

Tausende von Beispielen dieser Art könnten angeführt werden, und es ist schade, daß dennoch so viele andere Leute ihre innovativen Fähigkeiten verkümmern lassen, weil sie sich ihres eigenen kreativen Potentials nicht bewußt sind.
In diesem Kapitel stellen wir Ihnen die zwei Hauptmethoden vor, mit deren Hilfe Sie an der verbesserten Umsetzung Ihres kreativen Potentials arbeiten können. Als erstes ist zu überlegen, welche psychologischen Barrieren möglicherweise Ihre kreativen Fähigkeiten blockieren. Als zweites ist zu prüfen, wie zur Lösung von Problemen systematisch kreative Methoden anzuwenden sind. Darüber hinaus werden einige Ideen dazu präsentiert, wie kreatives Denken in Arbeitsteams und in ganze Unternehmen Eingang finden kann. Abschließend betrachten wir die Möglichkeiten für die Vermehrung kreativer Leistungen.

Barrieren der Kreativität

Haben Sie einmal erkannt, daß Sie nur einen Teil Ihrer Kapazität auch wirklich nutzen, dann verlangt der nächste und äußerst wichtige Abschnitt Ihrer persönlichen Entwicklung, daß Sie Ihre inneren Barrieren, die Ihre natürlichen Anlagen blockieren, erkennen und abbauen.
Unserer Erkenntnis nach blockieren oder begrenzen sieben Hauptfaktoren unsere eigene Kreativität bzw. die unserer Freunde. Vielleicht fallen Ihnen noch andere ein. An dieser Stelle schlagen wir Ihnen vor, nicht weiterzulesen, sondern einige Minuten innezuhalten, um die Frage zu beantworten: Welche Barrieren hindern mich daran, kreativ zu sein? Schreiben Sie die Antworten entweder in den leeren Raum weiter unten oder auf ein eigenes Blatt Papier. Aber versuchen Sie, dabei auf *mindestens sieben* potentielle Barrieren zu kommen. Ist das geschehen, sind Sie in die Lage versetzt, Ihre Vorstellungen mit den unseren zu vergleichen. Die kombinierten Ergebnisse sagen für Sie persönlich ganz sicher mehr aus als die von uns erarbeiteten.

Barrieren, die mich davon abhalten, kreativer zu sein

1.
2.
3.
4.
5.
6.
7.

Haben Sie alle sieben Zeilen ausgefüllt? Falls nicht, haben Sie möglicherweise zu früh aufgegeben. Beachten Sie die erste von uns angegebene Barriere, die der Trägheit, und beenden Sie die Aufgabe!

1. Trägheit

Kreativität beansprucht Zeit und Mühe. Vorzeitiges Aufgeben verhindert, daß die Barrieren, die uns von kreativen Leistungen trennen, beseitigt werden. Es braucht Disziplin, um kreativen Bemühungen Zeit zu widmen, und manchmal muß man Langeweile überwinden. Bei Aufgaben, die Kreativität erfordern, tauchen häufig ernsthafte Schwierigkeiten und scheinbar unlösbare Probleme auf, aber die damit verbundenen Phasen lassen sich durchstehen und überwinden, wenn Sie nicht der Trägheit erliegen.

2. Gewohnheiten

Alle Menschen entwickeln Gewohnheiten – wie sie sich bewegen, arbeiten, sich ausdrücken, denken –, die aber Feinde der Kreativität sein können. Es empfiehlt sich also, mit Hilfe der wirkungsvollen Frage »Warum eigentlich?« genau diese Angewohnheiten auf Herz und Nieren zu prüfen. Besinnen Sie sich auf Prinzipien, die Sie sich einst zu eigen machten, halten Sie Rückschau auf Denkprozesse, die Ihnen logisch erschienen – jetzt können Sie entscheiden, ob dies alles heute noch gilt und Ihren Zwecken wirklich dient.

3. Übermäßige Anspannung

Schöpferische Tätigkeiten sind oft mit Gefühlen der Unsicherheit und Verwirrung verbunden. Es ist ja geradezu ihre Definition, daß man am Anfang nicht weiß, was am Ende tatsächlich herauskommt. Dieses Fehlen sicheren Bodens ist für so manche Menschen der Grund für übermäßige Anspannung. Sie erleben sie körperlich und emotional, und sie reagieren darauf wie auf eine physische Bedrohung. Dieser Zustand, der dem der Angst zum Verwechseln ähnlich sieht, diese Gefühle von Druck und Streß behindern die notwendigen emotionalen und schöpferischen Sprünge im Schaffensprozeß. Personen, die unter dieser Art Spannung stehen, versuchen oft, sich an handfeste Realitäten zu klammern, und sie reduzieren im Verlauf der Entwicklung ihre Energien. Beides aber untergräbt das kreative Bemühen.

4. Gedämpfter Elan

Es kommt, so wurde festgestellt, zu keiner bedeutsamen Entwicklung, wenn nicht ein spürbares Bedürfnis nach Veränderung vorhanden ist. Kreative Bemühungen werden also von dem Wunsch nach Wandel angetrieben. Das Bedürfnis, eine Neuerung einzuführen, kann individuell entstehen, aber auch durch einen äußeren Anlaß geweckt werden. So haben beispielsweise die letzten Kriege große Leistungen auf so unterschiedlichen Gebieten wie Gehirnchirurgie, Spionage, Photographie und Journalismus ausgelöst. Um kreativ zu sein, braucht man das Gefühl der Notwendigkeit von etwas Neuem, muß man das Ungenügende, Begrenzte des Bisherigen erkennen und bessere Wege zu finden wünschen.

5. Ungenügende Gelegenheiten

So manche der bedeutendsten Innovationen in der Geschichte kamen von Leuten, die – etwa durch Krankheiten, Gefängnisaufenthalte oder dadurch, daß sie in Ungnade gefallen waren – daran gehindert wurden, ein normales Leben zu führen. Für viele Menschen bedeutet Normalität, ihre Tage mit Routinetätigkeiten zu verbringen, die den größten Teil ihrer Zeit und Energie aufbrauchen. Sie haben wenig Gelegenheit, über Neuerungen nachzudenken.

Andere haben das Problem, daß ihre Form der Kreativität von außen kommende Hilfsmittel oder andere Unterstützung zur Umsetzung braucht. Fehlen diese Voraussetzungen, wird es ihnen praktisch unmöglich, die notwendigen Daten zu sammeln oder die entsprechenden Versuche durchzuführen. Sie müssen also auch fähig sein, sich zu behaupten (vergleiche dazu den Abschnitt über zu geringes Beeinflussungsvermögen, die »Blockierung 7«), was ebenso zum kreativen Prozeß gehört wie der Aufwand an Zeit und Energie, wie die Suche nach geeigneten Ressourcen und die notwendige Unterstützung von außen.

6. Übermäßiger Ernst

Um seiner Kreativität Gestalt geben zu können, muß man oft mit seinen Ideen spielerisch umgehen; manchmal leiten sich Problemlösungen aus zunächst phantastisch und ungewöhnlich erscheinenden Vorstellungen ab. Die dazu nötige Empfänglichkeit für ausufernde Gedankenspiele ist mit übermäßiger Ernsthaftigkeit und einer Vernunftbesessenheit nicht vereinbar. Fehlt die spielerische Einstellung, so wird außerdem der Ideenaustausch mit anderen erschwert. Die von einer neuen Idee ausgelöste Erregung gibt Vitalität, aber ein allzu messianischer Ernst vermag die Durchschlagskraft des Gedankens zu schwächen und es anderen schwer machen, die Begeisterung zu teilen.

7. Unausgereifte Methodik

Das Fehlen einer geeigneten und wirkungsvollen Methode der Problemlösung behindert das kreative Bemühen. Obwohl kreatives Arbeiten per Definition mit neuen Denkweisen einhergeht, ist es möglich, es so zu strukturieren, daß sich die Wahrscheinlichkeit des Erfolgs erhöht. Der kreative Prozeß kann auf die gleiche Weise wie andere Aspekte der Managementfunktion untersucht und analysiert werden. Und ebenso lassen sich auch diesen Prozeß unterstützende Fertigkeiten und Vorgangsweisen entwickeln.

Die eigenen Barrieren einschätzen

Jeder Mensch hat Schwierigkeiten, zu einer ganz persönlichen Form der Kreativität vorzudringen. Darum ist schon der Versuch hilfreich, die Beschaffenheit dieser Barrieren zu erkennen und sie näher zu untersuchen. Es ist auch nützlich, diese Frage mit Personen zu diskutieren, die einen gut kennen. Mag sein, daß die Hindernisse nicht vollständig beseitigt werden können, aber wie deren negative Auswirkungen zu vermindern sind – das läßt sich lernen. In seinem Bemühen um Verbesserung seiner beruflichen Fähigkeiten sollte ein Manager nicht nur selbst an seiner Kreativität arbeiten, sondern auch die Kreativität anderer fördern.

Kreative Lösung von Problemen

Die Techniken kreativer Problemlösungen verlangen besondere Fertigkeiten. Obwohl dieser Prozeß niemals mechanisch nach fixen Regeln abläuft, lassen sich die entscheidenden Schritte identifizieren. Zu bedenken ist aber auch, daß das einmal Gelernte unter Umständen für ein bestimmtes Problem oder für veränderte Bedingungen unbrauchbar sein kann, Sie es also getrost »vergessen« können.

Die kreative Lösung von Problemen geht, so zeigt sich, in fünf deutlich unterscheidbaren Schritten vor sich. Diese haben einige Ähnlichkeit mit denjenigen, wie sie im Abschnitt »Unzulängliche Fähigkeit der Problemlösung« (Blockierung 5) dargelegt sind; dort finden Sie also weitere nützliche Hinweise. Die den fünf Schritten entsprechenden Fertigkeiten stellen jeweils besondere Anforderungen – diese sind auf den folgenden Seiten abgehandelt.

Erster Schritt: Problemanalyse

Probleme müssen gründlich untersucht werden, damit eine Basis für die Lösung vorhanden ist. Die Neigung, eine Antwort zu geben, noch ehe die Fragestellung vollständig erfaßt wurde, ist weit verbreitet. Lehrer versuchen dieser vorschnellen Reaktion entgegenzusteuern, indem sie ihre Schüler oder Studenten auffordern, zunächst die Fragestellung genau zu überdenken. Sie haben recht, denn sie betonen so die Notwendigkeit, sich sorgfältig auf die speziell zu lösende Aufgabe einzustellen. Diese Notwendigkeit besteht jedes Mal, wenn Sie sich einer neuen Herausforderung gegenübersehen. Sie brauchen eben nicht nur eine Zielvorstellung, sondern sollten auch die Aufgabe sowohl intellektuell verstehen als auch emotional erfassen. Das Ausloten einer Problematik ist in dreifacher Hinsicht ratsam:

- Der Umfang der Aufgabe kann realistischer eingeschätzt werden;

- die daraus folgenden möglichen Ziele und Erfolgskriterien sind genauer erkennbar;
- es können geeignete, die beteiligten Personen nicht überfordernde Organisationsformen und Vorgangsweisen geplant werden.

Zweiter Schritt: Entfaltung von Ideen

Alle Formen kreativen Bemühens haben zur Voraussetzung, daß Ideen entwickelt werden. Eine Idee ist nichts anderes als ein Sprung in noch unbekanntes Terrain; und es ist nahezu unmöglich, genau vorherzusagen, wann es zu einer Idee kommt. Auch brillante Wissenschaftler haben im Halbschlaf, beim Kritzeln oder während anderer Ruhepausen Lösungen für sie beschäftigende Fragen gefunden. Ebenso ist es für Sie wichtig, Ihre Ideenproduktion zu erhöhen und sicherzustellen, daß einmal gedachte Gedanken nicht wieder verlorengehen.

Sich für Ideen empfänglich zu machen verlangt ein hohes Maß an Selbstkenntnis. Diejenigen, die schon kreative Menschen geführt haben, wissen, daß deren Angewohnheiten manchmal seltsam und unkonventionell sind. Ein in der Forschung tätiger Wissenschaftler, der gerade angefangen hatte, in einem großen Büro zu arbeiten, gab bekannt, er könne nur gut nachdenken, wenn sein Hund neben dem Schreibtisch sitze. Sein Vorgesetzter brauchte ihn und seine Ideen, doch waren Haustiere im Büro verboten. Letztendlich wurde eine kreative Lösung gefunden. Der Wissenschaftler entschied sich dafür, außerhalb der normalen Bürostunden zu arbeiten, und sein Hund wurde nicht weiter beachtet.

Von den Techniken, mit deren Hilfe Ideen entwickelt werden, scheint uns das sogenannte Brainstorming am nützlichsten zu sein. Zwar kennen die meisten Manager diesen Begriff, können aber in der Praxis oft wenig damit anfangen. Er beruht auf dem Prinzip, daß Ideen am besten dann entwickelt und mitgeteilt werden, wenn ihre Bewertung nicht sofort erfolgt, sondern erst später – bei der Auswertung des Brainstormings.

Damit steht diese Methode im Gegensatz zu der »normalen« Gewohnheit, sofort auf Vorschläge zu reagieren. Einige einfache Regeln helfen, ein Brainstorming zum Erfolg zu bringen. Diese allerdings müssen streng eingehalten werden:

- Ein Thema oder Problem wird gestellt;
- es wird schriftlich festgehalten; am besten auf einem leeren Blatt;
- für die Zusammenkunft wird eine bestimmte Zeitdauer festgelegt;
- während des Brainstormings werden alle Ideen, egal wie exotisch oder irrelevant sie scheinen, aufgeschrieben, aber nicht bewertet;
- nach dem Ende der Sitzung werden alle Ideen in einer logischen Reihenfolge aufgelistet und anschließend einzeln bewertet.

Brainstorming bringt rasch Ideen hervor, und die diesem innewohnende methodische Freiheit erleichtert es, phantasievolle und unkonventionelle Gedanken gerecht zu bewerten.

Dritter Schritt: Ideenauslese

Sind zu viele Ideen vorhanden, dann müssen diese rigoros ausgesiebt werden. Einige können sich als unwirksam, unpraktisch, verschwenderisch, absurd oder gar unmoralisch herausstellen. Es ist jedoch äußerst ratsam, Vorschläge nicht schon abzutun, bevor sie genauest auf ihre Vorzüge hin untersucht wurden. Es ist verlokkend, rücksichtslos und rasch entschlossen »die Spreu vom Weizen zu trennen«, aber auf diese Weise könnten auch brauchbare, durchaus wertvolle Ideen ausgemerzt werden. Da ist es besser, ein wenig länger zuzuwarten und zu sehen, ob sich nicht neue Zusammenhänge ergeben. Wenn es aber dann zur Eliminierung von Ideen kommt, dann sollte dies logisch und nicht emotional begründet sein. Ist der Grund für die Ablehnung einer an sich vielversprechenden Idee der Mangel an Ressourcen, dann sollten die Annahmen, die dieser Entscheidung zugrunde liegen, noch einmal genau hinterfragt werden. Jede Idee muß drei Kriterien standhalten:

- Hat sie Aussichten auf Erfolg?
- Kann sie in die Praxis umgesetzt werden?
- Ist sie die beste aller möglichen Alternativen?

Das Risiko eines Fehlschlages oder eines nur teilweisen Erfolges besteht immer, aber in den meisten Fällen lassen sich die Gefahren vorher einschätzen, wenn alle Eventualitäten systematisch durchgedacht werden. Ihr Ziel, werter Leser, muß es sein, jene Vorgangsweise zu wählen, die die größten Erfolgsaussichten hat und auch praktisch umsetzbar ist. Ist dies getan, so ist es klug, den einmal eingeschlagenen Weg unbeirrbar und zügig zu Ende zu gehen.

Vierter Schritt: Planung von Innovationen

Eine Idee ist der Keim einer ganzen Kette von daraus folgenden Maßnahmen. Sie muß also, um ihren Zweck zu erfüllen, in Praxis verwandelt werden. Ein solches innovatives Tun braucht Planung, und wer dabei nicht umsichtig vorgeht, der läuft Gefahr, das ganze Unternehmen scheitern zu lassen.

Als Beispiel soll eine Geschichte dienen, die sich bei der Britischen Eisenbahn zutrug. Etliche Jahre lang wurde dort Kaffee in Pappbechern serviert. Diese wurden so heiß, daß sich die Fahrgäste die Finger verbrannten. Es war geradezu eine Volksbelustigung, Mitreisende dabei zu beobachten, wie sie versuchten, die ohnehin mühsam zu öffnenden Türen mit siedendheißen Bechern in der Hand zu betätigen. Einige erfinderische Leute halfen sich, indem sie einen zusätzlichen Becher als Hülle benutzten. Schließlich schlug jemand von der Bahnbehörde die Entwicklung eines Plastikbechers mit fester Hülle vor. Ein solcher wurde entworfen, getestet, kalkuliert und hergestellt. Jetzt genießen die Fahrgäste der Britischen Eisenbahn ihren Kaffee, ohne sich zu verbrennen. Diese Idee war in der Tat innovativ, aber ohne die darauf folgenden Tests und die umfassende Planung wäre sie nichts als ein Gedanke geblieben.

Gute Ideen haben keine Chancen auf Verwirklichung, wenn schlecht geplant wird, weil Präzedenzfälle oder andere für die neue Situation verwertbare Erfahrungen fehlen. Menschen, die an Neuerungen arbeiten, tappen im wahrsten Sinne des Wortes im Dunkeln. Darum müssen sie sich regelmäßig Ziele setzen und diese stets aufs neue überprüfen, und sie müssen alles, was sich im Zuge ihrer Tätigkeit ereignet, überdenken. Daraus ergeben sich bestimmte Anforderungen an den für den Planungsprozeß verantwortlichen Manager. Viele untergeordnete Entscheidungen sind zu treffen, Probleme und Problemchen tauchen auf, die alle einer Lösung harren, damit das Projekt Fortschritte machen kann. Ist jedoch der Manager zu sehr mit Details beschäftigt, geht der große Überblick über den Gesamtablauf verloren. Die Rolle des Koordinierens und Planens ist mit der eines Dirigenten vergleichbar, weil die Hauptverantwortung darin besteht, daß die verschiedenen Komponenten – Mitarbeiter und sachliche Voraussetzungen – harmonisch zusammenwirken und für die übergeordneten Ziele arbeiten.

Damit sich der Planungsprozeß zufriedenstellend entfalten kann, sind klare Kommunikationsstrukturen, die auf unmittelbarem Austausch von Informationen beruhen, von entscheidender Bedeutung. Jeder einzelne muß eine Vorstellung von seiner Rolle innerhalb des Ganzen entwickeln und verstehen, in welcher Beziehung seine Arbeit zu der seiner Kollegen steht. Selbstverständlich sind individuelle Initiativen wichtig, aber sie müssen innerhalb des Gesamtrahmens koordiniert werden.

Fünfter Schritt: Feedback und Rückschau

Ein Innovationsprozeß verläuft selten völlig geregelt und reibungslos. Ständig tauchen neue Faktoren auf, und jede neue Teilinformation kann den Prozeß beeinflussen. Aus diesem Grund muß ein Mittel gefunden werden, mit dessen Hilfe das Voranschreiten des Projektes häufig überprüft werden kann und es möglich wird, Planung und Ziele an den neuen Gegebenheiten auszurichten.

Das Bedürfnis nach dieser Art Kontrolle soll am Beispiel von zwei Arbeitern verdeutlicht werden, die eine Saaldecke renovieren. Jeder ist ein fähiger Handwerker, und sie arbeiten konstruktiv zusammen. Werkzeuge und Material werden in den Raum geschafft, der sich schnell füllt – mit Gips, Nägeln, Leitern, Tischen, Hand- und elektrischem Werkzeug, Brettern usw. In der Mitte des Raumes ein Industriestaubsauger, dessen Kabel und Schlauch sich auf dem Boden schlängeln. Beide beginnen eifrig, aber sie brauchen immer mehr Zeit dafür, nach verlegtem Werkzeug zu suchen, und sie stolpern immer öfter. Nach einer Weile wird die Szene bizarr, als der Fußboden mit so vielen Dingen belegt ist, daß man kaum noch irgendwo stehen, geschweige denn gehen kann.

Zwar begannen beide systematisch mit ihrer jeweiligen Arbeit, doch keiner nahm sich die Muße, kurz hinzusehen und den Gesamtfortschritt zu begutachten. Es hätte relativ wenig Zeit gekostet, die im Augenblick nicht benötigten Werkzeuge wegzuräumen, die Materialien anderswo zu lagern und eine angenehme Arbeits-

platzsituation zu schaffen. Statt dessen verlängert sich beider Arbeitszeit, und sie haben mit nicht unerheblichem Unbehagen zu kämpfen.
Kaum etwas behindert die Kreativität mehr als persönliche Desorganisation und unklare Prioritäten. Weil es in der Natur der Kreativität liegt, Zweifel und Ungewißheit zu erhöhen, ist es äußerst wichtig, sich Feedback zu verschaffen und es auszuwerten. So wird das Risiko verringert, Energie für unwichtige oder konfuse Aktionen zu vergeuden. Die Aufrechterhaltung einer methodischen Vorgangsweise – Feedback über zielbewußtes Arbeiten und erreichte Zwischenergebnisse einholen, Rückschau auf bereits gesetzte Schritte halten, die Planung und die Zielvorstellungen den neuen Gegebenheiten anpassen – ist eine wesentliche und verantwortliche Tätigkeit des Managers, die besonders dann ernsthaft auf die Probe gestellt wird, wenn es um Innovation geht.

Kreativgruppen und schöpferische Unternehmen

Die Geschichte der Innovation wird von bedeutenden Durchbrüchen berühmter und zweifellos genialer Menschen markiert: Newtons Gravitationstheorie, Einsteins Relativitätstheorie, der Motorflug der Gebrüder Wright, Lands Sofortbildkamera usw. Man gewöhnte sich daran, kreatives Denken als seltene individuelle und exzentrische Fähigkeit zu sehen – als Geschenk, über das nur besondere Menschen, woher auch immer, verfügen.
Betrachtet man aber die Kette der Innovationsprozesse genauer, so zeigt sich, daß viel von Unternehmen oder anderen Gemeinschaften neu entwickelt wurde. Ihre kreativen Leistungen waren häufig eine Folge der dort zusammengefaßten Talente vieler Personen. Obwohl häufig Einzelpersonen für ihre Leistungen Anerkennung fanden, hätten sie diese nicht allein vollbringen können. Geburtshelfer war oft und oft eine Gruppe oder Organisation, die dem einzelnen die benötigten Mittel zur Verfügung stellte und die erforderliche Unterstützung gewährte. Die amerikanischen wie die sowjetischen Raumfahrtprogramme sind herausragende Beispiele gemeinschaftlich entwickelter Innovationen. Die Geschichte kennt viele ähnliche, ob man nun den Dom zu Reims, die Computertech-

nologie oder den Space Shuttle anführt – sie alle sind Produkte der kreativen Vorstellungen vieler Menschen.

Ein einzelner kann die kreative Arbeit eines begrenzten Projektes bewältigen, aber wenn die Aufgabenstellung größer und komplizierter wird, dann müssen Kreativgruppen gebildet werden. Obwohl die Informationsverarbeitung mit Hilfe der Elektronik die Fähigkeit eines einzelnen vergrößern kann, mit komplexen Problemen fertig zu werden, gelangt man an einen Punkt, an dem individuelle Brillanz nicht mehr ausreicht. Aber nicht allein die Grenzen der geistigen Kapazität verhindern die Realisierung vieler Projekte durch Einzelmenschen. Da auch Enthusiasmus, Energie, Arbeitsmoral und Mut nötig sind, hilft die aktive Unterstützung durch andere während der schwierigen und bisweilen frustrierenden Entwicklungs- und Ausführungsphase dem einzelnen sehr. Fast jeder hat Talente, die für die Stärkung der Innovationskraft eines Teams nutzbar gemacht werden können, aber zuvor müssen seine individuellen Fähigkeiten anerkannt und geschätzt sein. Deshalb ist es notwendig, daß die Mitglieder einer Kreativgruppe über das Können, das Wissen und die Möglichkeiten ihrer Kollegen Bescheid wissen.

In einer Kreativgruppe muß auch eine Ausgewogenheit der eingebrachten Eigenschaften herrschen. Ein Produktionsteam zum Beispiel braucht Mitarbeiter, die Designkonzepte in Operationspläne zu übersetzen imstande sind, ferner solche, die technisch bzw. organisatorisch der gestellten Aufgabe gewachsen sind, und solche, die ein Gefühl für Marketingerfordernisse mit solider Forschungsarbeit verbinden können. Hierbei spielt die Führung eine entscheidende Rolle, denn der Erfolg hängt nicht unwesentlich davon ab, ob es dem Management gelingt, eine einfallsreiche und ausgeglichene Gruppe mit einer breiten Streuung von Talenten zusammenzustellen. Aber auch auf eine gute Verteilung der technischen Fertigkeiten ist zu achten und darauf, daß durchaus unterschiedliche Charaktere mitwirken, damit die Gruppe auch in dieser Hinsicht ausgewogen ist und besondere Kraft entwickeln kann.

Nun sollen die Anforderungen an die Leitung dieser Art Team näher betrachtet werden. Manche Leute glauben, Führerschaft sei eine einigen glücklichen Sterblichen angeborene beständige und unveränderliche Eigenschaft. Diese Auffassung ist meilenweit von der Wahrheit entfernt. Es handelt sich nämlich im Gegenteil um eine erlernbare und von den entsprechenden Personen eben erlernte Fähigkeit, die auch insofern einem Wandel unterworfen ist, als der Führungsstil entsprechend den Anforderungen durch die jeweilige Situation und durch den Entwicklungsstand der angeleiteten Gruppe verändert werden muß. Eine Kreativgruppe stellt ihren Manager vor besondere Probleme, die aus den folgenden Faktoren resultieren:

1. *Unklare Zielvorstellungen.* Teams, wie sie oben beschrieben wurden, fehlen bisweilen klare Operationsziele, ihre Aufgaben können ungenau formuliert sein, und der Nutzen ihrer Arbeitsergebnisse mag sich erst am Ende der Bemühungen herausstellen.
2. *Ungenügende Unterstützung.* Weil so manche Unternehmen geradezu dafür berüchtigt sind, Kreativgruppen ungenügend oder plötzlich gar nicht mehr zu unterstützen, muß sich eine derartige Gruppe um entsprechende Selbstdarstellung, um Akzeptanz und um materielle Hilfe bemühen, damit sich ihr Zweck erfüllen kann.
3. *Unkoordinierte Tätigkeit.* Wenn eine Einzelperson nach Lösungen oder Ideen sucht, geht sie oft nicht in geordneter Weise vor. Daraus kann rasch eine Situation entstehen, bei der mehrere Gruppenmitglieder unnötigerweise gleichzeitig dasselbe tun oder die ganze Gruppe aufhört, systematisch tätig zu sein.
4. *Nachlassen des Engagements.* Wenn es im Verlauf eines Projektes zu Schwierigkeiten und Rückschlägen kommt, so kann dies eine derartige Demoralisierung der Mitwirkenden zur Folge haben, daß die Gruppe aufhört, initiativ und energisch zu agieren.
5. *Übermaß an Informationen.* In Kreativgruppen muß sehr intensiv kommuniziert werden, und der Diskussionsprozeß klärt offene Fragen. Zu viele Informationen können jedoch das System überlasten und verhindern, daß die zentrale Bedeutung bestimmter Themen erkannt wird.
6. *Unzureichende Überprüfung.* Wenn sich neue Fakten ergeben, dann beeinflussen diese auch die Aufgabenstellung qualitativ und quantitativ. Weil es aber nicht leicht ist, Veränderungen gegenüber aufgeschlossen zu sein, kann es passieren, daß entsprechend dem vorher geltenden und nun bereits überholten Wissensstand weitergearbeitet wird. Dieser Versuchung sollte durch regelmäßige Über-

prüfung und, wenn eine solche dies nahelegt, durch Umplanung entgegengewirkt werden.

Der für eine Kreativgruppe verantwortliche Manager wird wohl diese potentiellen Fallen vermeiden bzw. sie umgehen wollen, sollte man ihnen nahegekommen sein. Da es keine narrensicheren Rezepte gibt, muß er versuchen, jedes Problem rechtzeitig zu erkennen, und es mit der davon betroffenen Gruppe diskutieren. Die Gruppenmitglieder wiederum sind am ehesten für solche Lösungen zu haben, die aus ihrer Mitte vorgeschlagen und von ihnen akzeptiert wurden. Die Hauptaufgabe des Managers besteht nicht so sehr darin, selbst Antworten zu geben, als auftauchende Fragen wahrzunehmen und sie aufzuwerfen – besonders dann, wenn sie die Effizienz der Gruppe betreffen.

Individuelle Kreatitivät

Leute, die glauben, um kreativ zu sein, müßten sie über ihre bisherigen Grenzen hinausgehen und sich einen höheren Grad an Wirksamkeit abverlangen, neigen dazu, an sich zu hohe Anforderungen zu stellen. Doch kommt dabei oft das genaue Gegenteil heraus, weil gerade die Konzentration auf diese Anstrengung ihre Kapazität verringert bis aushöhlt.
Überraschenderweise haben beim Sportlertraining gewonnene Erkenntnisse auch tiefere Einblicke in das Wesen der Kreativität gebracht. In diesem Zusammenhang wies Gallwey 1974 auf zwei Seiten der menschlichen Persönlichkeit hin. Die eine, *self one* (»Selbst eins«) genannt, ist jene, die stets beurteilt, kommentiert, kritisiert und sich mit Erfolg und Leistung beschäftigt. Die zweite, *self two*, ist diejenige der intuitiven Fähigkeiten; sie steht mit der tatsächlichen jeweiligen Lebenssituation wesentlich mehr im Einklang als die erste. Sobald jemand beginnt, Tennis zu spielen (oder irgendeine andere Sportart zu betreiben), fängt die Stimme von »Selbst eins« an, die Leistung zu kommentieren und damit die natürlichen spielerischen Fähigkeiten von »Selbst zwei« zu stören. Dominiert also eine Seite der Persönlichkeit, so kann sie eine Leistung stark behindern, zu der ein Mensch seiner Veranlagung nach durchaus fähig wäre.

Das Ergebnis dieser Beobachtung läßt sich auch auf kreative Unternehmungen übertragen. So mag jemand an ein Problem mit vorgefaßten Erwartungen herangehen, sich der Aufgabenstellung nicht völlig bewußt sein, die sich ändernden Faktoren nicht genügend beachten und die Lösung viel zu hastig suchen. Auch ständige Zweifel, kritische Stimmen und übermäßige Anspannung im Verlauf der Arbeit an einer Aufgabe stärken eine Person nicht unbedingt. Es ist nicht verwunderlich, daß wahre Kreativität, die eine nicht sehr robuste Eigenschaft ist, unter solch widrigen Umständen schlecht gedeiht.

Hingegen kann man die eigene Schöpferkraft steigern, indem man Mittel und Wege findet, jene Aspekte des eigenen Selbst, die Druck ausüben und nervös machen, ruhiger zu stellen. Hierfür ist es notwendig, die eigene Persönlichkeit auf die dort vorhandenen Barrieren des kreativen Ausdrucks hin zu untersuchen. Das heißt, daß man die bisherigen Erfolge und Mißerfolge unvoreingenommen in der Absicht betrachten muß, die Voraussetzungen für eine im Verhältnis dazu überdurchschnittliche Leistung zunächst herauszufinden und dann auch zu schaffen.

Kreativität ist ein Lernprozeß. Wenn wir zum Beispiel ein Kapitel dieses Buches schreiben, lernen wir unsere Gedanken besser kennen, und wir klären unsere Ansichten. Unser anfängliches Bemühen ist von unausgegorenen Ideen und unklaren Formulierungen geprägt. Manchmal sind mehrere Entwürfe nötig, bevor uns das Ergebnis akzeptabel erscheint. Diese Entwürfe sind jedoch nützlich, weil alles, damit es brauchbar wird, zunächst einmal reifen muß. Die beste Ernte ist mit der Asche unausgereifter Ergebnisse gedüngt; und die tiefste Befriedigung kommt vom Erlebnis eines solchen Erfolgs.

Zwischen kreativem Bemühen und persönlicher Befriedigung existiert eine positive Verbindung, und Neues zu schaffen gilt als eine der erfreulichsten Formen menschlichen Tuns. Kreative Beschäftigungen setzen ungeahnte Fähigkeiten und Energien frei, spenden Vitalität und lösen Begeisterungsfähigkeit aus – ganz im Gegensatz zu eintöniger Arbeit.

Übrigens: Auch wenn Sie vorhaben, sich so umfassend wie möglich mit den Mitteln Ihrer persönlichen Kreativität nützlich zu machen, müssen Sie durchaus keinen »Riesenschritt in die Entwick-

lung der Menschheit« planen. Und: Auch Alltagssituationen können wichtige Quellen der Anregung sein.
Jede Innovation bedeutet ein gewisses Risiko, aber in einer sich wandelnden Welt ist Angst vor Neuerungen mindestens ebenso riskant. Risiken sind unvermeidlich, und doch wird häufig beträchtliche Energie in das Bestreben investiert, sie klein zu halten, was manchmal bis zum Aushungern von Phantasie und Vorstellungskraft geht. Daraus können unbefriedigende Ergebnisse, Schwerfälligkeit bei der Entscheidungsfindung und Frustration folgen.
Manager können viel von klugen Spielern lernen, die ihre Erfahrungen mit dem Glück bei Pferdewetten gemacht und selbst vom Einfallsreichtum der Buchmacher gelernt haben. Diese Spieler machen ihre »Hausaufgaben«, indem sie sich vor dem Besuch der Rennbahn über die Erfolgsbilanz der Pferde genau informieren. Auf der Bahn selbst beobachten sie genau alle Faktoren, die für ihre Entscheidung eine Rolle spielen können: die Bodenbeschaffenheit, den Eindruck, den das Pferd macht, auf das sie zu setzen beabsichtigen, das Verhalten anderer Spieler. Zwar riskieren sie Geld, aber sie wägen die Risiken gegeneinander ab und versuchen, sie auszugleichen. Wenn es an Informationen fehlt, bleibt nur die Intuition, aber diese beruht auf der Erfahrung. Hat das Rennen begonnen, kann außer ermunternden Zurufen nichts mehr getan werden – womit die Analogie zwischen Spieler und Manager auch schon aufhört. Denn der Manager, der ein Risiko eingeht, hat im Normalfall sehr wohl die Möglichkeit, in den Verlauf des »Rennens« einzugreifen und so die Erfolgschancen zu erhöhen.

Merkmale von Managern mit hoher/geringer Kreativität

Kreativität im Management wurde nicht immer besonders geschätzt, aber neuerdings hat sie einen hohen Stellenwert, und ihre Bedeutung wird voraussichtlich noch zunehmen. Wie schon in den vorigen Kapiteln soll auch hier eine Vergleichsliste einander ausschließende Wesenszüge gegenüberstellen.

Geringe Kreativität	*Hohe Kreativität*
Schätzt die Kreativität anderer nicht;	Fördert die Kreativität anderer;
verabscheut Unsicherheit;	ist darauf vorbereitet, sich nicht sicher zu sein;
glaubt nicht an die eigen kreativen Fähigkeiten;	englaubt an die eigene Kreativität;
hat die eigenen Barrieren der Kreativität nicht untersucht;	weiß über die Barrieren für die eigene Kreativität Bescheid;
neigt zum Aufgeben;	führt Aufgaben zu Ende;
bevorzugt herkömmliche Vorgehensweisen;	bricht mit Traditionen;
ist überstrapaziert;	versucht, Streß abzubauen;
ist mit dem Status quo zufrieden;	hat das Bedürfnis nach Veränderung;
verpaßt Gelegenheiten;	nimmt Gelegenheiten wahr;
geht zu ernsthaft mit Ideen um;	spielt mit Ideen;
schätzt konventionelle Lösungen;	schätzt neuartige Lösungen;
geht, wenn Probleme gelöst werden müssen, unsystematisch vor;	löst Probleme systematisch;
ignoriert die Möglichkeit des Brainstorming;	nutzt die Technik des Brainstorming;
hat Schwierigkeiten bei der Führung von Kreativgruppen;	kann Kreativgruppen gut führen;
behindert die freie Äußerung von Gedanken;	fördert die freie Meinungsäußerung;
versäumt es, aus Fehlern zu lernen;	versucht, aus Fehlern zu lernen;
vermeidet Risiken.	geht Risiken ein.

Wann Manager besonders kreativ sein müssen

Einige Managementjobs, etwa solche im Marketing, bei Forschung und Entwicklung, im künstlerischen wie im Medienbereich, erfordern eine besonders hohe Kreativität. Sie muß auch dann hoch sein, wenn die bisherigen Lösungen unbefriedigend sind und neue gesucht werden müssen. Und dann, wenn Produkte oder Dienstleistungen kritisch überprüft und Wege zu ihrer Verbesserung bzw. wenn völlig neue Lösungen und Ideen gefunden werden müssen, um überhaupt Resultate zu erzielen. Ferner wird sie für die Definition von Problemen, für die Suche nach Ideen außerhalb des konventionellen Rahmens, für die Hinterfragung grundlegender Annahmen und für die Erprobung neuer technologischer Entwicklungen gebraucht. Obwohl die meisten Managementfunktionen von sachbezogener Kreativität nur profitieren können, spielt sie dort eine geringere Rolle, wo bewährte Systeme oder Prozesse den Aktivitäten eine klare Struktur geben. Manager, deren Aufgaben zum größten Teil aus Routine bestehen oder die in Organisationen verankert sind, die keine besondere Dynamik aufweisen müssen, haben im allgemeinen weniger Bedarf an der Entwicklung ihrer kreativen Fähigkeiten.

Literaturhinweis

Gallwey, W. T., *The inner game of tennis.* New York: Random House, 1974. (dt.: *Tennis und Psyche. Das innere Spiel.* 3. Aufl. 1986)

Blockierung 7: Geringes Beeinflussungsvermögen

Bei einer neuen Kükenbrut ist stets ein komplexes Ritual zu beobachten, bis sich eine soziale Struktur herauskristallisiert. Dann ist es einigen Hühner erlaubt, auf andere einzuhacken, ohne eine Gegenattacke befürchten zu müssen. Das Huhn mit dem höchsten Status auf der sozialen Leiter kann auf alle anderen losgehen, wird jedoch selbst nicht angegriffen. Umgekehrt bekommt dasjenige mit dem niedrigsten Rang die Schnäbel aller anderen zu spüren, hat aber kein Recht auf Revanche. Man nennt diesen Prozeß »Etablierung einer Hackordnung«. Mit etwas Sarkasmus wird der gleiche Ausdruck für die Beschreibung der Beziehungen am Arbeitsplatz benutzt. Einige Leute scheinen mehr Einfluß zu haben als andere und stehen somit in dieser »Hackordnung« höher.

Wenn Manager und Führungskräfte über mangelnden Einfluß klagen, so meinen sie, daß ihre Ideen, Bedürfnisse, Ansichten, Reaktionen und Kommentare von den Entscheidungsträgern zu selten berücksichtigt werden. Die Wörter »übersehen« und »nicht gefragt« werden häufig von Menschen gebraucht, die das Gefühl haben, auf andere zu wenig Eindruck zu machen.

Viele Menschen finden, daß ihnen mehr Beachtung geschenkt werden sollte. Zugleich werden auch sie der Meinung sein, daß nicht jedem der gleiche Einfluß zuerkannt werden kann, sind doch die Ansichten mancher weniger ausgereift und brauchbar als die anderer. Es ergibt wenig Sinn, wenn Menschen sich von bösartigen und intriganten Verrückten oder in anderer Weise negativen Menschen allzusehr beeinflussen lassen – wie die Geschichte schon wiederholt gezeigt hat. Und es wäre natürlich vernünftig, würde jedermanns Leistung auf der Grundlage ihrer objektiven Verdienste bewertet.

In der Realität kommt es jedoch leider allzu häufig vor, daß irrationale und rein persönliche Faktoren den Schlüssel zu erfolgreicher Einflußnahme bilden. Viele Menschen lassen sich von Dominanz und Selbstdarstellung sowie der geheimnisvollen, aber durchaus realen Eigenschaft namens Charisma beeindrucken.

Die Fähigkeiten und Haltungen, die einen hohen Grad an Einfluß bewirken, sind nicht einfach zu definieren. Sie beruhen teilweise auf subtiler Körpersprache und nonverbaler Kommunikation.
Dennoch können Sie mit der Analyse der Wechselbeziehungen, die bestimmend für Einflußnahmen sind, beginnen, indem Sie die folgenden Fragen überlegen:

- Bin ich mit meiner Fähigkeit, Einfluß zu nehmen, zufrieden?
- Wen beeinflusse ich am meisten?
- Wen würde ich gerne beeinflussen?
- Was ist meine Strategie, um andere zu beeinflussen?
- Wer beeinflußt mich?
- Wann fühle ich mich am uneffektivsten?
- Wann fühle ich mich am stärksten?

Durch Beantwortung dieser Fragen kommen Sie in den Genuß einer Selbstberatung, weil sie selbst aufdecken, was Sie daran hindert, wirkungsvoll Einfluß auszuüben.
Dieses Kapitel untersucht jene Verhaltensweisen, die zu einem hohen Grad an Einfluß führen, und darüber hinaus, wie Individuen, Gruppen und ganze Systeme systematisch beeinflußt werden können. Uns scheint es zweckmäßig, Einfluß unter den folgenden drei Aspekten zu betrachten:

1. Unmittelbarer Einfluß auf andere
2. Führung anderer
3. Beeinflussung von Gruppen und Systemen

Unmittelbarer Einfluß auf andere

Persönliche Durchsetzungsfähigkeit

Denken Sie an den Oberkellner in einem vornehmen Restaurant – wie er die Gäste begrüßt und sie zu ihren Plätzen geleitet. Er weiß, daß einige Tische besser als andere sind und daß er nicht jedem den besten Platz anbieten kann. Er muß sich also entscheiden: Einige Gäste werden besonders gut plaziert werden, während sich andere mit den weniger guten Tischen nahe der Toilette, beim Eingang oder außer Sichtweite der Kellner begnügen müssen. Bei der Entscheidung, wen er wo hinsetzt, taxiert der Oberkellner die Menschen, und er benutzt dafür eine geistige Checkliste, wie die folgende:

FAKTOR	FRAGE	WIRKUNG
Kleidung und Erscheinung:	Sind Sie entsprechend gekleidet? Sind Sie geschmackvoll gekleidet? Ist Ihre Erscheinung eindrucksvoll? Macht Ihre Begleitung einen guten Eindruck?	Geeignete, stilvolle Kleidung erhöht die Wirkung
Körperhaltung:	Wie treten Sie auf? Sind Sie entspannt? Strahlen Sie Würde aus? Wirken Sie robust?	Eine aufrechte, selbstbewußte Haltung suggeriert persönliche Macht
Selbstdarstellung:	Wissen Sie, was Sie wollen? Wirken Sie selbstbewußt oder eher aggressiv? Sind Sie beharrlich? Sind Sie, wenn es darauf ankommt, bereit, Ihr Anliegen mit Nachdruck zu vertreten?	Die Fähigkeit, Ansprüche geltend zu machen, erhöht die Wahrscheinlichkeit, das Gewünschte zu bekommen
Persönlicher Kontakt:	Sind Sie zugänglich? Habe ich Zugang zu Ihnen? Nehmen Sie mich als Person wahr?	Kontaktfähigkeit und Zugänglichkeit helfen bei der Einflußnahme

Ergebnis:	Werde ich etwas davon haben? Werden Sie Ärger machen, wenn Sie nicht gut behandelt werden, Werde ich beachtet?	Die Erwartung von Vorteilen erhöht die Bereitschaft, sich beeinflussen zu lassen

Der Oberkellner braucht diese Liste nicht systematisch durchzugehen, weil er in vielen Jahren Praxis gelernt hat, mit ein paar Blikken und Worten Situationen dieser Art zu analysieren und rasch Entscheidungen zu treffen. Andere jedoch können die fünf Kategorien systematisch nutzen, um die persönliche Wirkung im Geschäfts-, im sozialen und, wenn die Gerüchte stimmen, sogar im Liebesleben zu untersuchen. Wir schlagen Ihnen vor, daß Sie jeden Faktor einzeln betrachten und klären, ob er eine potentielle Blokkierung für Sie darstellt.

Kleidung und Erscheinung

Die persönliche Erscheinung und die Wahl der Kleidung werden allgemein als Indikatoren für das Selbstbild einer Person betrachtet. Man kann vieles in die feinen Nuancen der Kleidung hineininterpretieren, darüber gibt es etliche widersprüchliche Aussagen, aber die folgenden Richtlinien mögen doch von Nutzen sein. Obwohl das doch »augenfällig« für sie sein müßte, sehen wir nicht allzu selten Manager und andere Führungskräfte, die allein deshalb nur geringen Einfluß ausüben, weil sie sich nicht zu kleiden wissen und schon mit ihrer äußeren Erscheinung keinen Eindruck machen.

Das Wichtigste an guter Kleidung ist, daß sie dem Anlaß entspricht, obwohl es auch hier keine Regeln gibt, die nicht auch durchbrochen werden könnten. Aber: Kleidung, die für ein offizielles Mittagessen angebracht ist, dürfte die schlechteste Wahl für ein Frühstück in einem Autobahnrasthaus sein. Praktikabilität ist ein wichtiger Indikator für Angemessenheit. Kleidung ist praktisch, wenn sie komfortabel ist, Bewegungsfreiheit erlaubt und den Anforderungen der jeweiligen Situation entspricht. Sehr wichtig ist auch, die Kleidung zu mögen und sich in ihr wohl zu fühlen.

Reinlichkeit ist für einen hohen Grad an Einfluß ebenso nötig. Die

positive Wirkung von Menschen, die schmuddelig, unordentlich und gar schmutzig erscheinen, fällt blitzartig in Richtung Nullpunkt. Andererseits neigen überpenible, pingelige Menschen zu Zwanghaftigkeit, was auch keine gute Basis für Einfluß ist. Wie jeder sich selbst sieht, das drückt er zum Teil durch seinen Kleidungsstil aus.
Aber auch Vitalität, Risikobereitschaft und Gemütslage können aus der Kleidung ersichtlich sein. Ebenso kann Kleidung mit nonverbalen Mitteln signalisieren, daß eine Person für Erfahrung offen ist und kreativen Austausch mit anderen wünscht.
Für Kleidung wird viel Geld ausgegeben, obwohl die meisten Menschen an sich fähig wären, mit Essen und einer alten Decke zu überleben. Denn Kleidung ist ein Anzeichen für die Mittel, über die man verfügt, und seit der Steinzeit hängt der Besitz mit dem Ansehen, das man genießt, zusammen. Die Qualität der Kleidung, die man trägt, sagt deshalb indirekt etwas über den persönlichen Wohlstand aus.
Es gilt als anerkannter gesellschaftlicher Grundsatz, daß Menschen über den Umgang, den sie pflegen, beurteilt werden, und dieses Urteil erstreckt sich auch auf die Kleidung der Personen, mit denen sie umgehen. Deren Stil und Wirkung sind ebenfalls Teil der komplexen Formel, die den Eindruck, den jemand auf die Welt macht, zusammenfaßt.
Wie banal und simplifizierend diese Interpretationen der Erscheinung auch immer sein mögen, die Tatsache bleibt bestehen, daß sie sich auf die Einschätzung der Leistung und der Glaubwürdigkeit eines Managers auswirken. Deshalb ist es nur nützlich, die Wirkung des Äußeren auf andere zu beachten und sich, falls man da nicht ganz sicher ist, um Einschätzungen von seiten wohlgesinnter Menschen zu bemühen.

Körperhaltung

Seit die Psychologie als Wissenschaft anerkannt ist, gelangt sie unter anderem zu Einsichten, die alten Volksmeinungen entsprechen. Generationen von Autoren beschrieben die äußere Erscheinung und die Körperhaltung ihrer Charaktere, um deren inneren Zustand und Gefühle mitzuteilen. So reflektiert die starre äußere Haltung einer Person ihre Geistesstrenge oder ihre Starrköpfig-

keit; und eine demoralisierte Person erkennt man an ihrer niedergedrückten Gestalt mit hängenden Schultern.
Dieser Zusammenhang zwischen der körperlichen und der seelischen Verfassung ist nur logisch. Jahre- bis jahrzehntelang eine bestimmte Haltung einzunehmen führt zu einer ungleichmäßigen Entwicklung: Viel benutzte Muskeln treten hervor, die vernachlässigten erschlaffen.
Die Menschen wollen sich wohlfühlen und zuversichtlich sein, und einigen gelingt das offensichtlich auch. Diese Leute sind mit sich im reinen und kennen ihre Gefühle. Sie sind gelassen, selbstsicher und zeigen Stärke, sind kaum aus dem Gleichgewicht zu bringen und wirken positiv, ohne diesen Eindruck forcieren zu müssen.
Die Einstellung, die jemand zum Leben hat, ist ein grundlegender Zug seiner Persönlichkeit und beeinflußt jeden Aspekt seines Daseins: indem sie Kräfte freisetzt oder diese behindert, die Kühnheit oder die Duldsamkeit fördert und die Chancen auf Erfolg oder Mißerfolg begünstigt. Viele der relevanten Komponenten der jeweiligen Lebenseinstellung, vor allem aber die Vorstellungen, die sich ein Mensch von seiner eigenen Natur und von seinem Wert macht, werden früh im Leben durch prägende Erfahrungen bestimmt, aber nur selten gehen ihr die nunmehr Erwachsenen auf den Grund oder ändern sie. Dabei müssen Haltungen dieser Art glücklicherweise nicht ewig gleichbleiben; sie lassen sich ergründen, was helfen kann, sein Leben aufrechter und energischer, insgesamt aber vor allem lohnender zu leben.

Selbstdarstellung

Unabhängig von der Qualität dessen, was sie sagen, werden Menschen, die endlos oder undeutlich reden oder ständig abschweifen, als weniger bedeutend wahrgenommen als diejenigen, die ihre Mitteilungen unmißverständlich formulieren, also entschieden auftreten. Diese positive Art und Weise, sich und sein Anliegen darzustellen und damit die eigene Beeinflussungsfähigkeit zu erhöhen, ist aber durchaus erlernbar.
Wir definieren Entschiedenheit als Eigenschaft von Menschen, die ihre Gefühle kennen und wissen, was sie wollen, die wissen, was sie zu tun haben, um ihre Meinung jeweils klar und deutlich zu de-

ponieren, die sich nicht ablenken lassen und sichergehen wollen, daß ihr Standpunkt nicht unbekannt bleibt.
Bestimmtheit ist nicht mit Aggressivität gleichzusetzen, denn an einer aggressiven Person fällt vor allem die Penetranz auf, mit der sie vorgeht. Gewöhnlich versucht sie auch, andere einzuschüchtern, und mißachtet deren Rechte. Im Gegensatz dazu nimmt ein selbstbewußter Mensch durch sein entschiedenes Auftreten für sich das Recht in Anspruch, seine Meinung zu sagen und auch angehört zu werden, hat aber damit nicht vor, andere zu unterdrükken.
Wie schon gesagt, ist wirksame Selbstdarstellung und ein bestimmtes Auftreten, diese Erhöhung der Fähigkeit auf andere positiv einzuwirken, erlernbar – nachdem erkannt ist, was alles dazugehört: nämlich vor allem eine entsprechende persönliche Einstellung und ein sensibles Sozialverhalten. Die einen auch später oft subtil beeinflussenden Haltungen zur Selbstbehauptung eignet man sich in den frühen Lebensabschnitten an – zum Beispiel erwartet man sich von der einen Person mehr Durchsetzungsvermögen als von einer anderen, ohne recht sagen zu können, warum dies so ist. Vielen Menschen wurde beigebracht, den Nutzen einer selbstbewußten und selbstbestimmten Haltung zu Leben und Arbeit anzuzweifeln.
Und doch ist eine solche Einstellung sehr nützlich, denn:

- Energie wird freigesetzt, was Ihnen hilft, sich stärker zu fühlen;
- Sie kommen häufiger zu dem, was Sie wollen;
- Spannungen werden gelöst, so daß Sie angestaute Gefühle loswerden können;
- Beziehungen verbessern sich, wenn vorhandene Spannungen zum Ausdruck gebracht und so abgebaut werden;
- Sie können sich besser entscheiden, weil schwierige Fragen besprochen und durchgearbeitet werden;
- lautstarke oder sonstwie übermäßig dominante Menschen verlieren etwas an Einfluß, und zugleich werden ruhigere Menschen besser wahrgenommen.

Die Vorteile des entschiedenen Auftretens klingen gut, aber die Sache hat auch einen Haken. Der Selbstbewußte, der seinen Standpunkt klar darlegt, kann, weil er sich ja exponiert hat, leichter attackiert werden. Und: Manchen Menschen mag Ihr zum Ausdruck gebrachtes Selbstwertgefühl auf die Nerven gehen, was so weit gehen kann, daß sie Sie für einen halsstarrigen Querulanten halten und entsprechend auf Sie reagieren. Schließlich besteht da noch die Möglichkeit, daß Ihre so sicher vorgetragene Ansicht schlicht falsch ist.

Barrieren der Selbstbehauptung

Es gibt Zeiten, da ist man nicht imstande, sich durchzusetzen. Wenn aber dieses Erfolgserlebnis fehlt, fühlt man sich, weil nicht genügend beachtet, unbehaglich. Wie oft ist Ihnen nicht schon ein schlagendes Argument erst eine Stunde nach einem unbefriedigend verlaufenen Gespräch eingefallen! Aus unserer Praxis wissen wir, daß es unterschiedliche Gründe für vermindertes Durchsetzungsvermögen gibt. Überlegen Sie, welche der folgenden Barrieren auf Sie zutrifft:

1. *Fehlende Übung:* Sie kennen Ihre Grenzen zu wenig und haben daher noch nicht herausgefunden, ob Sie sich nicht besser durchsetzen könnten.
2. *Prägende Erfahrungen:* Ihre Erziehung förderte nicht die Fähigkeit, für sich selbst einzustehen.
3. *Unklarheit:* Sie haben keine klaren Maßstäbe und sind nicht sicher, was Sie wollen.
4. *Furcht vor Feindseligkeit:* Sie haben Angst, Ärger zu erregen oder negative Reaktionen auszulösen, und möchten als vernünftig angesehen werden.
5. *Unterbewertung seiner selbst:* Sie haben ein unterentwickeltes Gefühl für Ihr Recht, entschieden aufzutreten sowie korrekt und fair behandelt zu werden.
6. *Unzulängliche Selbstdarstellung:* Sie tendieren dazu, in Ihren Äußerungen vage zu sein, wenig Eindruck zu hinterlassen, verwirrt oder emotional zu wirken.

Wenn Sie Ihre Fähigkeiten der Selbstbehauptung untersuchen, sollten Sie Ihren Verhaltensmustern Aufmerksamkeit widmen. Fallen Ihnen Situationen ein, in denen Sie es regelmäßig an Ent-

schiedenheit fehlen lassen? Wenn ja, sehen Sie einen Zusammenhang zwischen diesen Situationen? Kann es sein, daß Sie mit einer bestimmten Person oder Konstellation besondere Schwierigkeiten haben? Ihre Antworten auf diese Fragen können Ihnen helfen, die für Sie massivsten Barrieren zu erkennen. Je klarer Sie sich ihrer bewußt sind, desto häufiger ergeben sich Gelegenheiten, bei denen Sie Ihr Durchsetzungsvermögen erproben, ja es geradezu üben können.
Fähigkeiten kann man sich auch durch Beobachtung anderer aneignen, wobei man von deren Erfolgen *und* Mißerfolgen lernen kann. Wenn Sie genau aufpassen, so erkennen Sie, wie andere mit Situationen umgehen, bei denen es darauf ankommt, sich zu behaupten, und was das Charakteristische von Leuten ist, denen dies gelingt. Nun liegt es an Ihnen, das so Gelernte zu üben und auf diese Weise Ihre eigenen Fähigkeiten zu erweitern. Die folgenden Richtlinien mögen Ihnen dabei helfen.

Vermeiden Sie verwirrte Gefühle: Wenn Sie ärgerlich, gekränkt oder aufgeregt sind, dann wird eher darauf als auf Ihre Mitteilung reagiert. Dies mag Verwirrung in die Angelegenheiten bringen, um die es sich handelt, und der gestellten Aufgabe Kräfte entziehen.
Versuchen Sie, einfach zu sein: Übermäßige Komplexität oder zu viele gleichzeitig behandelte Themen wirken sich in der Regel ungünstig aus, weil sie vom Kern der Mitteilung ablenken.
Geben Sie nicht vorzeitig auf: Bleiben Sie so lange »am Ball«, bis das in Frage stehende Problem gelöst ist. Sie dürfen nicht aufhören, Ihre Meinung kundzutun, bis begründete Aussicht darauf besteht, daß die jeweilige Angelegenheit zu Ihrer Zufriedenheit erledigt wird.
Nehmen Sie sich nicht zurück: Wenn etwas wichtig für Sie ist, stellen Sie sicher, daß die anderen Ihren Standpunkt kennen.
Vorsicht vor Fallen: Manche Leute werden – oft unbewußt – versuchen, Sie mit Ihrer dezidiert geäußerten Meinung ins Leere laufen zu lassen oder das daran Wesentliche zu entschärfen, unter Umständen deshalb, weil sie sich unter Druck gesetzt fühlen. Nehmen Sie also deren Ansichten zur Kenntnis, bleiben Sie aber in solchen Fällen bei Ihrem Standpunkt.
Irrtümer schwächen nicht: Wenn Sie einen Fehler machen – was je-

dem ab und zu passiert – bekämpfen Sie das Gefühl der Unzulänglichkeit, weil es Ihre Position schwächt.
Suchen Sie Erfolgserlebnisse: Versuchen Sie, Situationen herbeizuführen, in denen Sie gewinnen können, aber nicht auf Kosten anderer. Nehmen Sie sich Zeit für die Überlegung, wie dabei auch die andere Person zu einem Erfolgserlebnis kommen könnte. So wird es möglich, daß beide Seiten ein positives Gefühl haben, was eine Basis für weitere produktive Kontakte schafft.

Verbesserung persönlicher Kontakte

Die Menschen lassen sich von Personen beeinflussen, die sie in dieser oder jener Hinsicht für etwas »Besonderes« halten. Das können zum Beispiel durch ihr Fachwissen in einem speziellen Bereich anerkannte Experten sein. Oder Leute, deren Einfluß einer besonderen Rolle bzw. einer Autoritätsposition in einer Organisation entspringt. Eine dritte Quelle für Einfluß ist der persönliche Kontakt. Guter Kontakt zu anderen Menschen ist eine hervorragende Möglichkeit, auf sie einzuwirken.
Bei dem Aufbau von Beziehungen handelt es sich um einen subtilen Prozeß, der offensichtlich in sich widersprüchlich ist. Einerseits muß man sich dem anderen erkennbar nähern, andererseits darf weder die eigene persönliche Integrität noch diejenige des anderen angetastet werden. Wichtige Schritte dabei sind:

- *Beachtung:* Schauen Sie Ihr Gegenüber an und schenken Sie ihm Aufmerksamkeit.
- *Persönliche Identität:* Benutzen Sie den Namen des Gegenübers und beachten Sie seine Persönlichkeit, seine Individualität.
- *Körperkontakt:* Scheuen Sie den physischen Kontakt, etwa das Händereichen, nicht.
- *Interesse:* Drücken Sie Interesse an der Situation und den Sichtweisen der betreffenden Person aus.
- *Äußerung von Ansichten:* Offenbaren Sie Ihre Gedanken und Gefühle.
- *Hilfsbereitschaft:* Seien Sie bereit, die andere Person zu ermutigen und zu unterstützen.

- *Offenheit:* Wenn Schwierigkeiten auftreten, weichen Sie ihnen nicht aus.

Menschen, die sich als zugänglich erweisen, steht man wohlwollender gegenüber. Ist einmal der persönliche Kontakt zwischen zwei Menschen hergestellt, werden sie eher versuchen, einander zu verstehen, und infolgedessen die Ideen und Handlungen des jeweils anderen besser zu schätzen wissen. Diese »Investition« erhöht aber auch beider allgemeine Fähigkeit der Einflußnahme.
An dieser Stelle ist allerdings eine Einschränkung zu machen. Manche Leuten lassen sich dazu verführen, Interesse an einer anderen Person *vorzuspiegeln*, um Zugang zu ihr zu erlangen. Eine solche Begegnung beruht aber auf Manipulation und nicht auf persönlichem Kontakt. Beziehungen dieser Art haben den entscheidenden Mangel, daß sie nicht auf Gegenseitigkeit aufgebaut sind und daher die notwendige Vertrauensbasis von vorneherein untergraben. Häufig werden beide Seiten versuchen, einander zu manipulieren, und jedes Gespräch mit Hintergedanken führen. Bei einem nur oberflächlichen Kontakt halten sich die daraus entstehenden Probleme vielleicht in Grenzen, wenn aber die gegenseitige Einflußnahme über das Alltägliche hinausgehen soll, so ist es unbedingt notwendig, der Beziehung einen aufrichtigen und direkten Meinungsaustausch zugrundezulegen.

Was zu gewinnen ist

Ein großer Teil der Beziehungen basiert auf der Annahme, daß beide Teile Zeit und Energie investieren, um im Gegenzug etwas dafür zu erhalten. In diesem Sinne handelt es sich also um einen Vertrag, ähnlich dem, wie er zwischen Geschäftspartnern auf rechtlicher Grundlage vereinbart wird. In manchen Fällen mag auch eine Beziehung schriftlich oder in anderer Form ausdrücklich vereinbart worden sein, aber weitaus häufiger sind die in ihr geltenden Regeln nicht explizit ausgesprochen, ist ihre Natur nur schwer zu bestimmen.
Wenn Person A vorhat, Person B zu beeinflussen, dann sollte sie wissen, was Person B als Nutzen für sich ansieht, und ihr helfen, diesen zu erlangen, ob es sich nun um Geld, Stellung, Ansehen, Freude, Sicherheit oder was auch immer handelt. Festzustellen,

was der Person wichtig ist, die man beeinflussen will, ist daher von besonderer Bedeutung. Rezepte sind hier naturgemäß nicht möglich, weil ja die Menschen ganz unterschiedliche Bedürfnisse haben. Die Person, die beeinflussen möchte, sollte versuchen, die Begegnung für beide Seiten produktiv zu gestalten. Ihr Erfolg hängt wesentlich davon ab, wie nahe sie den in dieser spezifischen Beziehung realisierbaren Wünschen von Person B kommt.
Eine Beziehung für den anderen lohnend werden zu lassen, wird häufig simpel als Steigerung von dessen materiellem Wohlergehen verstanden. In Wahrheit existiert jedoch eine Fülle psychologischer Befriedigungen, die um nichts weniger wirksam sind und nichts kosten – jedenfalls nicht im Sinne von Geldwert. Diese auf der psychischen Seite zu verbuchenden Gewinne nannte Berne 1972 »Streicheleinheiten«. Eine Streicheleinheit ist eine solche des sozialen Austausches zwischen Menschen, ein Zeichen, daß eine Person die Existenz einer anderen wahrnimmt. Streicheleinheiten können – das mag überraschen – sowohl positiv als auch negativ sein. Eine positive Streicheleinheit hilft einer anderen Person, sich stärker oder besser zu fühlen; sie zu geben ist ein Akt der Unterstützung und Anerkennung. Eine negative, etwa herablassend gegebene Streicheleinheit, die durchaus auch als Schlag empfunden werden kann, bewirkt, daß die andere Person sich kleiner und schwächer fühlt, weil ihre Würde angegriffen wurde. Diejenigen, die positive Streicheleinheiten vergeben, helfen anderen, sich zu entwickeln und Erfolg zu haben; Berne hat darauf hingewiesen, daß solche Streicheleinheiten wichtig für die psychische Gesundheit sind.
Aus diesem einfachen Gedankengang läßt sich eine umfassende Theorie des Führungsverhaltens ableiten. Grundsätzlich gibt es zwei Methoden, andere zu motivieren. Die erste ist positiv, indem sie tatsächlich streichelt, um eine Person zu stärken und zu einem konstruktiven Verhalten zu ermutigen. Diese Form wird zu Recht Bestätigung genannt. Die zweite und leider weiter verbreitete Methode ist eher eine von Schlägen denn von Streicheleinheiten. Der Manager ist geradezu auf der Jagd nach in seinen Augen mangelhaften Leistungen und bestraft sie, er wendet das Prinzip der negativen »Bestätigung« an, um die Zahl der Fehler zu reduzieren und das Leistungsniveau zu heben. Die hier zugrundeliegende Theorie

geht vom Prinzip aus, daß die Menschen Unannehmlichkeiten und Mißbilligung zu vermeiden trachten und daß in der Regel Angst sie dazu motiviert, sich unterzuordnen und den gegebenen Anweisungen entsprechend zu handeln. Jemand, der einen tatsächlich starken Einfluß anstrebt, ist gut beraten, sich der ersten Methode zu bedienen, also auf das Verhalten anderer positiv einzuwirken und Unterstützungsmaßnahmen für den Fall vorzubereiten, daß Schwierigkeiten auftauchen oder Rückschläge eintreten.

Führung anderer

Wir berieten einmal einen Mann des höheren Managements, den seine Arbeit nicht befriedigte und der sich ihr nicht gewachsen glaubte. Aber auch andere hielten ihn für unfähig. Im Laufe unserer Gespräche stellte sich immer klarer heraus, wie schlecht er sich angesichts der Situation fühlte und wie sehr er versuchte, diese Gefühle zu unterdrücken und zugleich den Kontakt mit anderen zu vermeiden.
Allmählich kamen die Tatsachen ans Licht, und es zeigte sich, daß der Manager durchaus wußte, was eigentlich getan werden müßte. Was ihm fehlte, war lediglich Beharrlichkeit und Eindeutigkeit im Umgang mit seinen Mitarbeitern, damit diese ihre Aufgaben auch erfüllten. Er gab seinen Forderungen keinen Nachdruck, und seine Anweisungen waren vage gehalten. Sein geringer Einfluß auf seine Mitarbeiter gab ihm ein ständiges Gefühl der Unzulänglichkeit, das wiederum seine Moral und sein Selbstwertgefühl untergrub.

Die Erteilung von Anweisungen

Wenn ein Manager innerhalb eines Unternehmens eine gewisse Machtposition einnimmt, ist es ihm eher möglich, Techniken direkter Beeinflussung einzusetzen. Bei der Analyse von Anleitungsmethoden zeigt sich, daß manche eine wesentlich stärkere Wirksamkeit versprechen als andere. In der Folge werden einige unter Berücksichtigung ihrer jeweiligen Stärken und Schwächen vorgestellt.

Unklare Anweisungen: Oft versuchen Manager und Führungskräfte, auf ihnen Unterstellte mit allgemeinen, unspezifischen

Hinweisen wie: »Sie wissen, daß Sie es besser könnten« einzuwirken. Doch hat diese Unklarheit wenig Aussichten, brauchbare Ergebnisse hervorzubringen.
Argumentieren: Ein Manager oder Vorgesetzter kann an die Logik, das Eigeninteresse oder die Loyalität etwa so appellieren: »Wenn wir die Produktion nicht schaffen, verlieren wir diesen großen Exportauftrag.« Diese Methode kann, mit Bedacht angewandt, wirksam sein, wenn der andere sehen kann, warum er sein Verhalten ändern sollte. Sie funktioniert jedoch nur, wenn der Angesprochene die Einstellungen und Werte des Managers bzw. des Unternehmens insgesamt teilt.
Drohungen: Manchmal hören wir Formulierungen wie: »Wenn Sie den Ausstoß nicht auf zwölf Einheiten pro Stunde erhöhen, können Sie was erleben!« Drohungen arbeiten nach dem Prinzip, daß Menschen manchmal kurzfristig durch Angst motiviert werden können. Doch ist hier die Gefahr groß, daß Groll entsteht, der dann auf den Manager zurückschlägt. Taktisch läuft das Drohverhalten auf einen Machtkampf zwischen der Willenskraft zweier Personen hinaus, bei dem es einen Verlierer geben muß.
Eindringliches Bitten: Hier wird versucht, an das bessere Ich einer Person zu appellieren und durch Sätze wie: »Krieg doch bitte die Sache hin, sonst macht mich der Boß zur Schnecke!« Sympathie zu gewinnen. Auch dieses Bitten, ja Flehen kann funktionieren, aber nur wenn sich Manager und Untergebener gut verstehen.
Bestechung: Einem Angestellten werden Vorteile versprochen, wenn er sich in der gewünschten Weise verhält. Typisch für diese Methode ist der Hinweis: »Sie können sich morgen einen guten Tag machen, wenn Sie diesen Auftrag noch bis heute abend hinkriegen.« In manchen Situationen macht sich ein Vorgehen dieser Art bezahlt. In gewisser Hinsicht ist es auch fair, denn der Angestellte wird für eine außergewöhnliche Leistung in außergewöhnlicher Weise belohnt. Überschreitet jedoch die Bestechung die Grenzen der Fairneß, wird diese Technik manipulativ. Außerdem kann es leicht geschehen, daß sich der zu Bestechende verhöhnt vorkommt.
Ersuchen: Damit ist das Einhalten der Regeln der Höflichkeit gemeint. Der Angestellte wird in aller Form gebeten, eine bestimmte Sache zu tun: »Erhöhen Sie bitte die Produktion auf zwölf Einhei-

ten pro Stunde.« Eine undramatische Methode mit dem Vorteil, geradeheraus zu sein und dem anderen Respekt zu erweisen.
Klare Anweisungen: Ein Manager, der bemüht ist, klare Anweisungen zu geben, könnte sagen: »Erhöht bis Donnerstag die Produktion auf zwölf Einheiten pro Stunde!« Diese Methode kann zu Verstimmungen führen, besonders dann, wenn sich die Angesprochenen im Kasernenton angeschnauzt fühlen. Wird das aber vermieden, dann hat sie den Vorteil, genau zu sein und eine Reaktion herauszufordern, so daß am Ende beide Teile wissen, woran sie sind.

Jede dieser Methoden ist je nach Situation erfolgreich anwendbar, was auch der Grund ist, warum sie alle immer wieder eingesetzt werden. Die Erfahrung lehrt jedoch, daß manche Manager wesentlich besser zu den gewünschten Resultaten kommen als andere – meist aufgrund der folgenden Vorgangsweisen:

1. Sie drücken sich klar aus, bringen die Dinge auf den Punkt.
2. Sie lassen erkennen, daß sie die angesprochene Person respektieren.
3. Sie zeigen ihre Bereitschaft, sich der jeweiligen Aufgabe zu stellen, für ihre Durchführung zu sorgen und dabei nicht lockerzulassen.
4. Sie genießen den Ruf, fair und gerecht im Umgang mit anderen zu sein.

Beeinflussung von Gruppen und Systemen

Die meisten Manager müssen in ihren Unternehmen auf Gruppen oder auf innerbetriebliche Systeme Einfluß nehmen. So mag ein Personalchef die Weise, in der Führungskräfte ihre Autorität einsetzen, beeinflussen wollen; ein Finanzmanager die budgetären Verfahrensweisen ändern wollen; ein Chef der Marketing-Abteilung wünschen, daß mehr auf gleichbleibende Qualität der Produkte geachtet wird.
Jede Gruppe hat ihren eigenen Arbeitsstil und ihre besonderen Traditionen, was sich beides auf ihr Verhalten auswirkt. Darauf Einfluß zu nehmen bedeutet nichts anderes, als eben diese überkommenen Verhaltensmuster ändern zu wollen. Am leichtesten

läßt sich dies dadurch verwirklichen, daß man Kontakt mit denjenigen sucht, die in der Gruppe den größten Einfluß haben. Eine Strategie des Einwirkens auf eine Gruppe von Menschen muß unseres Erachtens die folgenden Aspekte berücksichtigen:

Hilfe bei der Selbstbeurteilung: Die stärkste Kraft der Veränderung ist die ernsthafte Anerkennung von deren Notwendigkeit. Es geht also darum, die gegenwärtige Situation zu überdenken, deren Mängel und Unzulänglichkeiten zu erkennen und etwas für ihre Verbesserung tun zu wollen. Das Ziel ist ein gesteigertes Bewußtsein dessen, wo man im Augenblick steht, und eine größere Bereitschaft, die Gestaltung der Zukunft in die Hände zu nehmen.
Die Praxis der kleinen Anfangsschritte: Umfassende Programme großer Veränderungen lassen meist befürchten, daß sie übertriebene, kaum einzulösende Anforderungen stellen, und finden daher oft keine Unterstützung. Kleine Veränderungen, die aber konsequent in eine bestimmte Richtung weisen, setzen hingegen die Dinge in Bewegung, lassen bald Erfolge erkennen und geben so weiteren Fortschritten Raum.
Veranschaulichung durch das eigene Beispiel: Wenn Sie andere zu beeinflussen versuchen, zeigen Sie, daß Sie sich selbst an Ihre Worte halten. Nichts untergräbt die Glaubwürdigkeit rascher als ein Verhalten, das mit den eigenen Reden nicht übereinstimmt.
Belohnung von Schritten in die richtige Richtung: Die Menschen, so lehrt uns die Psychologie, neigen zu Verhaltensweisen, die Anerkennung einbringen. Also läßt sich erfolgreiche Einflußnahme häufig auf Ermutigung, Unterstützung oder in Aussicht gestellte Belohnung zurückführen. Nur zu leicht geschieht es, daß einem die Einwände schwieriger Menschen übermäßige Sorgen machen und man dabei die inzwischen schon eingetretenen positiven Veränderungen übersieht.
Gleiche Zielsetzung: Die Mitglieder einer Gruppe müssen ihren Blick in die Zukunft richten und daher auch beteiligt werden, wenn es gilt, das Ziel einer Veränderung zu bestimmen. Der Versuch, die eigenen Vorstellungen stur durchzusetzen, bewirkt Feindseligkeit, die wiederum die Erfolgsaussichten der Einflußnahme stark schmälert.
Das Erkennen potentieller Gefahren: Realistische Einschätzungen

und Erwartungen ermöglichen es, entsprechend zu planen und auf Rückschläge vorbereitet zu sein. So werden während eines Änderungsprozesses auftretende Probleme leichter überwunden.

Erfolgreiche Einflußnahme

Da von gut gemeisterten Beeinflussungstechniken eine starke Überzeugungskraft ausgeht, können sie sowohl in konstruktiver als auch in manipulativer Absicht eingesetzt werden. Doch je offener die Ziele dargelegt sind, desto schwieriger ist es, Methoden der Beeinflussung in unmoralischer Weise zu nutzen.
Wollen Sie erfolgreich beeinflussen, müssen Sie folgendes berücksichtigen:

- Glaubwürdigkeit ist ein Hauptfaktor der Einflußnahme;
- Änderungen in einer positive Richtung sind – auf welche Weise auch immer – zu belohnen;
- auch Erwartungshaltungen üben – aber nicht immer den gewünschten – Einfluß aus;
- gewünschte Veränderungen unterstützt man auch dadurch, daß man sich in aller Öffentlichkeit dafür einsetzt;
- man muß selber praktizieren, was man predigt;
- sehr entscheidend ist der persönliche Kontakt.

Personen mit großem Beeinflussungsvermögen wirken in aller Regel schon durch ihr Auftreten stark auf andere ein. Und sie informieren sich über die Ansichten und Meinungen sowie über andere Charakteristika derer, die sie zu beeinflussen trachten. Weil es sich um einen Prozeß handelt, der in beiden Richtungen verläuft, kommt es darauf an, ein guter Zuhörer zu sein. Diese Fähigkeit, die man bewußt entwickeln kann, bringt einigen Nutzen:

- mehr Informationen;
- ein besseres Verständnis des Blickwinkels, unter dem der andere die Dinge sieht;
- Sie stellen Ihre Wertschätzung des anderen unter Beweis;
- die Beziehung entwickelt sich;
- Sie haben eine solide Basis für Beurteilungen.

Ein guter Zuhörer werden

Gutes Zuhören läßt sich, wie schon erwähnt, erlernen, und zwar durch die Aneignung der folgenden Fertigkeiten:

- *Beachtung schenken:* Schauen Sie Ihren Gesprächspartner an, zeigen Sie Interesse an dem, was er sagt, und lassen Sie sich nicht ablenken.
- *Beobachtung nonverbaler Signale:* Übersehen Sie nicht die Körpersprache (Mimik, Gestik, Körperhaltung) und Bewegungen Ihres Gegenübers, die auf nicht ausgesprochene, aber darum nicht minder wichtige Gefühle und Meinungen hindeuten.
- *Aufschieben der Beurteilung:* Urteilen Sie nicht, ehe Sie die Ansichten der anderen Person völlig verstanden haben.
- *Vermeidung von Unterbrechungen:* Warten Sie mit der Bemerkung, die Ihnen auf der Zunge liegt, bis die andere Person zu Ende gesprochen hat.
- *Kontrolle der Verständigung:* Wiederholen oder fassen Sie in eigenen Worten zusammen, was vom anderen gesagt wurde, um sicherzugehen, daß Sie alles verstanden haben.
- *Erkennen der Logik:* Versuchen Sie, in dem, was die andere Person sagt, ein Muster zu erkennen und die zugrundeliegende Logik sowie die unausgesprochenen Annahmen herauszufinden.
- *Ermutigung:* Ermutigen Sie zur freien Äußerung der Gedanken, auch wenn diese unbequem sein oder zunächst unvernünftig erscheinen mögen.
- *Erkennen der Stärken:* Geben Sie Ihrem Gegenüber ausreichend Gelegenheit, seine Argumentation zu entwickeln, statt sich auf die möglichen Fehler zu stürzen. Nur so sind Sie in der Lage, deren Stärken zu erkennen.

Merkmale von Managern mit hohem/geringem Beeinflussungsvermögen

Manager und Führungskräfte, die ihr Beeinflussungsvermögen entwickeln, eignen sich ein für den Aufbau zwischenmenschlicher Beziehungen sehr nützliches Instrumentarium an. Diese Fähigkeit erhöht die Durchschlagskraft ebenso wie den Grad der Anerkennung, und sie läßt sich produktiv dafür einsetzen, anderen zu helfen. Uns scheinen die im folgenden aufgelisteten Merkmale charakteristisch für den jeweils entgegengesetzten Typus von Manager und Vorgesetztem, jedenfalls hinsichtlich des Einwirkens auf andere:

Geringer Einfluß	*Starker Einfluß*
Fühlt sich unterschätzt;	Wird von anderen geschätzt;
ist sich der Prozesse, die zu Einfluß führen, nicht bewußt;	versteht die Wirkung von Einflußprozessen;
hat wenig Wirkung auf andere;	macht auf andere starken Eindruck;
ist unangemessen gekleidet; gekleidet;	ist stets angemessen
wirkt unscheinbar;	wird nicht leicht übersehen;
präsentiert sich nicht klar;	stellt sich selbst deutlich dar;
ist nicht eindeutig;	tritt bestimmt auf;
ist aggressiv;	setzt statt Aggressivität Überzeugungskraft ein;
knüpft kaum persönliche Kontakte;	baut gute Beziehungen zu anderen auf;
gibt keine Anreize;	belohnt angemessenes Verhalten;
hat ein negatives Bild von sich selbst;	schätzt sich selbst realistisch ein;
erteilt anderen unklare Anweisungen;	gibt klare Anweisungen;
verfügt über keine Strategie zur Beeinflussung von Gruppen;	entwickelt Strategien zur Beeinflussung von Gruppen;
ist nicht konsequent;	bemüht sich, konsequent zu sein;
kann nicht gut zuhören.	hört genau zu.

Wann Manager am dringendsten Beeinflussungsgeschick benötigen

Alle Manager müssen Einfluß ausüben, aber dieses Einwirken auf andere ist dann von entscheidender Bedeutung, wenn der Erfolg von der Fähigkeit abhängt, einen guten ersten Eindruck zu hinterlassen, Kontakte aufzubauen, Glaubwürdigkeit zu erlangen oder den Wünschen anderer entgegenzukommen. Aufgaben dieser Art sind in der Regel mit häufigeren Begegnungen verbunden, bei denen der Manager eine Angelegenheit klar darlegen und Zustimmung finden muß.

Über ein ausgeprägtes Beeinflussungsvermögen müssen vor allem Manager in beratenden Positionen verfügen, ob es sich nun um Personal-, Ausbildungs- und Trainingsfragen, um Planung, Arbeitsplatzbewertung oder andere zentrale Funktionen handelt; ferner solche, die mit Ankauf, Verkauf oder Verhandlungen zu tun haben. Und geradezu lebenswichtig ist dieses Vermögen für Leute, die sich beruflich damit beschäftigen, Unternehmen oder andere Organisationen zu beraten.

Literaturhinweis

Berne, E., *What do you say after you say hello?* New York: Grove Press, 1972. (dt.: *Was sagen Sie, nachdem Sie »Guten Tag« gesagt haben? Psychologie des menschlichen Verhaltens.* 5. Aufl. 1988)

Blockierung 8: Mangelhaftes Managementverständnis

An einer international bekannten Business School fanden sich eine Gruppe von Führungskräften mittleren Alters ein, um einen Vortrag zu hören – allesamt selbstsichere Manager, die schon manchen Sturm überstanden hatten und nun für Führungspositionen in ihren jeweiligen Zentralen ausgewählt worden waren. Ihre Gespräche reichten von Fragen der Inflation bis zur Hochseefischerei.
Dann stieß der Vortragende zur Gruppe und sagte: »Heute befassen wir uns nicht mit Methoden, sondern wollen grundlegende Fragen behandeln. Dazu brauche ich Ihre Phantasie und möchte Sie daher bitten, Ihre Augen zu schließen und alle Gedanken, die Sie ablenken könnten, zu vermeiden.« Den Managern schien diese Idee nicht so recht zu gefallen, etwas Unruhe kam auf, doch dann saßen doch alle mit geschlossenen Augen da.
Der Vortragende fuhr fort: »Ich möchte, daß Sie sich vorstellen, Sie wurden von einem führenden Politiker in sein feudales Regierungsbüro gebeten. Sehen Sie sich selbst, wie Sie draußen warten. Jetzt betreten Sie den Raum und setzen sich. Der Politiker sagt zu Ihnen: 'Ich habe von Ihnen gehört; die Regierung erwägt, Ihnen ein äußerst wichtiges und gut dotiertes Projekt anzuvertrauen. Wir möchten, daß Sie eine Fabrik aufbauen und anschließend leiten, die Anti-Schwerkraft-Matten produziert. Die Matten sind gerade unter strengster Geheimhaltung bis zur Produktionsreife entwickelt worden, und sie werden unserer Wirtschaft enorm helfen. Ihre Ernennung erfolgt unter einer Bedingung: Die Fabrik muß perfekt gemanagt werden. Sie können alles tun, was Sie wollen, nur nicht die Mitarbeiter zu hoch bezahlen. Sagen Sie mir, wie Sie die Fabrik leiten würden, ich meine, nach welchen Grundprinzipien.'«
Der Vortragende fuhr fort: »Jetzt führen Sie die Unterredung mit dem Politiker und sagen ihm, wie Sie sich die Sache vorstellen. In einigen Minuten diskutieren wir dann Ihre Ideen.« Es herrschte Stille in der Gruppe, als jeder Manager seinen Phantasie-Dialog führte. Der Vortragende rief die Manager in die Wirklichkeit zurück und begann, ihre gesammelten Ideen auf eine Tafel zu schreiben. Unter anderem fanden sich dort folgende Aussagen:

- angenehmes Arbeitsklima
- hohe Leistungsstandards

- offener Managementstil
- Bezahlung nach Leistung
- sorgfältige Budgetkontrolle
- vorteilhafte Urlaubsregelung
- rasches Erkennen von Mißständen
- ausgiebiges Managementtraining.

Nachdem der Vortragende an die sechzig Aussagen festgehalten hatte, begann er, diese zu kategorisieren, wobei sich sofort drei Gruppen herauskristallisierten:

1. Organisationsstruktur und Kommunikation,
2. Führungsstil und Kontrollmechanismen und
3. zuträgliche Rahmenbedingungen.

Ganz offensichtlich fanden sich in der Gruppe zum selben Thema sehr unterschiedliche Meinungen.

»Nun«, sagte der Vortragende, »lassen Sie uns die Liste analysieren und versuchen, die Ihren Aussagen zugrundeliegenden Wertvorstellungen und Standpunkte herauszufinden. Sie sehen, daß jeder von uns bestimmte Ansichten darüber hat, was unter gutem und was unter schlechtem Management zu verstehen ist. Doch sehr häufig gehen wir unseren Annahmen nicht auf den Grund. Die Übung, die Sie gerade gemacht haben, hilft Ihnen, die Wertvorstellungen zu erkennen, auf denen sich Ihre Managementphilosophie aufbaut.«

Während der nun folgenden Diskussion begann jeder der Teilnehmer, seine eigenen Wertvorstellungen und Überzeugungen zu hinterfragen. Am Ende der Zusammenkunft waren Bemerkungen gefallen wie: »Es gibt keine richtigen oder falschen Antworten. Es kommt auf die Situation an, welche Philosophie sich bewährt – da können große Unterschiede bestehen. Grundlage und wesentliche Voraussetzung der erwünschten Wirkung ist die sorgfältige und tiefgehende Analyse der jeweiligen Situation. Daraus kann dann die für eine entsprechende Zeit gültige Managementphilosophie abgeleitet werden.«

In diesem Abschnitt werden die einzelnen Managementphilosophien einigermaßen ausführlich untersucht. Hier geht es nicht darum, jene Fertigkeiten zu erörtern, die im Manageralltag gebraucht werden – dies geschieht an anderer Stelle. Das Kapitel behandelt zwei Aspekte: Der erste Teil betrachtet die Gruppe der Manager als Ganzes und prüft, wie eine fortschrittliche Unternehmensphilosophie entwickelt werden kann; der zweite konzentriert sich auf den einzelnen Manager und auf eine persönliche Managementphilosophie, deren Qualitäten Reife, Effektivität und Positivität sind.

Unternehmensbezogene Managementphilosophie

Managementgruppen pflegen ihre Philosophien an ihre jeweilige Aufgabe und an die den Rahmen bildende Unternehmenskultur eng anzupassen. Unserer Erfahrung nach sind die wichtigsten Faktoren einer Unternehmensphilosophie folgende:

1. das wirtschaftliche Fortkommen des Unternehmens,
2. die Technologie der Branche und
3. die persönlichen Überzeugungen der Führungskräfte.

Management ist ein komplexes Thema, bei dem auch Launen und Modeerscheinungen durchaus eine Rolle spielen können. Aber der Wechsel von Moden im Managementdenken hat seine Vorteile. Jede neue Theorie des Managements versucht zu erklären, wie Manager zu einem nützlichen Verständnis der entscheidenden Variablen, die sich auf ihre Branche und damit auch auf ihr Unternehmen auswirken, gelangen können. Ideen lassen sich mit gewissen radioaktiven Substanzen vergleichen: Diese, die doch anfangs stark strahlen, zerfallen und verlieren nach einer bestimmten Zeitspanne völlig ihre Wirkung. Die Kraft, die neuen Ideen innewohnt, greift Sterilität und Verkrustungen an. Außerdem verändern die Zeitläufe auch das Geschäftsgebaren und die dabei notwendigen Operationen. Neue Denkansätze oder Verhaltensweisen, die in Mode kommen, kommen einem aktuellen Bedürfnis entgegen.

Jedoch läßt die Tendenz mancher Unternehmen, sich der jeweils neuesten Spielerei hinzugeben und sich immer neue Gags auszudenken, deren Manager und Führungskräfte der mittleren und unteren Ebenen in berechtigten Zynismus verfallen, wenn ihnen der grandiose Einfall dieses Jahres präsentiert wird. Nach außen lauschen sie aufmerksam, doch ihre innere Stimme spricht so: »Die Sorte kennen wir schon; eine Eintagsfliege, wie gehabt.« Sie wissen, daß es auch unter Managern Hochstapler gibt, die ungetestete oder aufpolierte Ideen mit Glanzpapier umwickeln und so vermarkten. Zwar muß jedes Management neuen Gedanken gegenüber aufgeschlossen sein, doch wahlloses Experimentieren kann verhängnisvolle Konsequenzen haben. Reife wird dadurch bewiesen, daß von außen kommende oder herangetragene Ideen als Stimulanz mit der Absicht eingesetzt werden, Reaktionen zu provozieren. Eine Anregung abzuwägen und dann aus gutem Grund zu verwerfen kann ebenso richtig sein, wie einen Vorschlag anzunehmen. Der jeweilige Nutzen kann nur durch Überlegung und eine Prüfung der Sachlage beurteilt werden.

Die meisten Managementtheoretiker gehen in dieser oder ganz ähnlicher Weise vor. Sie analysieren Situationen, entwickeln Konzepte und testen sie, wo immer sie können, um sie abzuklären und zu bewerten. Dann wird eine Theorie verfeinert und auf Hochglanz poliert, um sie präsentabel zu machen. Das Endprodukt mag nun enorme Summen einbringen, es ist aber genausogut möglich, daß kein Hahn danach kräht.

Forschung auf dem Gebiet der Managementtheorie innerhalb von Unternehmen geschieht vor allem in solchen mit einer gewissen »Kultur«, die es gewohnt sind, daß bedeutende Experten ihr organisatorisches Inneres untersuchen. Weil Managementideen zum größten Teil in »aufgeklärten« Milieus entwickelt werden, wird die Relevanz dieser Gedanken für die große Zahl der »gewöhnlichen« Betriebe kaum jemals getestet. Das macht es unklug, von außen kommenden Empfehlungen blind zu folgen; *alle* Philosophien und Theorien müssen auf ihre Brauchbarkeit hin überprüft werden.

Die Worte »Relevanz« und »Brauchbarkeit« sind hier von elementarer Bedeutung. Manche Managementphilosophien sind vielleicht in einem kalifornischen Wissenschaftslabor zweckmäßig, würden aber in einer schottischen Fleischfabrik lächerlich wirken. Jede Theorie, jedes Werturteil muß im Hinblick auf seine Relevanz für eine spezifische Organisation und für einen bestimmten Zeitpunkt eingeschätzt werden. Mit einmaliger Betrachtung ist da nichts getan: Erforderlich sind regelmäßige Untersuchungen, die sicherstellen, daß die jeweilige Managementphilosophie auf der Höhe der Zeit ist und gut kommuniziert wurde.

Blockierungen der organisatorischen Wirksamkeit

Es ist schwierig, eine umfassende und sinnvolle Einschätzung der organisatorischen Zweckmäßigkeit eines Unternehmens vorzunehmen. Manager benutzen Systeme, die ihnen helfen, Daten zu sammeln und zu erkennen, wo die potentiellen Schwachstellen sind. In unserem Werk »Unblocking your organization« (1979) haben wir zwölf Schlüsselfaktoren organisatorischer Gesundheit festgehalten, die, wenn sie gestört sind, die Leistungsfähigkeit eines Unternehmens blockieren können. Jede dieser möglichen Blockierungen hat ein relativ deutliches Erscheinungsbild. Zusammengenommen ergeben sie eine umfassende und zum Nachdenken anregende Sicht der menschlichen Seite eines Unternehmens. Im folgenden erscheinen die potentiellen Blockierungen in positiver Begrifflichkeit, was den Zweck hat, eine brauchbare Definition einer gesunden Organisation zu geben:

1. *Zweckentsprechende Rekrutierung und Auswahl von Mitarbeitern:* Die von dem Unternehmen neu eingestellten Mitarbeiter sind in der Lage, sich rasch die notwendigen Fertigkeiten anzueignen, haben eine positive Einstellung zu den industriellen Arbeitsbeziehungen und sind voraussichtlich fähig, sich entsprechend dem Wachstum des Unternehmens weiterzuentwickeln.
2. *Klare organisatorische Struktur:* Machtverteilung, Verantwortlichkeitsgefälle und Rollenbilder sind einer flexiblen Organisationsstruktur nicht hinderlich, sondern ermöglichen sie, und sie sind den Technologien adäquat, mit denen das Unternehmen arbeitet.
3. *Angemessene Kontrolle:* Der einzelne erhält klare Anweisungen und hat ein klares, ihm völlig verständliches Arbeitsziel vor Augen. Die Kontrolle liegt in den Händen dessen, der über die notwendigen Informationen verfügt. Es wird nicht ständig herumkommandiert.
4. *Kompetenz in der Ausbildung:* Wenn dies nötig wird, eignen sich die Mitarbeiter rasch neue Fertigkeiten an, und sind über neue Entwicklungen in ihrem Bereich auf dem laufenden. In jedem Schlüsselbereich sind fähige Arbeitskräfte am Werk.
5. *Hohe Motivation:* Das generelle Niveau der Schaffenskraft und

Energie im Unternehmen ist hoch. Die Leute sind gerne aktiv, und ihre Einsatzbereitschaft wird für die Erreichung der Unternehmensziele dienstbar gemacht.

6. *Praxisbezogene Kreativität:* Es werden Ideen entwickelt und sorgsam auf ihre praktische Anwendbarkeit hin getestet. Das Unternehmen ist in der Lage, sowohl mit technischen als auch mit organisatorischen Innovationen umzugehen, und ist den anderen auch in dieser Hinsicht voraus.

7. *Gutes Teamwork:* Die Zusammenarbeit funktioniert ausgezeichnet. Es werden rasch und reibungslos leistungsstarke Teams gebildet, die die verfügbaren Hilfsmittel gut einsetzen und ohne Zeitverluste zu sehr brauchbaren Resultaten gelangen. Innerhalb der Arbeitsgruppen herrscht Offenheit, und interne Spannungen oder Rivalitäten werden in konstruktiver Weise gelöst.

8. *Ausgereifte Managementphilosophie:* Die Mitglieder des zentralen Managements haben sich über ihren jeweiligen Führungsstil Gedanken gemacht und der gesamten Organisation klare Leitlinien vorgegeben. Sie haben eine Unternehmensphilosophie entwickelt, die an humanen Werten orientiert, logisch und auf Wirksamkeit bedacht ist und auch tatsächlich in die Praxis umgesetzt wird. Die Manager nehmen ihre Verantwortung ernst und stellen die Fundiertheit ihrer Überzeugungen unter Beweis.

9. *Rechtzeitiges Heranbilden von Nachfolgern:* Im Unternehmen herrscht Klarheit darüber, daß das Vorhandensein eines fähigen Managementnachwuchses langfristig für das Überleben enorm wichtig, ja essentiell ist. Der zukünftige Bedarf an fähigen Führungskräften wird beizeiten eingeschätzt, und es werden rechtzeitig Vorkehrungen getroffen, daß sich ein Pool potentieller Managementtalente bildet. Die gegenwärtig tätigen Manager lassen sich von den aktuellen Tendenzen und Schulen der Managementphilosophie, wie sie in anderen Unternehmen und Organisationen zum Ausdruck kommen, anregen.

10. *Eindeutig ersichtliche Ziele:* Das Unternehmen hat seine globalen Ziele deutlich gemacht und seine selbstgestellten Aufgaben klar umrissen. Für diese Vorstellungen wurden Worte gefunden, die jedes Mitglied der Belegschaft verstehen kann. Die langfristige Planung geschieht so sorgfältig, daß deren Umsetzung in die Praxis – wenn auch nicht ohne Anstrengung – durchführbar erscheint.

11. *Gerechte Entlohnung:* Diejenigen, die am meisten zum Wohlergehen des Unternehmens beitragen, stehen auch in der Lohn- und Bonusskala an der Spitze. Das Entlohnungssystem wird unter Berücksichtigung größerer wirtschaftlicher Zusammenhänge und der sich daraus ergebenden Sachzwänge allgemein als gerecht und zufriedenstellend empfunden. Abgesehen davon, daß sie die Bezahlung als ihrer Leistung angemessen empfinden, haben die Mitarbeiter das Gefühl, daß ihre Bemühungen geschätzt werden, was sich auch in nichtmaterieller Anerkennung ausdrückt.

12. *Positive Entwicklung des einzelnen:* Im Unternehmen können sich die einzelnen Mitarbeiter gut entwickeln. Sie lernen dazu, steigern die Qualität ihrer Leistung und erreichen eine große Kompetenz. Hohe personelle Effizienz wird zu einem Gütesiegel des Unternehmens.

Die Summe dieser potentiellen Stärken (bzw. Schwächen, wenn die genannten Bereiche schwerwiegende Mängel aufweisen) veranschaulicht die komplexen Verflechtungen von Verhaltensweisen, die einem Unternehmen seinen unverwechselbaren Charakter verleihen. Weil eine exakte Messung dieser Faktoren praktisch unmöglich ist, vertrauen fähige Manager und Führungskräfte weitgehend ihrer gefühlsmä ßigen Einschätzung dessen, was vor sich geht.

Der kompetente Manager wird sowohl die Fülle handfester Fakten als auch die nicht so ohne weiteres greifbaren, aber dennoch bedeutsamen Faktoren auf solche hin untersuchen, die sich als Hebel zur Veränderung anbieten, und folgerichtige, auf einer schlüssigen Philosophie beruhende Entscheidungen treffen, die aller Voraussicht nach zu den erwünschten Resultaten führen.

Da aber die Ergebnisse oft erst nach einer verhältnismäßig langen Zeit sichtbar werden, beschäftigt sich der umsichtige Manager viel mit der Planung der Zukunft.

Schaffung eines positiven Betriebsklimas

Erfolgreiche Manager und Führungskräfte investieren einen großen Teil ihrer Energie in das Bemühen, ein den Unternehmenszielen förderliches, für die Ausschaltung von Schwierigkeiten günstiges und Veränderungen erleichterndes Betriebsklima zu schaffen. Ein negatives Beispiel soll den Begriff »Betriebsklima« deutlich machen. Ist es Ihnen nicht auch schon oft so ergangen, daß Sie als Kunde ein Geschäft oder Büro betreten haben und dann dort als unwillkommener Eindringling behandelt wurden, der sich untersteht, die Angestellten bei der Ausübung ihrer hochwichtigen Tätigkeiten zu unterbrechen? Wie sonst sollten ihr mürrisches Gehabe, die aufreizende Langsamkeit, das offensichtliche Desinteresse interpretiert werden? Mag sein, daß nicht speziell Sie gemeint waren, sondern daß dieses Verhalten der Welt mitteilen sollte, die Belegschaft wäre im Augenblick überall anders lieber als hier. Sie machte ja durchaus den Eindruck, sie würde jeden, der unglücklicherweise zu Laden- oder Büroschluß in der Tür stehe, auf ihrer Flucht nach Haus wie eine Herde wildgewordener Büffel niedertrampeln. Wo schon dem Außenstehenden ein solches Klima entgegenschlägt, da ist anzunehmen, daß es in allen Bereichen vorherrscht, auch wenn ein Betrieb nach noch so brillanten Systemen strukturiert ist. Denn kein System entfaltet seine Wirksamkeit, wenn es von der Haltung der Mitarbeiter unterlaufen wird. Nur wenn deren Einstellung »stimmt«, und dazu muß einiges getan werden, kommt es zu einem positiven Klima in einem Team, in einem ganzen Unternehmen. Und davon, wie dieser nicht so leicht wägbare entscheidende Faktor beschaffen ist, hängt ab, ob die zu leistende Arbeit besser oder schlechter getan wird.

Individuelle Energie

Es ist von einigem Nutzen, das in Gruppen herrschende Klima im Zusammenhang mit der Energie von Menschen zu überdenken. Man kann davon ausgehen, daß prinzipiell die Bereitschaft vorhanden ist, Energie zu investieren, um Bedürfnisse zu befriedigen, aber auch, um Verantwortlichkeiten zu erfüllen. Wenn sich also die Menschen im eben angeführten Beispiel wie widerwillige Gefangene verhielten, so konnten oder wollten sie ihre latent ja vorhandene Energie und Vitalität nicht einsetzen. Die Absicht eines Managers muß es also sein, diese verborgenen Möglichkeiten seiner Untergebenen freizusetzen und auf eine Weise zu kanalisieren, daß sie dem Erreichen der Unternehmensziele dienen. In der Terminologie der Managementwissenschaften spricht man von der notwendigen »Motivierung« der Mitarbeiter. Aus der Sicht des Managements kann sich die Energie des Einzelindividuums je nach Motivation in drei verschiedenen Weisen manifestieren, und zwar:

Positiv: Das Energiepotential ist aktiviert; die unvermeidlich auftretenden Rückschläge werden überwunden. Die betreffende Person ist an Leistung interessiert und bereit, sich für die Ziele des Unternehmens zu engagieren, weil ihr der Erfolg des Betriebs wichtig und den Einsatz wert ist.

Negativ: Auch hier kann von aktivierter Energie und von der Fähigkeit, mit Rückschlägen fertig zu werden, gesprochen werden – und doch kommt es nur höchst selten zu befriedigenden Resultaten. Warum? Ganz einfach deshalb, weil zuviel Zeit auf offenen oder versteckten Widerspruch, auf Revancheakte und feindselige Handlungen verwendet, weil also Energie verschwendet wird. Die Erreichung der Unternehmensziele wird als unwichtig oder gar unsinnig angesehen.

Blockiert: Hier ist das Reservoir an Vitalität und Energie scheinbar bereits aufgezehrt. Auffallend das Fehlen von Ausdrucksvermögen, was auf ein mangelndes Selbstverständnis schließen läßt. Oft wird mit einigem psychischen Aufwand das Gefühl der eigenen Unfähigkeit kultiviert oder viel Mühe in das Verbergen von Schwierigkeiten investiert. Menschen dieser Art können so unbeweglich im Denken und so pessimistisch sein, daß sie unfähig sind, sich welchen Zielen auch immer zu widmen. Blockierte Energie hat häufig mit geringem Interesse an der Arbeit zu tun oder hängt mit unerfüllten Karrierewünschen zusammen.

Die menschliche Energie ist die wichtigste dem Management zur Verfügung stehende Ressource, von der man gerne hätte, daß sie in der dargelegten Weise positiv eingesetzt wird und so den größtmöglichen Beitrag zur Erreichung der Unternehmensziele leistet. Gelingt es in einer Organisation, die Mitarbeiter zu einer solchen Grundeinstellung zu bewegen, so macht sich das tausendfach bezahlt. Auch Militärs kennen das Lied genau: Ein Soldat, der an die Sache, für die er kämpft, nicht glaubt, ist nicht stolz auf seine Uniform und – was schwerer wiegt – besitzt keinen Siegeswillen. Wie wichtig es ist, die Energien der Menschen nutzbar zu machen, wurde schon so oft betont, daß darüber nicht mehr viel gesagt werden muß. Weniger gut begriffen wurden jedoch die Faktoren, die zur Reduzierung bis völligen Blockierung dieser Triebkraft führen. Für Probleme in diesem Bereich existieren keine Patentlösungen. Vieles hängt von der Geschichte des Unternehmens, seinen örtlichen Gegebenheiten sowie von der Mentalität der dort Beschäftigten ab. Eine Fabrik in Tokio oder aber in Liverpool zu leiten sind zwei völlig verschiedene Aufgaben.

Häufige Motivationsbarrieren

Heute weiß man, daß Motivation ein komplexes Thema ist. Faktoren, die *Motivationshemmnisse* sind, müssen beseitigt werden, weil sie andernfalls Unzufriedenheit auslösen. *Motivierende Faktoren* hingegen steigern die Energie und die Zufriedenheit der Belegschaft. Also muß das Unternehmen in zweierlei Hinsicht untersucht werden:

1. auf Möglichkeiten der Ausschaltung von Motivationshemmnissen hin, damit es zu möglichst wenig Mißbehagen kommt;
2. auf die Steigerungsfähigkeit motivierender Faktoren, damit auch der Grad des Wohlgefühls wächst.

Der folgende Abschnitt legt sechs Faktoren dar, die sowohl die Zufriedenheit im Beruf als auch die Motivation beeinflussen. Hier sollten Sie überlegen, welche bei Ihnen (persönlich und im Betrieb) die hemmenden und welche die motivierenden Faktoren sind. Am Ende des Abschnitts finden sich einige relevante Untersuchungsergebnisse zu diesem Thema.

1. *Umfeld:* Kein Zweifel, daß die Umgebung, in der man tätig ist, die eigene Einstellung und Arbeitsenergie stark beeinflußt. Es lohnt sich also für einen Betrieb, Zeit, Mittel und Interesse in die

Entwicklung eines Umfelds zu investieren, das dem Erreichen der Unternehmensziele förderlich ist und den Bedürfnissen der Angestellten entgegenkommt. Zahllos sind die Beispiele von Menschen, denen der Arbeitsplatz Unbehagen bereitet, angefangen von dem Techniker, der in einer schlecht gestalteten und lärmerfüllten Produktionsabteilung sitzt, bis zu dem leitenden Angestellten, der sich nicht konzentrieren kann, weil er in einem Großraumbüro arbeiten muß. Manche Unternehmen scheinen sich richtig anzustrengen, ihre Mitarbeiter unglücklich zu machen.

2. *Entgelt:* Dieses umfaßt nicht nur Löhne und Gehälter, sondern auch Urlaube und zusätzliche Sozialleistungen. Vor allem letztere haben immer mehr an Bedeutung gewonnen, und sie können in verschiedensten Formen angeboten werden, die aber alle von den Mitarbeitern in der Regel höher geschätzt werden als der entsprechende finanzielle Gegenwert: Wohnungen, zusätzliche Kranken-, Unfall- und Lebensversicherungen, Dienstwagen, Essensmarken, Freizeitangebote, freier Warenbezug, Angestelltenrabatte in unternehmenseigenen Geschäften, Kleidung, medizinische Betreuung und Gesundheitsvorsorge, Unternehmensbeteiligungen, niedrig verzinste Kredite, Ausbildungsvergütungen, Betriebsausflüge für die Mitarbeiter und deren Familien und so fort.

3. *Sicherheit:* In einer Atmosphäre der Unsicherheit gibt man selten sein Bestes. Wir hatten einmal mit einer vom Staat finanzierten Organisation zu tun, deren Zukunft aufgrund der unterschiedlichen Standpunkte der großen Parteien ständig bedroht war, was wiederum viele Mitarbeiter in Existenzängste stürzte; manche wichtige Angestellte waren schon weggegangen. Darüber hinaus hielt dieser Zustand Leute, die für die Organisation sehr nützlich hätten sein können, davon ab, sich engagieren zu lassen. Das Gefühl der Sicherheit hängt nicht allein davon ab, ob man eine Arbeit hat oder nicht. Die Leute fürchten auch um ihre Position und um die Wertschätzung, die ihnen entgegengebracht wird. Man will sich am Arbeitsplatz wohl fühlen, auch deshalb ist die Förderung des Teamworks so wichtig. Ganz zentrale Bedeutung hat jedoch der Umgang mit den Menschen: Wer auf diesem Gebiet unsensibel agiert, der erhöht die Unsicherheit.

4. *Persönlichkeitsentwicklung:* Einer der besten Wege, die Leistung des einzelnen in einem Unternehmen zu erhöhen, besteht darin,

ihn bei seiner Persönlichkeitsentwicklung zu unterstützen. Persönliche Entfaltung und Erfahrung sind untrennbar miteinander verbunden. So nützlich Fortbildungs- und Trainingsprogramme auch sind, für wachsende Verantwortlichkeit und neue Erfahrungen gibt es keinen Ersatz. Besonders wichtig ist das Feedback, mit dessen Hilfe die eigene Leistung erst richtig eingeschätzt werden kann und das viel zu ihrer Steigerung beiträgt. Da manche Versuche, Anstöße zur Weiterentwicklung zu geben, deshalb ungeeignet sind, weil sie von den Betroffenen abgelehnt werden, müssen diese in die diesbezüglichen Entscheidungen voll einbezogen werden.

5. *Einbezogensein:* Die meisten Menschen wissen gerne um den Nutzen ihrer Arbeit und wollen sich als Teil des Unternehmens fühlen, dem sie angehören. Manche Betriebe informieren ihre Angestellten uneingeschränkt, so daß sich diese ein klares Bild über das Geschehen machen können. Andere jedoch scheinen sich besonders darum zu bemühen, die Belegschaft im dunkeln tappen zu lassen. Weil Engagement ein Prozeß ist, der in beide Richtungen verläuft, sollten die Mitarbeiter um ihre Meinungen und Vorschläge gefragt werden. Wir wissen aus der Gruppendynamik, daß in fast jeder Gruppe eine bestimmte Person den größten Einfluß hat; diese herauszufinden und in alle die Gruppe betreffenden Angelegenheiten bewußt einzubeziehen ist von sehr großer Bedeutung.

6. *Interesse und Herausforderung:* Der Wunsch, eine überdurchschnittliche Leistung zu erbringen, ist ziemlich weit verbreitet. Die meisten Menschen möchten Arbeitsplätze, die eine gewisse Herausforderung bedeuten, ein gewisses Können verlangen, nicht so leicht auszufüllen sind und wo die Tätigkeit selbst ein Ansporn ist. Unglückseligerweise sind aber weitaus zu viele Aufgaben langweilig und anspruchslos. Sie kennen vielleicht die Geschichte, wie ein Betriebsbesucher einen Arbeiter sieht, der an einem Fließband immerzu den immer gleichen Handgriff ausführen muß. Der Besucher meint: »Also dieser Job ist so einfach, den könnte sogar ein Affe machen!« Darauf der Arbeiter: »Keine Spur! Der Affe würde sich zu Tode langweilen!« Es kann eine Menge getan werden, um Arbeit so zu organisieren, daß sie mehr Interesse zu wecken und größere Herausforderungen zu bieten vermag. Sogar scheinbar un-

tergeordnete Dienste, etwa Reinigen oder Einordnen, können befriedigender gestaltet werden.

Studien haben ergeben, daß die Faktoren der ersten drei Punkte demotivierend sind, wenn über sie Unzufriedenheit herrscht. In diesem Fall bleiben Versuche, die Motivation durch andere Maßnahmen zu steigern, meist ohne Ergebnis. Darum sprachen wir von potentiellen *Motivationshemmnissen.*
Die restlichen Punkte behandelten die *motivierenden Faktoren*, deren Nutzung den Betrieb voranbringt. Die folgende Tabelle gibt einen Überblick über beide Faktorengruppen.
Es ist nicht unwichtig, zwischen dem einzelnen *Manager* und dem *Gesamtmanagement* eines Unternehmens zu unterscheiden und die Beziehungen zwischen dem Manager und dem System zu bedenken. Management ist eine gemeinschaftlich ausgeübte Funktion: Es trifft gemeinsame Entscheidungen und sucht korporativ nach Einschätzungen von Bedürfnissen und Problemen. Die einzelnen Manager handeln innerhalb dieses Rahmens unabhängig und lassen ihre persönliche Sicht, ihre Erfahrungen in ihre Entscheidungen mit einfließen. Ohne diese Freiheit, der jeweiligen Individualität Ausdruck zu verleihen, würde viel von der Lebendigkeit und Unverwechselbarkeit eines Unternehmens verlorengehen. Der einsichtsvolle Manager kann viel zu einer ausgereiften effizienten Managementphilosophie beitragen, indem er:

- die akuten Stärken und Schwächen des eigenen Wirkungsbereiches, der eigenen Abteilung aufspürt;
- Rahmenbedingungen schafft, die ein umfassenderes Problemverständnis ermöglichen;
- durch Heranziehen neuer qualifizierter Mitarbeiter für Anregung sorgt;
- ein Diskussionsforum schafft;
- sich über die in seinem Bereich vorhandenen Haltungen und Sichtweisen informiert;
- durch das eigene Beispiel richtiges Verhalten demonstriert;
- den gegenwärtig vorherrschenden Führungsstil analysiert;
- neue Konzepte und Ideen entwickelt.

Potentielle Motivationshemmnisse		
1. UMFELD	2. ENTGELTE	3. SICHERHEIT
Arbeitsplatz	Löhne und Gehälter	Kündigungsrisiko
Lärmpegel	Urlaub	Zugehörigkeitsgefühl
Hintergrundmusik	Sozialleistungen	Wertschätzung und Akzeptanz
Bedingungen am Arbeitsplatz	Gesundheitspläne	Führungsstil
Kantine	soziale Probleme	Beziehungen zu anderen
optische Ausstattung	Behandlung der Angestellten	
Einrichtungen		
Sauberkeit		
körperliche Arbeitsbedingungen		

Individuelles Managementverständnis

Seit einigen Jahrzehnten arbeiten Manager und Verhaltensforscher daran, die Merkmale einer wirkungsvollen Managementpraxis aufzuspüren. Um festzustellen, wie ein adäquates Verständnis von Führungsaufgaben beschaffen sein muß, haben sie die verschiedenen Weisen, wie erfolgreiche bzw. eher erfolglose Manager ihre täglichen Pflichten erfüllen, aufgezeichnet und analysiert sowie die dabei zutage tretenden Unterschiede dokumentiert. Nun sind sich die meisten Experten einig, daß die Qualität, auf die es am meisten ankommt, diejenige ist, die mit *Führung* bezeichnet wird.
Diese ist als die Fähigkeit definiert, Menschen und Sachen ergebnisorientiert einzusetzen. Im folgenden fassen wir Studien über dieses Thema zusammen, die zunehmend fundierter und praxisnäher gerieten.

Motivierende Faktoren		
4. PERSÖNLICHKEITS-ENTWICKLUNG	5. EINBEZOGENSEIN	6. INTERESSE UND HERAUSFORDERUNG
Verantwortung	Weitergabe von Informationen	interessante Projekte
Experimentieren	Beratung	Entwicklungserfahrung
neue Erfahrungen	gemeinsame Entscheidungsfindung	wachsende Verantwortlichkeit
Gelegenheiten zur Fortbildung	Kommunikation	Ziele
Feedback	Vertretensein	Feedback hinsichtlich der eigenen Leistung
Eigentumsbildung		

Die Entwicklung einer Theorie der Führung

In den vierziger Jahren wurden Millionen Männer und Frauen in die Armeen eingezogen. Ihnen wurde nach einem Minimum an Ausbildung die Erfüllung schwieriger und gefährlicher Aufgaben, die zum Teil von entscheidender Bedeutung waren, abverlangt. Um die charakteristischen Merkmale einer erfolgreichen Einheit herauszufinden, wurden auch Psychologen in die Streitkräfte integriert und zur Beobachtung von Offizieren und Kampfgruppen eingesetzt. Der Kommandostil reichte von autokratisch-selbstherrlich an dem einen Ende der Skala bis zu demokratisch am anderen. Der autokratische Kommandeur erteilte Befehle, kontrollierte deren Ausführung, verlangte die unbedingte Erfüllung der gestellten Aufgabe und bestrafte, wenn etwas schiefging. Der demokrati-

sche Kommandeur gab Informationen weiter, hörte sich die Ideen seiner Leute an, suchte Übereinstimmung, ließ die vorgebrachten Vorschläge in seine Überlegungen einfließen und bediente sich der Gruppe, um den einzelnen unter Kontrolle zu halten.
Auch dem Führungspersonal in Wirtschaftsunternehmen wurden damals schon eingehende Untersuchungen gewidmet. Die damit befaßten Sozialwissenschaftler gaben zwei Quellen des Einflusses von Führungspersönlichkeiten an: Die eine sei die mit der jeweiligen Aufgabe oder Rolle verbundene Macht, die andere liege bis zu einem gewissen Grad in der damit betrauten Person selbst – in ihrem persönlichen Einflußvermögen, in ihrer individuellen Stärke. Also sei Führungsstil zum Teil eine Funktion der jeweiligen Position und zum anderen Teil eine Funktion der Persönlichkeit. Später wurden viele weitere Faktoren der Einflußnahme identifiziert, etwa Erwartungshaltungen der zu Beeinflussenden, Art der Aufgabe, Erwartungen der Vorgesetzten, Standpunkt der Gewerkschaft, Gesetzgebung usw.
In den fünfziger und frühen sechziger Jahren wurden an den Universitäten die Studien des Managerverhaltens intensiviert. Man beobachtete, daß es Führungskräfte gibt, deren Spezialität es ist, Richtlinien auszuarbeiten oder Anweisungen zu geben; andere wieder widmen den größten Teil ihrer Zeit der Ermutigung, der Unterstützung und Entwicklung von Arbeitsbeziehungen; eine dritte Kategorie füllt *jede* dieser Funktionen in einem beträchtlichen Maß aus. Nun übten sich die Sozialwissenschaftler als Propheten: Nicht jene Manager, die der Erfüllung der anstehenden Aufgaben absolute Priorität geben, aber auch nicht jene, die vor allem an der Herstellung guter Beziehungen arbeiten, würden am erfolgreichsten sein. Sondern es werde dieses Prädikat denjenigen zustehen, die sich auf beides gleichermaßen verstünden.
Doch diese einfache (vielleicht allzu simple) Hypothese hat sich in der Praxis nicht bewahrheitet. Hingegen scheint richtig zu sein, daß ein bestimmter Führungsstil unter bestimmten Voraussetzungen funktioniert, unter anderen jedoch nicht. Mit anderen Worten: Es existiert keine alleinseligmachende Methode, die überall und in allen Situationen anwendbar wäre; unterschiedliche strukturelle Gegebenheiten verlangen nach unterschiedlichen Vorgangsweisen. Die neue Vorhersage lautet also: Der Manager, dessen Führungsstil

sich am besten für einen bestimmten Arbeitszusammenhang, für einen bestimmten anzuleitenden Personenkreis eignet, wird dort auch die größten Erfolge erzielen.

Aktuelle Vorstellungen zu Fragen der Führung

In den letzten Jahren wurde dem Erkennen der Erfordernisse, die von einer bestimmten Situation ausgehen, besondere Aufmerksamkeit gewidmet. Erst wenn dies geschehen sei, könne ein geeigneter Führungsstil festgelegt werden. Ein Beispiel: Unter den Managern einer Fabrik ist einer für die Qualitätskontrolle verantwortlich, ein anderer für die Errichtung einer neuen Produktionseinheit, ein dritter überwacht eine Gruppe von Gastarbeitern, und ein vierter leitet die seit langem bestehende Versandabteilung. Jeder dieser Manager und Vorgesetzten arbeitet in einer anderen Umgebung, wo er mit einer jeweils anders gearteten Gruppe von Menschen eine spezifische Aufgabe löst. Es wäre naiv zu glauben, daß dies jeder mit dem im wesentlichen gleichen Führungsstil bewerkstelligen könnte. Die Stile müssen sich schon deshalb voneinander unterscheiden, weil die Bedürfnisse der jeweils Untergebenen unterschiedlich sind. Daraus resultiert eine wichtige Frage: Welchen Führungsstil muß ich bei dieser Person praktizieren?
Die moderne Wissenschaft vom Führungsverhalten legt höchstes Gewicht auf die Entwicklung von Beziehungen, auf Konsultationen und auf eine Art freundschaftlichen Kontakt zwischen dem Manager und seinen Mitarbeitern. Diese Betonung der menschlichen Beziehungen sollte den Gegenpol zu den auf Ausnutzung bedachten und mechanistischen Methoden des traditionellen Managerverhaltens bilden. Und zwar deshalb, weil die Haltung, den Leuten zu sagen, was zu tun ist, sie zu disziplinieren und einen unverrückbaren Standpunkt einzunehmen, von vielen dieser Wissenschaftler als Symptom eines unangemessenen Managementverhaltens angesehen wurde und noch wird. So manche erfahrene Manager und Führungskräfte haben für diese neue Philosophie jedoch nur abwertende Kommentare übrig, weil sie eine straffe Führung für unverzichtbar halten. Die Erfahrung hat uns gelehrt, daß richtig daran getan wurde, die Annahme zu hinterfragen, partizipati-

ver Führungsstil sei die einzige Antwort. In den achtziger Jahren erlebten wir in Europa eine gewisse Renaissance des vertikalen, auf Machtausübung und -verteilung ausgerichteten Führungsstils.

Situationsbezogener Führungsstil

Paul Hersey und Kenneth Blanchard stellten 1977 die Managementpraxis in einem Modell des situationsbedingten Führungsstils dar. Die von ihnen angewandte Methode hat die Zustimmung vieler Manager als tatsächlich praxisbezogen und brauchbar gefunden. Ihnen zufolge lernt ein erfolgreicher Manager die Führungserfordernisse schwieriger Situationen zu diagnostizieren und bedient sich geschickt des dafür geeigneten Führungsstils. Die vier im folgenden dargelegten Stile des Managementverhaltens gehen direkt auf die beiden Autoren zurück.

»Weisungen erteilen«
Worum es sich handelt: Der Manager gibt genaue Instruktionen, beobachtet scharf die Aufgabenerfüllung und achtet stets auch auf die Details dessen, was vor sich geht. Ungenügende Leistungen und nicht erfüllte Normen werden rasch erkannt, und die dafür verantwortliche Person wird unmißverständlich darauf hingewiesen. Der Vorgesetzte macht ohne Umschweife klar, was erwartet wird, und besteht auf besserer Arbeit; dabei legt er vor allem Gewicht auf die Entwicklung individueller Fertigkeiten.
Wann dieser Stil anzuwenden ist: Dieser Weisungsstil ist bei Einzelpersonen und Gruppen anzuwenden, die nicht fähig sind, eine Aufgabe in Angriff zu nehmen, und/oder nicht willens, von sich aus zu lernen. Er ist besonders für die Anleitung neuer Mitarbeiter oder bei der Übernahme von nicht (mehr) zufriedenstellend funktionierenden Abteilungen brauchbar.
Was zu tun ist:
- Bei sich die zu verlangenden Normen klären;
- umfassende Weisungen erteilen;
- die technischen Fertigkeiten des einzelnen entwickeln;
- die Leistung überprüfen;
- wenn nötig, disziplinieren;

- auf Fehler und auf gute Arbeit hinweisen;
- den Stolz auf gute Leistung entwickeln;
- rücksichtsvoll sein, aber zugleich fest bleiben;
- die Leistung betonen;
- durch sichtbares Interesse für Lernprobleme das Lernen fördern.

»Verkaufen«

Worum es sich handelt: Der Manager wird häufig selbst initiativ und ist beim Erteilen von Anweisungen, Instruieren und Beobachten der Leistung sichtbar sehr aktiv. Die Kommunikation hat einen hohen Stellenwert, und viel Energie wird in das Vertrautwerden und in das Entwickeln von Beziehungen investiert. Besondere Aufmerksamkeit wird Leistungsstandards geschenkt, in deren Festlegung die Mitarbeiter einbezogen werden. Die Bedeutung der Arbeit einzelner im Hinblick auf das Team und die gestellte Aufgabe wird diskutiert, und es wird deren Leistung im Gesamtzusammenhang des Unternehmens gesehen.

Wann dieser Stil anzuwenden ist: Der Führungsstil des »Verkaufens« ist bei etablierteren Gruppen und Einzelpersonen anzuwenden, die über gewisse Grundfertigkeiten verfügen, aber noch viel zu lernen haben. Er paßt gut zu Teams, deren Mitglieder zwar willig sind, aber sich mehr Gedanken über ihre Arbeit machen müßten. Die »Verkaufs«-Methode ist auch bei Gruppen mit Qualitäts- oder Produktionsproblemen brauchbar, die sie nicht selber lösen können. Des Managers Betonung von Kontrolle und Unterweisung entwickelt die Fertigkeiten der Mitarbeiter in systematischer Weise.

Was zu tun ist:

- sich für jeden einzelnen Zeit nehmen;
- arbeitsbezogene Themen von allgemeinem Interesse erkennen;
- jeden einzelnen Charakter einschätzen;
- umfassend kommunizieren;
- den Stolz auf die gemeinsame Leistung entwickeln;
- wenn es nötig ist, klare Anweisungen erteilen;
- die Leistung entsprechend den vorgegebenen Normen überprüfen;

- um deren Einhaltung willen auch zu disziplinierenden Maßnahmen greifen;
- erwünschtes Verhalten belohnen.

»Partizipieren«

Worum es sich handelt: Der Manager konzentriert sich auf die Erhöhung der Moral und die Verbesserung der Stimmung in der Gruppe, entwickelt aktiv die persönlichen Beziehungen und ermuntert die aktive Teilnahme. Den Mitarbeitern wird beigebracht, die eigenen Probleme anzupacken und zu lösen. Das Erteilen von Anweisungen ist auf ein Minimum reduziert, allerdings werden außergewöhnliche Vorfälle vom Manager geklärt und entschieden. Er trägt dafür Sorge, daß wichtige Entscheidungen umfassend und genau begründet werden, und motiviert die Gruppenmitglieder, sich für das Gesamtunternehmen einzusetzen.

Wann dieser Stil anzuwenden ist: Der partizipative Führungsstil ist bei Individuen und Gruppen angebracht, die grundlegend über die Fertigkeit und Fähigkeit verfügen, ihre Aufgabe technisch zu meistern. Eine derartige Gruppe weiterzuentwickeln bedeutet, daß ihre Mitglieder ihre tägliche Arbeit wachsend selbstverantwortlich tun und die eigene Moral hoch halten.

Was zu tun ist:

- Anweisungen und Kontrollen auf ein Mindestmaß beschränken;
- Selbstkontrollsysteme einführen;
- bei auftauchenden Problemen beraten;
- die Entwicklung der einzelnen Mitarbeiter unterstützen, indem bei den gestellten Aufgaben Hilfestellung gegeben wird;
- umfassend kommunizieren;
- Stellungnahmen und Feedback fördern;
- über Ziele sprechen, aber nicht festlegen, wie diese erreicht werden sollen;
- zunehmend Verantwortung delegieren.

Delegieren

Worum es sich handelt: Der Manager bleibt als »Hilfskraft« im Hintergrund und überläßt den Großteil der Arbeit den einzelnen

Teammitgliedern. Die tägliche Beobachtung und Kontrolle wird ebenfalls von diesen ausgeübt.
Wann dieser Stil anzuwenden ist: Der delegierende Führungsstil ist bei Individuen und Gruppen angebracht, die eine große Kompetenz erreicht haben und gewillt sind, sich mit ganzer Energie einer Aufgabe zu widmen. Er dient der Führung fähiger Menschen, die dem Unternehmen gegenüber verantwortungsbewußt und positiv eingestellt sind.

Was zu tun ist:
- sich über Ziele verständigen und sich darauf einigen;
- Hilfestellung nur dann geben, wenn darum ersucht wird;
- die Gruppen gegenüber anderen vertreten, wenn dies notwendig ist;
- Einmischung vermeiden;
- auf Wünsche ernsthaft eingehen.

Entwicklungsstufen
Sowohl Individuen als auch Gruppen entwickeln sich stufenweise, und eine Führungspersönlichkeit mit Augenmaß erkennt, was sich daraus jeweils an einem bestimmten Zeitpunkt für Notwendigkeiten ergeben. Dieser Prozeß ist komplexer, als er scheint. Die Konzeption der persönlichen Reife, Thema einer ausführlichen Arbeit von Argyris (1957), hat großen Wert für das Verständnis der Bedürfnisse von Individuen wie von Organisationen. Zum Beispiel geht manchen Menschen der Wille oder die Fähigkeit ab, eine Tätigkeit zu erlernen bzw. sie zu meistern. Sie brauchen einen erheblich anderen Führungsstil als lernbereite und auch lernfähige Leute.
Ähnliches gilt auch für Gruppen. Der erfolgreiche Manager hilft einer Gruppe, ein hohes Niveau von Verantwortung und Kompetenz zu erreichen.
Zu diesem Zweck wird er folgendes wissen wollen: 1. wo die Gruppe derzeit in ihrer Entwicklung steht; 2. wie sie sich voraussichtlich weiterentwickeln wird; 3. was der Manager tun kann, um ihr weiterzuhelfen.
Eine Gruppe kann sich jeweils auf einer der vier in Abbildung 4 dargestellten Entwicklungsstufen befinden.

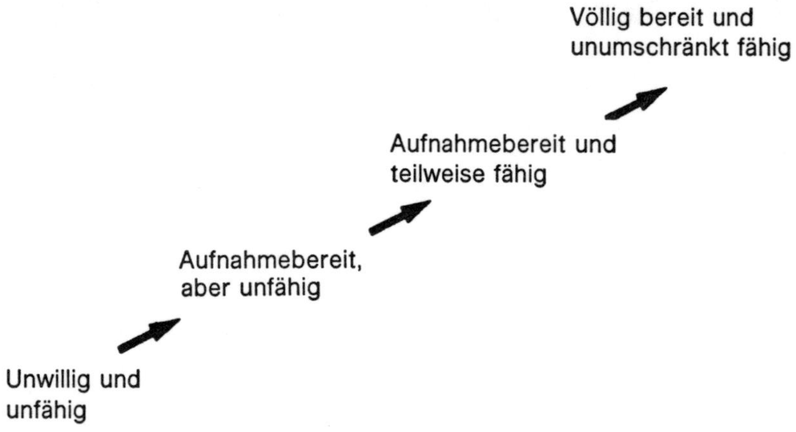

Abbildung 4: Stufen der Gruppenentwicklung

Gruppen entwickeln sich langsam, und Fehlentwicklungen sind nicht ausgeschlossen. Fast jede Gruppe kann jedoch unterstützt und ermutigt werden, einen höheren Grad an Reife zu erlangen. Werden Kontrollen und direkte Weisungen nach und nach weniger, so muß das Verhalten der Gruppenmitglieder beobachtet wer-

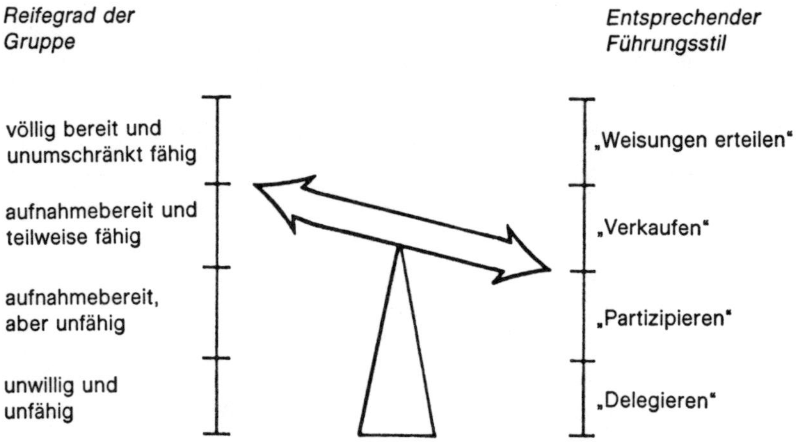

Abbildung 5: Reifegrad einer Gruppe und entsprechender Führungsstil

den, um zu erkennen, ob sie Verantwortung übernehmen und gut arbeiten. Dieser Prozeß wird in Abbildung 5 dargestellt.

Die Persönlichkeit des Vorgesetzten

In erster Linie wurden bisher die möglichen Verhaltensweisen eines Teamleiters dargestellt, nicht aber die persönlichen Wertvorstellungen, die sie wesentlich mitbestimmen. Der Führungsstil eines Vorgesetzten wird von vielen Faktoren beeinflußt, zum Beispiel von örtlichen Traditionen, von der Technologie des Unternehmens und deren Erfordernissen, von der Gewerkschaft, den Erwartungen der übergeordneten Manager und von der Geschichte des Unternehmens. Obwohl all diese Faktoren und mehr eine Rolle spielen, kommt es für den Leiter einer Gruppe sehr darauf an, daß er sich seine persönliche Integrität bewahrt und dem Druck, sich überangepaßt zu verhalten, widersteht. Denn ein mechanisch angewandter Führungsstil ist undynamisch und unflexibel, und er beschwört leicht Feindseligkeit herauf.
Darum meinen wir, daß eine kluge Führung den Bedürfnissen der Mitarbeiter entgegenkommt; daß sie deren Persönlichkeiten und dem Grad ihrer Kompetenz entsprechend vorgeht; und daß sie darüber hinaus Ausdruck der persönlichen Überzeugungen des mit der Aufgabe betrauten Managers sein muß. Wer versucht, einen Stil anzuwenden, der dem eigenen Wesen zuwiderläuft, begeht in aller Regel einen groben Fehler. Was sich aber erlernen läßt, das ist, wie man die verschiedenen Seiten seiner selbst präsentiert und wann es nützlich und angebracht ist, eine besonders hervorzukehren. Um jedoch Manipulation bzw. ein falsches und leicht durchschaubares Überlegenheitsgehabe zu vermeiden, das die Mitarbeiter fast zwangsläufig zu Ablehnung und Mißtrauen provoziert, muß dies wohldosiert geschehen.
Es wurde schon gesagt, kann aber nicht nachdrücklich genug betont werden: Bedenken Sie immer, wessen Ihre Mitarbeiter im Augenblick und auf längere Sicht bedürfen! Manchmal brauchen sie Unterstützung, dann wieder strikte Anleitung, gelegentlich sind disziplinierende Maßnahmen unvermeidlich, und auch offene Worte, unangenehme Mitteilungen, die ihre Position betreffen,

müssen dann und wann ausgesprochen werden. Bedenken Sie auch: Das vom Manager für den Umgang mit »seinen« Leuten gewählte Verhalten wirkt sich auch stark auf ihre Arbeitsfähigkeit, ihre Arbeitsmoral und ihr Zugehörigkeitsgefühl zur jeweiligen Gruppe aus.

Wie die Ehre entzieht sich auch Führungsqualität der präzisen Definition. Die verschiedenen möglichen Haltungen dazu ergeben sich aus persönlichen Präferenzen, aus lokalen Traditionen, aus der Art der Aufgaben und aus der Mentalität der Menschen, die diese zu erfüllen haben. Der eine Manager mag Statussymbole zur Schau stellen und offen Privilegien genießen – etwas üppige Teppiche, längere Mittagspausen und eine tadellos zurechtgemachte und nicht ausgelastete Sekretärin. Ein anderer wieder pflegt einen offenen Umgang, ist für seine Mitarbeiter jederzeit ansprechbar (auch zu heiklen Themen) und ein überzeugter Gegner jeglicher Machtdemonstration, weil eine solche seiner Meinung nach Barrieren in der Betriebsstruktur errichtet. Unterschiede und ungelöste Fragen können Quellen der Kraft werden, wenn man sie offen und mit Hilfe einer wirksamen Problembewältigungsstrategie behandelt. Eine zentrale Aufgabe von Managern und Führungskräften ist es, sicherzustellen, daß dieser Prozeß überhaupt stattfindet und daß strittige oder sonstwie akute Fragen aufgeworfen, verdeutlicht und schließlich gelöst werden.

Nun ist es an der Zeit, über eine signifikante Unterscheidung zu sprechen: Manager und Führungskraft ist nicht unbedingt dasselbe. Die Führungskontrolle in einem Arbeitsteam zum Beispiel muß nicht notwendigerweise stets nur mit einer und immer derselben Person besetzt sein. Gut entwickelte Gruppen verfügen über ein gemeinsames Wissen über die individuellen Stärken ihrer Mitglieder; hier kann es entsprechend den aktuell zu bewältigenden Aufgaben zu einer Umgruppierung der Kräfte kommen. Es ist daher gut möglich, daß die Führung von Arbeitsgruppen, Komitees und dergleichen wechselt, daß jeweils neue Personen in den Vordergrund rücken, wenn gerade deren Stärken gebraucht werden. Es kommt vor, daß ein gesunder Prozeß dieser Art von einem Manager be- oder gar verhindert wird, der es etwa ablehnt, Informationen weiter- oder Kontrollfunktionen abzugeben. Paradoxerweise dient ein formell als Manager Eingesetzter dem Unternehmen bisweilen dann am besten, wenn er seine bislang geübten Entscheidungs- und Durchführungsbefugnisse teilweise anderen überläßt.

Merkmale von Managern mit großem/mangelhaftem Managementverständnis

Ein weiteres Mal werden die polaren Unterschiede hinsichtlich einer bestimmten Führungsqualität mittels einer Vergleichsliste verdeutlicht. Kurz zusammengefaßt ergibt diese die Punkte, auf die es uns in diesem Abschnitt angekommen ist.

Mangelhaftes Managementverständnis	*Großes Managementverständnis*
Diskutiert kaum einmal Führungsprinzipien;	Ist stets für Diskussionen über prinzipielle Fragen des Führens zu haben;
ist keiner Theorie des Führungsstils bewußt nähergetreten;	hat ein umfangreiches Wissen über Ideen zu Fragen des Managementstils;
folgt dem jeweils aktuellen Trend der neuesten Managementmode;	gebiert der »Zeitgeist« eine als non plus ultra gerühmte Managementmethode, so hinterfragt er diese nach bestem Wissen und Gewissen;
analysiert die eigenen Schwächen nicht;	geht den eigenen Schwächen auf den Grund;
schafft ein ungünstiges Arbeitsklima;	arbeitet an einem positiven Arbeitsklima;
verabsäumt es, vorhandene Kräfte in die richtigen Bahnen zu lenken;	setzt blockierte Energien frei;
verfügt über keine realistische Motivationstheorie;	ist sich über Motivationsbedingungen im klaren;
ist sich seines eigenen Führungsstils nicht bewußt;	hat ein klares und nicht von Eitelkeit bestimmtes Bild über seinen Führungsstil;

ist in seinem Führungsstil unflexibel;	variiert den Führungsstil den jeweiligen Anforderungen gemäß;
verabsäumt es, für gute Leistungen seiner Mitarbeiter zu sorgen;	unter seiner Führung geben die Mitarbeiter ihr Bestes;
ist manipulativ.	ist glaubwürdig und erkennbar er selbst.

Wann Manager ein klares Managementverständnis am dringendsten benötigen

Das ist vor allem dann der Fall, wenn Managern die Aufgabe gestellt ist, Mitarbeiter bzw. Untergebene unmittelbar unter Kontrolle zu halten. Um diese zu erfüllen, muß man mit Menschen unterschiedlicher Begabung, unterschiedlichen Könnens und solchen, die disziplinäre oder Probleme der Arbeitsmoral haben, umgehen können. Wenn aber ein Unternehmen seinen bisherigen Managementstil zur Disposition stellt und nach zeitgemäßeren Methoden Ausschau hält, müssen sich seine Führungskräfte ganz besonders um tiefere Einsichten in die Fragen des Führungsstils bemühen. Dies gilt in erster Linie für die oberste Etage, weil von ihr die Managementpraxis im Gesamtunternehmen entscheidend abhängt.

Literaturhinweise

Argyris, C., The individual and organisation: Some problems of mutual adjustment. In: *Administrative Science Quarterly,* 2(1), 1957.

Francis, D./Woodcock, M., *Fifty Acitivities for Self-development.* Aldershot: Gower, 1982.

Hersey, P./Blanchard, K. H., *Management of organizational behaviour* (3. Aufl.). Englewood Cliffs, NJ: Prentice-Hall, 1977.

Woodcock, M./Francis, D., *Unblocking your organization.* San Diego, CA: University Associates, 1979.

Blockierung 9: Geringe Führungskompetenz

Eine kleine Küche. Ein älterer Mann unterhält sich mit seinem Schwiegersohn. Beide mögen diese gelegentlichen Gespräche, die sich in schöner Regelmäßigkeit um ihre Arbeitserfahrungen in der Industrie drehen. Ihre Standpunkte sind allerdings sehr verschieden: George, der Jüngere, ist ein vielversprechender Manager, möglicherweise für »höhere Aufgaben« gut; Charlie, der Schwiegervater, war zeitlebens in einer Fabrik beschäftigt – seine schwieligen, zerfurchten Hände sprechen eine deutliche Sprache.

Die Unterhaltung verläuft anders als die bisher geführten, da sie die erste seit Charlies Pensionierung ist. Der Jüngere fragt: »Na, wie ist es so als Rentner? Geht dir die Arbeit ab?« Ohne groß nachzudenken, erwidert Charlie: »Nein, überhaupt nicht, und ich sag dir auch warum: Jetzt hab ich fast vierzig Jahre lang immer dasselbe gemacht – jeden Tag an meiner Maschine angebunden wie ein Hund in seiner Hütte. Und ich kann mich nicht erinnern, daß mir irgendwer in dieser ganzen Zeit gesagt hätte, daß ich einen guten Job mache.«

Der junge Mann wird nachdenklich. Und meint dann: »Na ja, das wichtigste ist, daß etwas produziert wird. Würden wir nichts leisten, kämen wir nirgendwohin.«

Charlie runzelt die Stirn und tippt auf seine Uhr. »Sieh her«, sagt er, »die haben mir die Armbanduhr nach einem halben Leben Arbeit dort gegeben. Sie ist so billig wie sie selber, dabei sagten sie noch, ich soll froh sein, überhaupt was zu bekommen. Wär ich du, ich würde anfangen, mir Gedanken über die Leute zu machen, die die eigentliche Arbeit tun.«

Beide halten ihren jeweiligen Standpunkt für allein richtig und den andere für verdreht. Ihre Erfahrung ist so verschieden voneinander, daß sie kaum eine gemeinsame Basis finden können.

In vielen Unternehmen gibt es eine Rolle, die mehr als jede andere die Welt des Topmanagements mit der Welt des Arbeiters verzahnt: die Rolle des Vorgesetzten. Diese Position kann verschiedene Titel haben, aber ihre Merkmale bleiben ähnlich, egal, um welches Unternehmen es sich handelt.

Dieser Abschnitt beschäftigt sich ausführlich mit eben dieser

Rolle. Weil die mit ihr verbundenen Fertigkeiten von jedem verlangt werden, der dafür verantwortlich ist, Menschen in sein System so zu integrieren, daß sie ihre Arbeit erfolgreich verrichten, ist unsere Definition für alle Ebenen des Managements relevant. Einfach zusammengefaßt, muß ein Vorgesetzter

1. die eigene Rolle analysieren;
2. die Aufgaben anderer definieren;
3. Verantwortung delegieren;
4. Effizienz lohnend machen;
5. mit schwierigen Menschen umgehen.

All dies kann erlernt und in Richtung Perfektion entwickelt werden. Die folgenden Unterabschnitte dienen diesem Ziel.

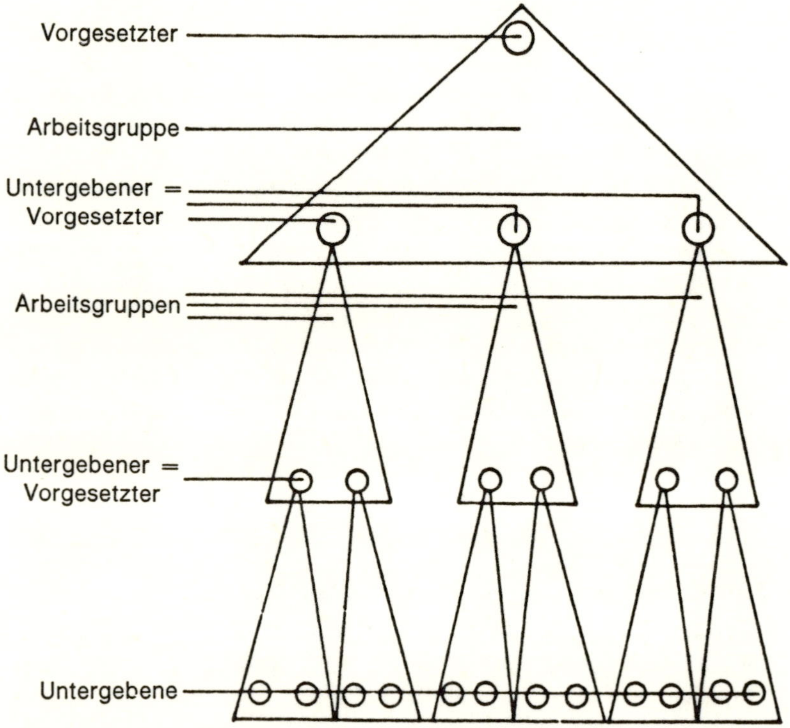

Abbildung 6: Gruppenstruktur eines Unternehmens

Analysieren der Rolle des Vorgesetzten

Jedes Unternehmen setzt sich aus Arbeitsgruppen zusammen. Es kann – wie in Abbildung 6 gezeigt – als ein großes Dreieck gesehen werden, das auf mehreren kleineren ineinandergeschobenen Dreiecken beruht. Die gezeichneten Dreiecke überschneiden sich, um zu zeigen, daß Untergebene der höheren Gruppe zugleich Führungskräfte der darunterliegenden Gruppe sind. Die Basis der Pyramide bilden Menschen, die keine Führungsverantwortung haben.

Das englische Wort »supervisor« für Führungskraft oder Vorgesetzter läßt seine ursprüngliche Bedeutung stark anklingen: jemand, der etwas von einer höheren Warte aus sieht.

Praktisch alle Unternehmen beschäftigen Personen, die keine andere Verantwortung haben, als eine Einheit als Ganzes zu überblicken. Genau diese Verantwortlichkeit ist die des Vorgesetzten. Wer damit befaßt ist, muß nicht unbedingt überlegene Fähigkeiten mitbringen, aber er braucht einen grö ßeren Überblick als seine Mitarbeiter und muß sehr unterschiedliche Aufgaben erfüllen.

Die Rolle des Vorgesetzten hat im Laufe der Jahre viele Veränderungen erfahren, deren meiste zu größerer Komplexität und auch zu stärkerem Streß geführt haben. In einem Zeitungsartikel von 1975 wiesen wir auf den zunehmenden Druck hin, der auf den Vorgesetzten lastet:

> Als es im vergangenen Jahrhundert zur Herausbildung der Rolle des Vorgesetzten kam, war diese eindeutig definiert. Er hatte die Arbeit zu verteilen, Normen zu setzen, für deren Einhaltung sowie für Arbeitsdisziplin zu sorgen. Seine Autorität wurde kaum je in Zweifel gezogen und vieles war zu seinen Gunsten geregelt. Es gab kaum übergeordnete Manager und praktisch überhaupt keine Spezialisten, so daß die täglichen Entscheidungen in letzter Instanz von ihm getroffen wurden. Sein Status lag deutlich über dem des »Arbeiters« – er war eben »Vor«arbeiter, dessen Kontroll- und Disziplinierungsrechte nur selten angefochten wurden. In vielen Fällen war er für Einstellungen wie für Entlassungen zuständig. Arbeitsplätze waren rar und daher kostbar, es war kein Problem, jemanden hinauszuwerfen – kein Wunder, daß nur wenige es wagten, seine Position anzugreifen (. . .) Familiengewohnheiten, Erziehung und Erfahrungen im

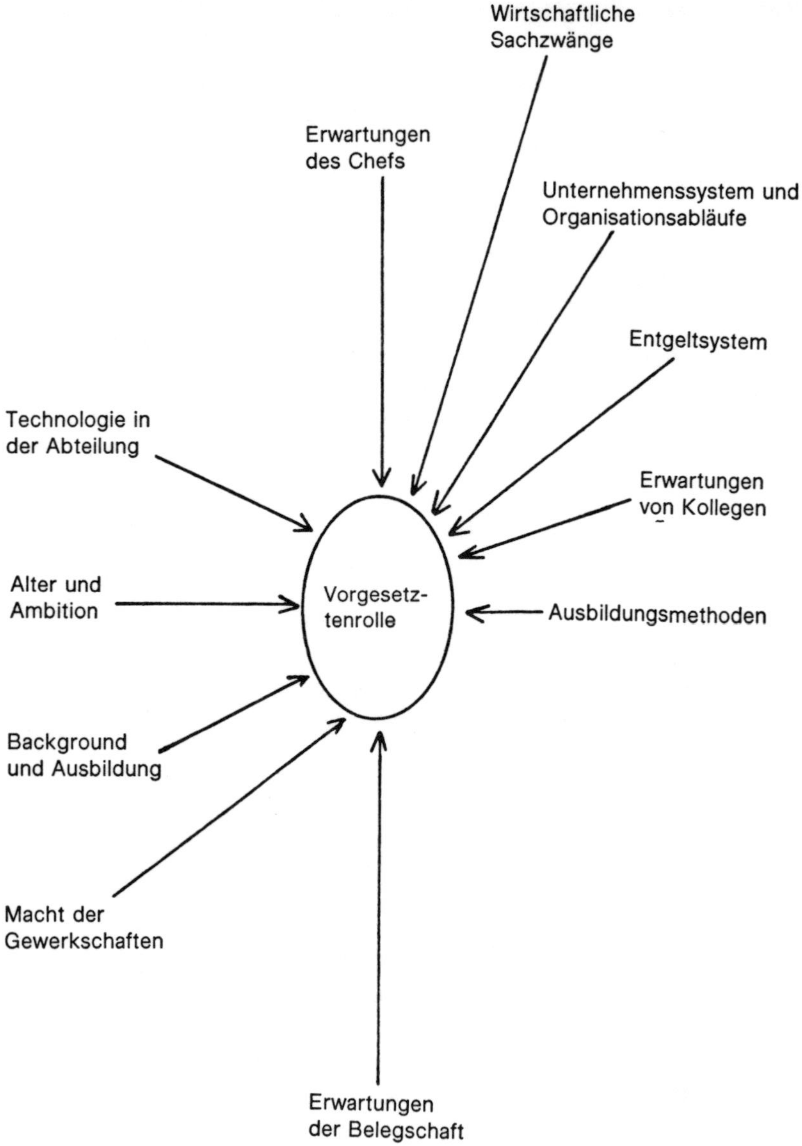

Abbildung 7: Auf Vorgesetzte einwirkende Anforderungen und Zwänge

> Militär trugen überdies zur Akzeptanz von Autorität unter den Arbeitern wie in der Gesellschaft insgesamt bei.
> Ein fundamentaler Wandel der Haltungen zu Arbeit, Erziehung, Technik, Lebensstil und persönlichen Erwartungen hat den Charakter der Gesellschaft verändert. Davon wurde in der Industrie vielleicht kein anderer so betroffen wie der Vorgesetzte, der Mann, der so lange im Mittelpunkt stand. Fast ausnahmslos machte jede soziale und technologische Entwicklung sein Leben schwieriger. Die Menschen sind jetzt gebildeter, wohlhabender, freier und weniger autoritätsgläubig. Ihre Bereitschaft, fleißig zu arbeiten und sich, ohne zu fragen, Regeln zu unterwerfen, ist geringer geworden – aber es war gerade diese Bereitschaft, von der sich viele Vorgesetzte tragen ließen. Für sie wird es von Jahr zu Jahr schwieriger, sich der Flut sozialer Veränderungen zu erwehren.

Die Führungstechniken verändern sich analog dem im Management und im Betrieb als Ganzem vorherrschenden Klima; was im viktorianischen England üblich war, wäre in den Elektroniklabors von heute kaum zielführend. Die wichtigsten der komplexen Anforderungen und Zwänge, die auf Vorgesetzten heutzutage lasten, sind in Abbildung 7 graphisch dargestellt.
Jeder dieser bestimmenden Faktoren beeinflußt die Art und Weise, wie ein einzelner die Vorgesetztenrolle ausfüllt. Der Druck, den diese Anforderungen und Zwänge ausüben, verändert sich laufend, und ständig tauchen neue Faktoren auf, die eine wissenschaftliche Analyse nahezu unmöglich machen. Der Vorgesetzte muß einen vorsichtigen Kurs durch viele miteinander in Konflikt stehende Anforderungen steuern. Es überrascht daher nicht, daß viele diese Aufgabe als überfordernd ansehen und sie negativ besetzen. In etlichen der uns bekannt gewordenen Unternehmen sind die Vorgesetzten die unzufriedensten und am meisten demoralisierten Angestellten.
Dabei liegt es an ihnen, sich selber zu helfen, indem sie die Faktoren, die auf sie Druck ausüben, und die Konflikte, in denen sie stehen, systematisch analysieren. Unserer Erfahrung nach geschieht dies am besten im Rahmen einer Diskussionsgruppe, die sich aus unterschiedlichen Führungskräften des Unternehmens zusammensetzt. Auch Sie können diese Art Analyse systematisch angehen, indem Sie die folgende Liste von Fragen benutzen.

Anforderungen und Zwänge	*Schlüsselfragen*
Erwartungen des Chefs:	Wie wird meine Leistung bewertet? Wie klar sind meine Ziele?
Wirtschaftliche Sachzwänge:	Welchen Einfluß haben ökonomische Zwänge auf Haltungen? Beeinflußt das Niveau der Anforderungen die Leistung?
Unternehmenssystem:	Wieviel Zeit beanspruchen Organisationsabläufe? Wo liegen die Grenzen meiner Selbständigkeit?
Entgelte:	Welches Verhalten wird belohnt? Welches bestraft?
Erwartungen von Kollegen:	Was muß ich tun, um hineinzupassen? Welche beruflichen Leistungsstandards werden von mir erwartet?
Ausbildungsmethoden:	Wird die Ausbildung in geeigneter Form gesteuert? Welche Haltungen werden durch die Ausbildung vermittelt?
Erwartungen der Belegschaft:	Welches Verhalten wird von mir erwartet? Wie sieht sie Fragen der Disziplin? Wie gut würde sie ohne mich arbeiten?
Macht der Gewerkschaften:	Unterstützt mich das mir übergeordnete Management? Werde ich hinreichend informiert? Wird mein Einfluß durch die Gewerkschaft untergraben?

Alter und Ambitionen:	Was erwarte ich mir vom Berufsleben? Was ist für mich wichtig? Inwieweit bin ich gewillt, mich für meine berufliche Entwicklung zu ändern?
Technologische Anforderungen:	Welche speziellen Anforderungen stellt die Technologie an mich? Welches sind die Merkmale der in meinem Arbeitsbereich tätigen Personen?

Darüber hinaus zerren noch andere starke und oft divergierende Kräfte einen Vorgesetzten in verschiedene Richtungen. Also ist er geradezu gezwungen, sich Klarheit über diese Faktoren zu verschaffen und mit ihnen zu jonglieren, wobei mitunter schwierig zu entscheiden ist, welcher Kraft nachgegeben und welcher widerstanden werden soll oder muß. Aus diesem Grunde gilt es für den Vorgesetzten in erster Linie, die Fähigkeit zu entwickeln, kreativ mit permanent schwierigen Situationen fertigzuwerden. Dazu ist es notwendig, sich eine gewisse Elastizität anzueignen und jegliche Tendenz zu Überdruß und Resignation, wie sie sich bei vielen einschleicht, die ständigen Veränderungen ausgesetzt sind, zu bekämpfen und zu überwinden. Allen Schwierigkeiten zum Trotz muß eine Führungskraft

- Entscheidungen treffen, auch wenn es an klaren Richtlinien fehlt;
- alle verfügbaren Kräfte in die richtigen Kanäle lenken und nutzbar machen;
- Methoden entwickeln, mit deren Hilfe die Anstrengungen koordiniert werden können;
- selber Veränderungen planen und einleiten;
- Flexibilität und die Fähigkeit entwickeln, auf lange Sicht erfolgreich zu sein.

Der Versuch, die Rolle des Vorgesetzten zu definieren, gerät leicht zu einer Übung in sinnlosen Verallgemeinerungen, zu einer Kombination von Binsenweisheiten mit plattem Managementjargon. Da ist es weitaus besser, wenn der Vorgesetzte seine eigenen Erfahrungen mit denjenigen von anderen, die sich ähnlichen Problemen gegenübersehen, vergleicht. Wahrscheinlich stellt sich dabei heraus, daß einige Führungskräfte mit Abwehr reagieren und ihre Probleme den Fehlern anderer zuschreiben, anstatt selbst die Verantwortung dafür zu übernehmen. Ist einmal der Ärger verraucht, das Ressentiment überwunden, dann können auch die sich bietenden Alternativen mit kühlem Kopf gegeneinander abgewogen werden. Nun erst ist es möglich, die Rolle des Vorgesetzten für sich persönlich in einer ganz und gar realistischen und die eigene spezifische Situation berücksichtigenden Weise zu deuten.

Aufgaben anderer definieren

Wenn Sie ein Kind zeigen lassen, was ein Chef seiner Meinung nach tut, wird es umherstolzieren, Befehle erteilen und allen sagen, was sie machen sollen. So naiv sie erscheint, ganz falsch ist diese Vorstellung nicht. Denn zu den Führungsaufgaben gehört in der Tat die Deskription von Aufgaben, die dann andere besorgen sollen, aber auch, darauf zu achten, daß jede dieser Arbeiten möglichst bedeutsam, den damit Betrauten ausfüllend und produktiv ist. Das ist eine der wichtigsten und zugleich umstrittensten Seiten der Führungsrolle.

Führungskräfte müssen sich mit Problemen auseinandersetzen, wie sie ineffiziente, zu viel Ausschuß verursachende oder anderweit den Erfolg behindernde Arbeitsmethoden verursachen, die manchmal sogar in einer gesamten Branche verbreitet sind. Eine solche Situation kann zu einem Gefühl der Ohnmacht, ja der persönlichen Unfähigkeit führen, weil die Möglichkeiten, Veränderungen einzuleiten, sehr begrenzt sind.

Eine Führungskraft, ein Vorgesetzter operiert ständig in einer Art Grauzone; er muß Tätigkeiten anleiten, die nur zu oft auf Arbeitsplatzbeschreibungsformularen sehr realitätsfremd definiert sind, und hat immer wieder mit Menschen zu tun, die die festgelegten Regeln umgehen wollen oder aber – unter Umständen in durchaus positiver Absicht – ihren eigenen Kopf durchzusetzen versuchen.

Dem fähigen Chef gelingt es in dieser Lage, bessere Arbeitsmethoden zu entwickeln, während der unfähige von seinen Mitarbeitern keine auch nur akzeptablen Leistungen erreicht.
Wenn die an einem bestimmten Arbeitsplatz zu verrichtende Tätigkeit nicht immer wieder den veränderten Bedingungen angepaßt wird, dann droht Erstarrung, was dem jeweiligen Unternehmen in der Regel nicht gut tut. Ganz besonders heute, da diese Anpassungsleistung aufgrund des rapiden ökonomischen, marktmäßigen und technologischen Wandels von ganzen Wirtschaftszweigen erbracht werden muß, weil sonst die Position auf dem Markt und die Konkurrenzfähigkeit schwere Einbußen erleiden. Also muß auch der Arbeiter im letzten Winkel der Fabrik in die Realität des sich ändernden Umfeldes einbezogen werden. Und er muß ermutigt werden, Energie und Engagement aufzubringen, um seine Aufgabe so gut wie möglich zu erfüllen. Es ist niemand anderer als sein unmittelbarer Vorgesetzter, der seine Bemühungen in das erfolgsorientierte Wirken des Gesamtunternehmens einzubinden imstande sein muß. In der Praxis kann dies durch Forcierung zweier Themen erreicht werden: Arbeitsqualität und Anpassungsfähigkeit. Zum ersten: Als äußerst wirksam erweist sich oft die Propagierung der Idee: »Wir machen es besser.« Das ist ganz unabhängig davon, wie bedeutend die Tätigkeit im Gesamtzusammenhang ist – die Erhöhung der Arbeitsqualität vermag ebenso Installateure wie Bankmanager zu motivieren.
Nun zur Anpassungsfähigkeit: Sie zu propagieren spricht den Stolz an, der einen erfüllt, wenn man imstande ist, rasch und sinnvoll auf Veränderungen und Herausforderungen zu reagieren. Beides, Qualität der Arbeit und Anpassungsfähigkeit, stärkt die Selbstachtung, die eine gute Grundlage für kompetentes Agieren ist.
Wenn die Tätigkeit an einem bestimmten Arbeitsplatz eingeschätzt werden soll, so geschieht dies am besten unabhängig von der Person, die sie ausübt. Die Führungskraft muß zunächst von dieser absehen und in einer analytischen Anstrengung Zweck und Beitrag des in Frage stehenden Arbeitsplatzes für die Unternehmensleistung insgesamt bewerten. Jede Tätigkeit sollte sich regelmäßig folgende Fragen gefallen lassen müssen:

- Ist sie notwendig?

- Stellt sie genügend Anforderungen?
- Lohnt das Ergebnis den Aufwand?

Nehmen wir den Job von Harry, dem Chef der Vertriebsabteilung. Jeden Morgen sitzt er an seinem Schreibtisch und tut seine täglichen Pflichten, von denen allerdings kein Mensch mehr weiß, wann sie in dieser Form eingeführt wurden. Harry wird niemals ersucht, sich darüber Gedanken zu machen, ob jeder Aspekt, jedes Detail seiner Arbeit tatsächlich eine Notwendigkeit ist bzw. den größten Nutzen bringt. Und ebensowenig wurde er jemals aufgefordert klarzulegen, was seine Abteilung zur Gesamtleistung des Unternehmens beiträgt. Wie viele Leute hat Harry weder die Zeit, noch verfügt er über die notwendigen Methoden, seine Leistung systematisch zu analysieren. Daraus folgen versäumte Gelegenheiten und ein übermäßiger Aufwand für ein eher klägliches Resultat.

Was Harry tun müßte, wäre, über seine Arbeit intensiv nachzudenken und seine Leistung so klar und realistisch wie möglich zu bewerten. Dies könnte ihm mit Hilfe einer »systemischen« Methode der Tätigkeitsanalyse gelingen. Dieser systemische Ansatz sieht, wenn man mit ihm zu arbeiten beginnt, mechanistisch aus, aber immer mehr Unternehmen und Berater bedienen sich seiner, wenn es gilt, sich einen objektiven und genauen Überblick zu verschaffen. Ist Harry erst einmal mit dem Gebrauch dieser Methode vertraut, kann er jeden seiner Mitarbeiter durch Anwendung derselben Prinzipien beurteilen. Ein Job, eine Aufgabe ist nichts weiter, als die Umwandlung einer Sache in eine andere. In der Sprache der systemischen Methode wird dieser Vorgang *Transformation* genannt.

In dieser Terminologie handelt es sich bei jedem Job wesentlich darum, *Inputs in Outputs* zu transformieren. Also:

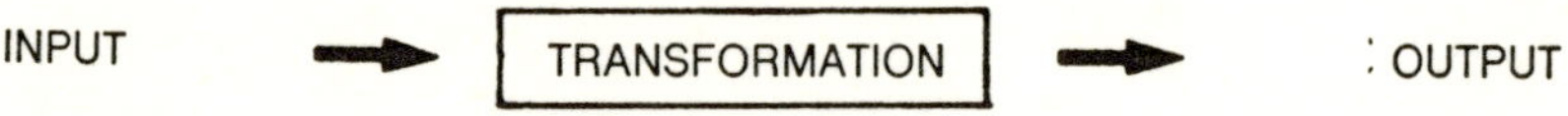

Abbildung 8: Der systematische Ansatz

Dieses Diagramm führt zu drei Fragen:

1. Welche Outputs soll der Job produzieren?

2. Welches ist die wirkungsvollste Methode, die Inputs in der gewünschten Weise zu transformieren?
3. Welche Inputs sind nötig, um den gewünschten Prozeß zu realisieren?

Bei fast allen Vorhaben, die Menschen kooperativ durchführen, wird der Output des einen zum Input des anderen. Die meisten Manager und Führungskräfte neigen dazu, sich auf die Outputs zu konzentrieren, weil sie verständlicherweise an Resultaten interessiert sind. Andererseits neigen diejenigen, die geführt werden, eher dazu, sich mit dem Input und dem Umfeld zu befassen. Für sie ist typisch, daß sie sich von anderen Gliedern in der Kette abhängig fühlen und über die Unfähigkeit anderer Abteilungen schimpfen. Die systemische Vorgangsweise versetzt uns in die Lage, fünf Ebenen zu untersuchen, wobei auf jede dieser Ebenen eine breitere »Plattform« folgt. Der Vorgesetzte, von dem hier vor allem die Rede ist, muß sich hauptsächlich auf die Analyse der Ebene 3 konzentrieren.

Ebene 1. – Aufgaben: Jene besonderen zeitraubenden Aktivitäten, die Ihre Energie aufzehren
Ebene 2. – Job: Die Gesamtheit Ihrer Aktivitäten und Leistungen
Ebene 3. – Team: Die Arbeit als Funktion, die Arbeit der Abteilung, der Einsatzgruppe, des Bereichs
Ebene 4. – Abteilung/Niederlassung: Ein vollständiger Funktionsbereich oder eine unabhängig operierende Einheit, die mehrere Teams miteinander verbindet
Ebene 5. – Organisation: Das Unternehmen als Ganzes

Es ist sinnvoll, sich systematisch einen Überblick über diejenigen Ebenen zu verschaffen, die man persönlich beeinflussen kann. Fünf zentrale Fragen helfen, den jeweiligen Beitrag festzustellen, den die Tätigkeit eines Individuums leistet:

- Was wären die Konsequenzen, würde Ihr Job ersatzlos gestrichen?
- Was haben Sie persönlich in den letzten sechs Monaten erreicht?
- Von welcher Ihrer Aktivitäten hat das Unternehmen am meisten profitiert?

- Wie definieren Sie Ihren Erfolg?

Wenn Sie über diese Fragen nachgedacht haben, mag es nützlich sein, Ihre persönlichen Antworten darauf mit anderen zu diskutieren, weil dies eine ausgezeichnete Lernmöglichkeit ergibt.

Delegieren von Verantwortung

Fast jedes Unternehmen überträgt Managern und Führungskräften Verantwortung für eine Palette von Aufgaben, die weit mehr umfaßt, als jene persönlich zu bewältigen in der Lage sind. Also benötigen sie die Mitarbeit von anderen und müssen einen Teil der Verantwortung an ihnen Untergebene *delegieren.* Dies aber fällt vielen Managern schwer. Sie fürchten, daß wichtige Aspekte vernachlässigt oder nicht ordentlich behandelt werden. Aus diesem Grunde sind sie versucht, die entscheidenden Arbeiten selbst zu übernehmen. Hier sind nun einige der Vor- und Nachteile des Delegierens aufgelistet:

VORTEILE	NACHTEILE
Weniger Belastung;	Die Qualität könnte leiden;
Vorhandensein größerer Kapazitäten für den Erfolg eines Teams;	die Arbeit könnte unvollendet bleiben;
bessere Entfaltung der Mitarbeiter;	es muß intensiver und häufiger kommuniziert werden;
aufgrund der Möglichkeit, daß mehrere gleichzeitig an einer Sache arbeiten, können Aufgaben rascher erledigt werden;	starke Persönlichkeiten können unter Umständen den reibungslosen Ablauf bedrohen oder die Führungsposition angreifen;
die Möglichkeit dynamischen Teamworks;	wesentlich komplexere Entscheidungsfindung;
mehr Kreativität.	geringerer Ansporn für den Manager, persönlich viel zu leisten.

Trotz der möglichen Fallen spricht überwältigend mehr für als gegen das Delegieren, und erfolgreiche Manager sind geradezu dadurch definiert, daß sie auf diesem Gebiet kompetent sind. Das Übertragen von Verantwortung erfordert gewisse Fertigkeiten, die aber erlernbar sind:

Die Risiken bedenken: Wirksam delegieren bedeutet, daß die damit verbundenen Risiken erkannt, gewichtet und so gering wie möglich gehalten werden. Um das zu erreichen, achten Sie darauf, Ihre Mitarbeiter zwar zu fordern, aber nicht an der gestellten Aufgabe zerbrechen zu lassen, und entwickeln Sie die Fähigkeit, die Verantwortung auf vernünftige und kontrollierbare Weise zu teilen.

An fähige Personen delegieren: Das Unternehmen ebenso wie der einzelne, der bereit ist, mehr Verantwortung zu übernehmen, profitieren davon. Ist aber jemand nicht fähig oder willens, neue Aufgaben zu übernehmen, so ist ihm und Ihnen mehr geholfen, wenn Sie ihn dabei unterstützen, seine gegenwärtige Arbeit besser zu tun.

Schrittweises Delegieren: Die Ausweitung persönlicher Kapazitäten braucht ihre Zeit. Also wird der kluge Manager die Verantwortlichkeit anderer Schritt für Schritt so erhöhen, daß sie ihr auch jeweils gewachsen sind. Zu große Anforderungen bewirken Streß, Leistungsschwankungen, zweifelhafte Arbeitsqualität und das Risiko des Mißerfolges, zu geringe Anforderungen hingegen vergeuden Kräfte und demoralisieren denjenigen, der mehr leisten will und auch kann.

Übereinstimmung hinsichtlich klar gesetzter Ziele erreichen: Die gesteckten Ziele müssen eindeutig und von allen akzeptiert sein, und es müssen Erfolgskriterien festgelegt werden. Geschieht dies nicht, dann bleibt im Dunkeln, was eigentlich erreicht werden soll, wird die im Rahmen der Aufgabe nötige Handlungsfreiheit eingeschränkt und die Bewertung des Erreichten unmöglich.

Fortschritte beobachten: Es ist wichtig, zu einem gemeinsamen Verständnis dessen zu gelangen, was im Hinblick auf den Endzweck Fortschritt genannt werden kann und wie ein solcher objektiv meßbar ist. Die Einigung auf Kontrollmechanismen gibt einem das Gefühl von Sicherheit, verringert das Risiko und schafft eine Basis für gemeinsame Beratungen.

Regelmäßige Beratungen: Delegation ist eine Form verbesserten Managements. Dabei werden anstehende Aufgaben dazu genützt, Mitarbeitern Gelegenheiten zur persönlichen Weiterentwicklung zu geben. Ein systematischer Prozeß gemeinsamer Beratungen hilft beiden Seiten, weil der Mitarbeiter beim Lernen angeleitet wird, während sich der Manager tendenziell immer weniger Sorgen über die Erfüllung der jeweiligen Aufgabe zu machen braucht. Diesen Beratungen muß allerdings mehr Zeit als lediglich ein Fünf-Minuten-Gespräch bei einer Tasse Kaffee gewidmet werden, weil ja die Frage, inwieweit vorangekommen wurde, einer tiefgehenden Analyse bedarf.

Nach Möglichkeiten des Delegierens Ausschau halten: Jeder Manager delegiert Teile seiner Arbeit, doch der findige Manager wird immer neue Gelegenheiten dafür wahrnehmen. Geht dies jedoch so weit, daß niemand so recht weiß, was er selbst und ob er überhaupt etwas tut, dann wird dies Unwillen provozieren und anzeigen, daß die Aufgaben der Führungskraft nicht mehr erfüllt werden.

Die Grenzen der Autorität einhalten: Ein Manager kann nur Teile derjenigen Autorität delegieren, die ihm auch übertragen wurde. Deshalb ist es wichtig, sich über deren Grenzen völlig bewußt zu sein.

Effizienz lohnend machen

In der Einleitung zu diesem Abschnitt erzählte Charlie von seiner Erfahrung, niemals eine Anerkennung oder ein Lob für die von ihm geleistete Arbeit erhalten zu haben. Die Vorgesetzten, die Charlie im Laufe der Jahre hatte, verhielten sich im Sinn einer Managementphilosophie, die von Psychologen als *negative Verstärkung* bezeichnet wird. Er wurde beim kleinsten Fehler, bei allem, was einer seiner Chefs als negativ empfand, »zur Schnecke gemacht« (vergleiche dazu den Abschnitt über mangelhaftes Managementverständnis, S. 179 ff.)

Die »Technik« der negativen Verstärkung hat eine lange Geschichte, in deren Verlauf sie – oft exzessiv – von Autoritätspersonen, darunter Chefs aller Art, Lehrer, Eltern und andere Erzieher,

angewandt wurde. Auch Leute, die sich Hunde halten, aber wenig von deren Psyche verstehen, glauben oft an die harte Hand. Diese Methode vermag tatsächlich bis zu einem gewissen Grad das Verhalten von Menschen in der gewünschten Weise zu beeinflussen, weil sie Kritik oder Bestrafung fürchten. Aber sie führt zugleich auch dazu, daß jegliche Verantwortung gescheut wird, und zu einer starken Reduktion der Dynamik *beider* Seiten.
Die der negativen Verstärkung diametral entgegengesetzte Methode besteht darin, die positiven Aspekte der Arbeit einer Person festzustellen, auf diesen aufzubauen und den betreffenden zu ermutigen und ihm zu helfen, sich in dieser Richtung weiterzuentwickeln. Der psychologische Ausdruck dafür ist *positive Verstärkung*. Der Vorgesetzte, der sich ihrer bedient, ist nicht auf Bestrafung aus, sondern bemüht sich, die ihm Untergeordneten durch Anerkennung ihrer Leistung zu motivieren – ein sehr empfehlenswertes Vorgehen. Als Einstieg in das bewußte Anwenden der Methode sollten Sie darüber nachdenken, wie häufig es vorkommt, daß Sie Zuwendung der folgenden und anderer Arten geben.

- Anerkennung guter Leistung
- Aussprechen von Lob
- Weitergeben von persönlichen Informationen
- Hinweis auf gute Arbeit gegenüber Dritten
- Angemessene finanzielle Anerkennung gewähren
- Statuserhöhung
- Interesse dafür zeigen, womit sich der Betreffende außerhalb der Arbeit beschäftigt
- Ausweitung freiwilliger Sozialleistungen

Alle, die nicht in der Position eines Vorgesetzten arbeiten, wissen, daß Chefs, die nie zeigen, daß sie Leistung anerkennen, genau die sind, die auch niemals Feedback geben. Dabei hungern Mitarbeiter geradezu nach Einschätzung ihrer Arbeit; wenn sie stets vergeblich darauf warten, dann erlahmt schließlich ihr Interesse. Die Folge: bisher vorauszusetzende Leistungsnormen werden nicht mehr erfüllt. In den tagtäglichen Beziehungen zwischen dem Manager und seinen Mitarbeitern spielt Anerkennung eine große Rolle. Dies gilt ganz besonders für Zeiten langsamen Unternehmenswachstums oder von Rezessionen, wenn die Beförderungschancen seltener werden. Was sich der Manager als Lohn für Leistung einfallen läßt, hat große Bedeutung für die Beständigkeit, das Engagement und die Produktivität eines Mitarbeiters.

Der Umgang mit schwierigen Mitarbeitern

Manager und Führungskräfte fragen sich oder andere häufig: »Was soll ich mit Herrn XY machen? Er ist wirklich ein Problem!« Dabei vergessen sie, daß es bei jeder Beziehung zwei Seiten gibt und daß diese vom anderen vermutlich genauso als schwierig angesehen wird. Bedenken Sie also, daß es hier zugeht wie bei einer chemischen Reaktion: Erst das Vorhandensein beider Teile löst sie aus. Zum Verständnis einer schwierigen Beziehung gehört, daß man erkennt, wie das eigene Tun oder Unterlassen zu dieser beiträgt.

Man selbst als Teil des Problems

Kennen Sie die Geschichte von dem Mann, der ständig wortreich darüber klagte, wie alles schlechter werde – die Gesellschaft, die Menschen, die Waren, und auch die eigene Familie bleibe vom Verfall alter Werte nicht verschont?
Eines Tages, als seine Tochter, ein Teenager, wieder einmal seiner Tirade lauschen mußte, hielt sie plötzlich ein großes Plakat hoch, auf dem zu lesen stand: BIST DU NICHT TEIL DER LÖSUNG, DANN BIST DU EIN TEIL DES PROBLEMS. Ihr Vater brach mitten in einem Satz ab, wurde rot und sagte: »Du hältst mich sicher für eine Plage.« – »Ja, manchmal«, antwortete sie. Dann begannen sie, miteinander zu sprechen; er in einem völlig veränderten Ton.
Es ist nicht so einfach, sich selbst klar zu sehen. So viele Denkmuster und Lebensregeln prägen das Bewußtsein und belasten es mit Vorurteilen. Um zu erkennen, was der eigene Anteil an einer schwierigen Beziehung ist, muß man die eigene Haltung dazu durchschauen. Dafür gibt es zwei Wege: erstens der Versuch, Rückmeldungen, also Feedback, von anderen zu erhalten; zweitens, die dem eigenen Verhalten zugrundeliegenden Wertvorstellungen und Ideen offenlegen. Bei beiden Methoden fühlt man sich anfangs

eigenartig, weshalb sie in der Folge näher untersucht werden sollen.

Um Feedback ersuchen

Andere Leute haben häufig eine klarere Vorstellung von Ihnen als Sie von sich selbst. Sie fühlen die Wirkung Ihrer Anwesenheit und reagieren auf das, was Sie sagen und tun. Diese Reaktionen geben Ihnen wichtige Informationen. Doch reagieren die Menschen aufgrund ihrer eigenen Auffassungen, die ja selbst meilenweit von Objektivität und Wahrheit entfernt sein können. Es gibt verschiedene Möglichkeiten, wie Sie zu Feedback gelangen können:

- Indem Sie direkt danach fragen;
- indem Sie gegenüber anderen nicht in einer ärgerlichen, beleidigten oder mißgünstigen Weise reagieren;
- indem Sie selber anderen Feedback geben, wenn Sie dazu aufgefordert werden;
- indem Sie ein Klima schaffen, in dessen Rahmen sich andere so frei fühlen, daß sie unbeschwert Feedback geben;
- indem Sie Ihre eigenen Fähigkeiten auf diesem Gebiet entwikkeln;
- indem Sie klar auf die Äußerungen anderer reagieren, so daß diesen die Wirkung ihrer Worte nicht verborgen bleibt.

Kurz gesagt, Feedback bekommen Sie in der Regel dann, wenn Sie es auch wollen und in diesem Sinn andere auffordern, Ihnen ihre Ansichten ohne Umschweife mitzuteilen. Auf diese Weise sind Sie besser in der Lage einzuschätzen, wie Sie auf andere wirken.

Offenlegung Ihrer Einstellungen

Menschen agieren auf verschiedenen Ebenen. An der Oberfläche zeigt man das vernünftige, das »öffentliche« Ich, darunter aber liegt das irrationale, »private« Ich verborgen. Dieses wird nur selten völlig aufgedeckt; es bleibt vage und steht häufig in offensichtlichem Konflikt mit dem Selbstbild einer Person.

Einer der Wege, mehr über sich selbst zu erfahren ist die Offenlegung von Haltungen und Standpunkten, was aber in der Regel bedeutet, einen beträchtlichen inneren Widerstand überwinden zu müssen. Denn viele halten ihre irrationalen Positionen selbst für

äußerst kindisch, unangemessen, rigide, destruktiv oder aus der Abhängigkeit von anderen entstanden, was dazu dient, das private Ich unter Verschluß zu halten.
Um aber doch Ihre inneren Einstellungen offenzulegen und Klarheit darüber zu erlangen, brauchen Sie Freunde, die bereit sind, Ihnen bei der Formulierung Ihrer tiefer sitzenden Gefühle zu helfen. Da gibt es keinen einfachen Weg, aber die folgenden Leitlinien mögen von einigem Nutzen sein.

- Erzählen Sie Ihren Freunden von Ihrer Absicht und schaffen Sie Gelegenheiten für Gespräche über Ihre Wertvorstellungen und Einstellungen.
- Seien Sie stets bereit, Ihre Gefühle auszudrücken, selbst wenn das, was Sie sagen, unvernünftig oder auch widersprüchlich erscheint.
- Benutzen Sie mitunter einen Kassettenrecorder und hören Sie ab, was Sie gesagt haben.
- Versuchen Sie, Ihre Standpunkte aufzuschreiben.
- Lassen Sie sich von den Ansichten anderer nicht ablenken, wenn Sie den eigenen auf den Grund gehen; Ihr Ziel ist es ja, sich mehr Klarheit über Sie selbst zu verschaffen.

Der andere als Teil des Problems

Ein uns bekannter Manager hat eine zynische, aber doch zum Teil realistische Haltung zum Umgang mit anderen Menschen. Er meinte: »Manche Menschen brauchen Streicheleinheiten, andere müssen unter Druck gesetzt werden – die Kunst ist nur, zu wissen, was auf wen zutrifft.« Diese hausgemachte Motivationsphilosophie läßt zwei mögliche Wege erkennen, andere zu beeinflussen.

»Streicheln«. Wie schon erwähnt, bedeuten »Streicheleinheiten« positive Zuwendung; die Aufmerksamkeit eines Menschen einem anderen gegenüber wird von letzterem durch die angenehmen Auswirkungen erkannt. Eine Person, die »gestreichelt« wird, fühlt sich akzeptiert und bestärkt, ob sich die Zuwendung nun durch ein Lächeln, eine freundliche Bemerkung, durch Schulterklopfen oder eine positive Bewertung geäußert hat. Der Empfänger fühlt, daß seine positiven Seiten gut ankommen. Das macht ihn offener, steigert sein Wohlgefühl und aktiviert ihn. Bernes Beiträge zur Trans-

aktionsanalyse lieferten 1961 das wissenschaftliche Fundament dieser Konzeption des Umgangs mit Menschen.
Druck ausüben. Es gibt aber auch eine als negativ erlebte Zuwendung, die manche Leute zu motivieren vermag – Mitarbeiter zum Beispiel, die Druck brauchen. In der Tat reagieren viele Menschen auf Drohungen, mögliche Strafmaßnahmen und negatives Feedback, allerdings nicht unbedingt in der erwünschten Weise. Etliche ziehen sich zurück, werden feindselig, nehmen den Kampf auf oder suchen Ausflüchte. Die Angst vor Kritik oder Bestrafung bringt manche dazu, das Verlangte zu leisten, aber der Nutzen dieser Methode ist illusorisch. Denn die erreichte Willfährigkeit hält nicht unbedingt an, und sie wird häufig um den Preis einer gestörten Beziehung und wachsender Bitterkeit erlangt.

Die brauchbarste Führungsmethode besteht deshalb darin, solche Beziehungen aufzubauen, die einen offenen Meinungsaustausch sowie gegenseitige Unterstützung erlauben. Um dies zu erreichen, muß eine Führungskraft beständig Kontakt zu ihren Mitarbeitern suchen und ihnen ihre Anerkennung vermitteln. Und es sollte ihr zur Regel werden, nichts zu sagen, was nicht ihrem tatsächlichen Gefühl entspricht. Es gibt kaum etwas Ruinöseres für eine Beziehung als Manipulationsversuche oder Verstellung. Wir sind nicht dafür, Probleme unter den Tisch zu kehren; was wir vorschlagen, ist das genaue Gegenteil: Sie sollten der Wirklichkeit ins Auge sehen, aber dies in der Absicht, die Beziehungen zu verbessern.

Merkmale von schwierig zu führenden Mitarbeitern

Man bezeichnet Menschen aus den verschiedensten Gründen als »schwierig«. Als eine Gruppe von erfahrenen Managern gefragt wurde, mit welcher Art Leuten schwierig umzugehen sei, entstand die folgende Liste von Charakteren und deren Merkmalen:

- *Der Faule* tut einfach nicht genug;
- *der stets Ärgerliche* vergiftet alle Beziehungen durch Übellaunigkeit und Aggressivität;
- *der nicht Hilfsbereite* ist bereit, große Mühen auf sich zu neh-

men, um sich nicht darum bemühen zu müssen, was man gerade gerne von ihm hätte;
- *der Emotionale* badet ewig in seinen momentanen Gefühlen;
- *der Unmoralische* nützt aus Selbstsucht Menschen und das System aus und schädigt diese;
- *der Abwehrende* errichtet beim leisesten Anzeichen einer Veränderung Barrieren;
- *der Verbitterte* pflegt alte Wunden;
- *der Ausweichende* scheut jegliche Klarheit;
- *der Insensible* hat kein Gefühl für andere und deren Lage;
- *der Unintelligente* neigt zu falschen und engstirnigen Beurteilungen;
- *der von sich absolut Überzeugte* ist nahe daran, sich für Gott zu halten;
- *der Ängstliche* schränkt seine Möglichkeiten durch Angst vor dem Unbekannten ein.

Als die Liste fertiggestellt war, lehnte sich ein Manager zurück und sagte: »Was kann ich mit jemandem tun, der *alle* diese Eigenschaften besitzt?«

Verbesserung von Arbeitsbeziehungen

Für die Verbesserung schwieriger Beziehungen gibt es keine einfachen Rezepte – manche Menschen haben große Kunstfertigkeit darin entwickelt, »schwierig« zu sein. Dennoch läßt sich die Erfolgsrate durch Anwendung der folgenden Methoden erhöhen:

- Versetzen Sie sich in die Lage des anderen. Wie sieht er die Welt? Was wäre in seiner Situation Ihr Gefühl?
- Bedenken Sie, was den anderen interessiert. Worin investiert er Energie? Wird darüber gesprochen?
- Finden Sie heraus, was das Verhalten des anderen beeinflußt. Gibt es Kräfte oder Umstände, die einen Unterschied bewirkt haben? Läßt sich ein Muster erkennen?
- Arbeiten Sie an der Schaffung einer offenen Beziehung. Das bedeutet, daß sie beide versuchen müssen, eine gemeinsame Ebene der Kommunikation zu finden.

Grundsätzlich läßt sich der Umgang mit schwierigen Menschen nicht vermeiden, und er muß daher gepflogen werden. Tut man es nicht, verliert man zumindest leicht vor sich selbst das Gesicht. Wenn Sie ein ständiges Problem mit jemandem haben und nicht daran arbeiten, säen Sie die Saat des Mißerfolgs. Im anderen Fall haben Sie durchaus Chancen, die Beziehung entscheidend zu verbessern, obwohl auch Nachteile daraus entstehen können. Es mag ja sein, daß Sie:

- Zeit verschwenden;
- durch Störung des Status quo Feindseligkeit bewirken;
- von Menschen übermäßig beansprucht werden, die Ihre ständige Zuwendung fordern, sind einmal deren tiefere Probleme offengelegt;
- Verlierer einer Auseinandersetzung werden, die nichts anderes ist als ein verdeckter Machtkampf.

Diesen möglichen negativen Ergebnissen zum Trotz sind die Vorteile einer Verbesserung schwieriger Beziehungen insgesamt klar ersichtlich. Da sich ein Manager, ein Vorgesetzter, seine Mitarbeiter in vielen Fällen nicht selbst aussuchen kann, muß er eben alles tun, die vorhandenen, von denen etliche »schwierig« sein mögen, zu einer höheren Leistung anzuspornen. Darin zeigt sich seine Führungskompetenz. Beweisen kann er sie aber vor allem dadurch, daß es ihm gelingt, mit allen Neuankömmlingen zurechtzukommen und auch nicht sehr vielversprechendes Personal in der gewünschten Weise produktiv werden zu lassen.

Merkmale von Managern mit großer/geringer Führungskompetenz

Dieser Abschnitt behandelte jene Aspekte des Führens, die der Notwendigkeit entspringen, die einem unterstellten Arbeitsgruppen tagtäglich anzuleiten. Von besonderer Bedeutung ist dabei – wie dargestellt wurde – die Aneignung gewisser Fertigkeiten. Nun folgt in der gewohnten Weise deren Zusammenfassung:

Geringe Führungskompetenz	*Große Führungskompetenz*
Ignoriert den Background der Mitarbeiter;	Hat Klarheit über den Hintergrund seiner Mitarbeiter;
vermeidet disziplinierende Maßnahmen;	sorgt, wenn nötig, für Disziplin;
praktiziert einen veralteten Führungsstil;	paßt den Führungsstil den Veränderungen in der Gesellschaft an;
ist sich der Zwänge, die seine eigene Rolle beeinflussen, nicht bewußt;	versteht, welche Zwänge auf ihm lasten und ihn daher beeinflussen;
ist in negative Beziehungen verstrickt;	entwickelt positive Beziehungen;
verabsäumt es, sich Klarheit zu verschaffen;	gibt klare Anweisungen;
erlaubt es, daß sich die Tätigkeiten seiner Mitarbeiter in unkontrollierter Weise entwickeln;	hält regelmäßig Rückschau auf die Tätigkeit seiner Mitarbeiter;
toleriert Mittelmäßigkeit;	bemüht sich, die Leistungsstandards in Richtung vorzüglicher Arbeit anzuheben;
verfügt über keine systematische Methode, die Leistungen einzuschätzen;	überprüft das Geleistete;
delegiert wenig und schlecht;	delegiert kompetent;
praktiziert einen negativen Führungsstil;	vermeidet übermäßige »negative Verstärkung«;
verabsäumt es, sich positiv über Leistungen von Mitarbeitern zu äußern;	gibt positives Feedback;

kommt mit schwierigen Menschen häufig nicht zurecht;	arbeitet an besseren Beziehungen zu schwierigen Menschen;
stellt sich nicht schützend vor das eigene Team;	verteidigt bei Bedrohung sein Team;
toleriert unzulängliche Leistungen;	trachtet nach Leistungsmaximierung;
verabsäumt es, Erfolgskriterien festzulegen.	legt Erfolgskriterien fest.

Wann Manager am meisten großer Führungskompetenz bedürfen

Ein hohes Niveau an Führungskompetenz ist immer dann wichtig, wenn ein Manager direkt für eine Gruppe von Personen verantwortlich ist. Am ausgeprägtesten muß sie entwickelt sein, wenn die zu erfüllenden Aufgaben nicht genügend interessant sind, um das Engagement der Mitarbeiter zu wecken, oder nicht ausreichend Selbstwertgefühl vermitteln, aber auch wenn es für die Mitarbeiter nicht leicht zu überblicken ist, wie ihr eigener Beitrag mit der Gesamtleistung zusammenhängt. Gruppen, deren Mitglieder gut zusammenarbeiten müssen, um komplexe Aufgaben zu erfüllen, stellen ebenfalls hohe Anforderungen an die Führungsfähigkeiten.
Manager und Vorgesetzte, die über nur geringe Führungsfähigkeiten verfügen müssen, sind in der Regel solche, die kaum mit Leistungskontrollen zu tun haben – etwa Manager technischer Abläufe mit Arbeitskräften, die grundsätzlich genügend Kompetenz für ihren Aufgabenbereich mitbringen.

Literaturhinweise

Francis, D./Woodcock, M. »The junior management squeeze.« In: *Management Today*, London, 1975.
Berne, E., *Transactional analysis in psychotherapy*. Grove Press Inc., 1961.

Blockierung 10: Unzulängliche Trainerfähigkeiten

Es war für John Prescott ein wichtiger Tag. Mit seinen 31 Jahren hatte er bereits viel in seiner Karriere erreicht; seine Energie und Erfolge waren in seinem Unternehmen geradezu legendär geworden. Auch in seinem Privatleben war er seinen Zielen sehr nahe gekommen: ein elegantes Haus und ihm zur Seite eine liebende Frau. Er galt als ausgezeichneter Segler, Schifahrer und Golfer. Johns Nachbarn sagten, er lebe wie ein Hollywood-Star, und seine Kollegen gaben ihm große Chancen für höhere Aufgaben.

Für diesen Tag war eine Unterredung des Generaldirektors seiner Firma mit John über dessen Karriere und weitere Zukunft angesetzt. Von Natur aus ehrgeizig und zuversichtlich, war John überzeugt, ihm würde Außerordentliches offenbart werden. Schon zu Hause spekulierte er mit seiner Frau, er sei vielleicht für einen einjährigen Managementlehrgang oder für eine gewisse Zeit im Genfer Büro oder gar für eine Ernennung zum Personaldirektor vorgesehen – »damit ich Erfahrungen erweitern kann«. Auf seinem Weg zur Arbeit geriet er ob seiner glänzenden Aussichten in Hochstimmung, und der Tür des Generaldirektors näherte er sich mit einem Gefühl ungeduldiger Erwartung.

Er wurde herzlich begrüßt, dann kam sein Chef zum Kern der Sache: »John, Sie sind einer unserer besten jüngeren Leute. Sie haben in Ihren Jahren mit uns viel erreicht, und ich beglückwünsche Sie zu Ihrer Energie, Kreativität und Entscheidungskraft. Ich habe über Ihre weitere Karriere nachgedacht und meine, daß Sie für eine höhere Position gut sind.« Als aber der Generaldirektor sah, wie John vor Stolz beinahe platzte, beschloß er, ihn in seinen offensichtlich weit übertriebenen Erwartungen zu dämpfen. Er runzelte die Stirn und sagte: »Aber ich muß ein wirkliches Problem zur Sprache bringen, das mich davon abhält, Sie gleich jetzt zu befördern. Es bietet sich kein Nachfolger für Sie an. Die Leute in Ihrer Abteilung wissen um Ihre Qualitäten und sind Ihnen gegenüber loyal, aber keiner von ihnen ragt als potentieller Abteilungsleiter heraus. Sie haben sie gut genutzt, aber Sie haben sie nicht in Ihrer Entwicklung gefördert. Das ist eine ernsthafte Schwäche. Bevor diese nicht beseitigt ist, kann es für Sie keine Beförderung geben.«

John Prescott saß da wie vom Donner gerührt und bekam keine Luft. Seine Gedanken überschlugen sich auf der Suche nach Argumenten dagegen, aber die Aussage ließ sich nicht leugnen. Er antwortete – für ihn gar nicht typisch – mit dem einfachen Satz: »Stimmt, und ich werde zusehen, daß die Sache in Ordnung kommt.«

Training – eine Schlüsselaufgabe des Managements

Jeder Manager, jeder Vorgesetzte muß sich um die Entwicklung der Fähigkeiten derer, die er führt, kümmern. Dabei ist zu bedenken, daß praktisch jeder über ein beträchtliches Potential für die persönliche und berufliche Entwicklung verfügt. Da die Personalkosten kontinuierlich steigen, wird die Nutzung dieser Potenzen zunehmend wichtiger, ist deren Förderung einer der Schlüssel für den Managementerfolg. Denn:

- Der einzelne Mitarbeiter entwickelt Interesse, ja Begeisterung für seinen Job;
- er leistet mehr und Besseres;
- Nachfolger für höhere Positionen bieten sich an;
- es herrscht eine dynamischere Atmosphäre, das Betriebsklima verbessert sich spürbar;
- und das gesamte Leistungsniveau wächst kontinuierlich an.

Sie bemerken, daß einige dieser Punkte mehr die Entwicklung von Moral und Dynamik als simple Leistungskriterien betonen. In der Tat sind diese Aspekte für das Management von größter Wichtigkeit, was aber leider allzu selten verstanden wird. Der wahre Feind vieler Menschen ist ihr eigenes Inneres; Rigidität und Desillusionierung machen sie mißtrauisch und schwächen sie. Dagegen – also gegen emotionale Stagnation, ja Vergreisung – hilft vor allem die Bemühung um persönliche und berufliche Weiterentwicklung. Der Manager, der hierbei fördernd eingreift, trägt sowohl zu Erschließung der Energiequellen als auch zur Erhöhung der Arbeitsqualität seiner Mitarbeiter bei.

Der Manager als ein Teilzeittrainer

Dieser Abschnitt behandelt die Rolle des Managers oder einer sonstigen Führungskraft bei der Ausbildung und dem Training von Untergebenen. Viele Unternehmen und Organisationen verfügen über hauptberufliches Ausbildungspersonal, das Ratschläge erteilt, Trainingskurse leitet und Personen für externe Managerfortbildungsprogramme auswählt. Die professionelle Trainerrolle ist jedoch ein Thema für sich, das hier nicht erörtert werden soll. Uns geht es um die Möglichkeiten, die ein in der Praxis Stehender hat, seine eigenen Trainerfähigkeiten zu entwicklen, damit folgendes bewirkt werde:

1. die Schaffung eines Klimas, das der individuellen Entfaltung förderlich ist;
2. die richtige Einschätzung individueller Bedürfnisse;
3. eine zielführende Beratung von Mitarbeitern;
4. bewußtes Lernen aus der Arbeitserfahrung.

In gewissem Sinne ist jeder Manager und Vorgesetzte ein Teilzeittrainer, der beständig an der Weiterentwicklung anderer mitwirkt, wobei die tagtäglichen Arbeitserfordernisse als Lehr- und Lernmaterial dienen. Niemand erwartet von Managern die Fähigkeit professioneller Trainer, aber sie haben diesen gegenüber einen bedeutenden Vorteil: Sie müssen nicht wie in einem Labor simulieren, sondern haben mit realen Gegebenheiten und Ereignissen zu tun. Ob also jemand wirklich dazugelernt hat oder nicht, das zeigt sich in der täglichen Praxis. Und so gesehen ist der Beitrag, den der anwesende Vorgesetzte leisten kann, von enormer Bedeutung.

Schaffung eines der individuellen Entfaltung förderlichen Klimas

Das Klima in einer Gruppe wird von der Einstellung und dem Verhalten der vorgesetzten Manager maßgeblich beeinflußt. Die Mitarbeiter beobachten ganz genau, was der einzelne Vorgesetzte befürwortet und schätzt bzw. was er ablehnt oder gar bestraft. Und auch seine Meinungen zu jedem Aspekt des Geschäftslebens werden sorgfältig registriert.

Die Haltungen von Managern zur Frage der Weiterentwicklung anderer können aber beträchtlich variieren. In einfachen Worten ausgedrückt, kommen folgende Grundeinstellungen vor:

bestrafend: Fehler im Lernprozeß werden getadelt;
mechanistisch: Es wird die Einhaltung formaler Abläufe eingefordert;
individuelles Herangehen: Dem einzelnen wird geholfen, aus seinen persönlichen Erfahrungen zu lernen;
schützend: Es werden die Mitarbeiter vor den möglichen Mißlichkeiten im Gefolge eines Risikos abgeschirmt;
defensiv: Es wird vermieden, die eigenen Einsichten mit anderen zu teilen;
unterstützend: Das Lernen und Experimentieren wird ermutigt;
lenkend: Die Mitarbeiter werden auf das Genaueste, bis ins letzte Detail instruiert;
gleichgültig: Von der Weiterentwicklung wird keine Notiz genommen.

Zwischen den Einstellungen von Managern und dem Klima in den von ihnen geleiteten Arbeitsgruppen existiert ein direkter Zusammenhang. Darin, wieviel Energie die einzelnen Mitarbeiter bereit sind, in ihre Tätigkeiten und in ihr persönliches Vorankommen zu investieren, zeigt sich die Wirkung dieser Einstellungen sehr augenscheinlich. Einige Manager und Führungskräfte schaffen ein energischen und konstruktiven Bemühungen förderliches Klima, während andere über ihre Mitarbeiter wie ein heftiger Regenguß während eines Open-Air-Konzerts herfallen.

Was jeder einzelne für seine Selbstentwicklung an Energie aufwendet, das variiert beträchtlich. Manche setzen ihre ganze Kraft für die Verbesserung ihrer Fähigkeiten ein, andere wieder entwickeln für ihr eigenes Leben nicht mehr als gerade das Interesse, mit dem sie abends einem drittklassigen Fernsehspiel folgen. Es gibt viele Leute, die im Alltag nur einen Bruchteil ihrer an sich vorhandenen Kapazitäten ausschöpfen, die aber – wenn es wirklich darauf ankommt – imstande sind, ungeahnte Energien freizusetzen.

Eines der Erfolgsgeheimnisse guter Manager und Führungskräfte

ist es, daß sie sich sehr darum bemühen, die Energien anderer freizusetzen und in die richtigen Kanäle zu lenken.
Dazu gehört, die Fähigkeiten jedes einzelnen einzuschätzen und geeignete Methoden zu finden, damit sich diese auch verwirklichen können. Sie wissen ein rundum angemessenes und anregendes Umfeld zu schaffen, während andere sich mit gelangweilten und verdrossenen Menschen umgeben, deren persönliche Entwicklungsbedürfnisse ihnen nicht bekannt sind und daher auch unbefriedigt bleiben.

Aneignung des »Handwerks«

Die Kompetenz von Menschen läßt sich mit dem Begriff des *Handwerks, des handwerklichen Könnens* fassen. Ein Handwerker weiß, welche Materialien verfügbar sind und wie daraus qualitativ hochwertige Produkte zu erzeugen sind. Er ist realistisch und wird lediglich erfüllbare Aufgaben übernehmen.
Normalerweise verbindet man mit dem Wort *Handwerker* den kunstfertigen Handarbeiter, aber dem Begriff liegt eine weitaus tragfähigere Idee zugrunde, denn die Fähigkeiten und Methoden, um die es hier geht, sind für ein Mitglied der Reinigungsmannschaft genauso relevant wie für einen Wissenschaftler der Entwicklungsabteilung.
In jeder Kunstfertigkeit, von der Trapezartistik bis zum Stimmen eines Klaviers, haben die Menschen ihre Fähigkeiten erworben, indem sie die charakteristischen Merkmale der auf dem jeweiligen Gebiet höchsten Leistungen studierten und eifrig danach strebten, die dafür nötigen Kenntnisse und Fertigkeiten zu erlangen.
Ein Manager oder Vorgesetzter kann diese Vorstellung von Handwerk auf jede Managementsituation übertragen, indem er sich den Prozeß vergegenwärtigt, wie er in Abbildung 9 skizziert ist. Er stellt sich die Frage: Was ist das höchstmögliche Niveau, das von dem und dem Mitarbeiter erreicht werden könnte? Ist diese Frage angemessen beantwortet, wird das Ergebnis mit der gegenwärtigen Leistung verglichen. Die Lücke dazwischen ist der zu durchlaufende Entwicklungsweg. Weil wahrer Arbeitsstolz nur aus über-

durchschnittlicher Leistung erwächst, ist es falsch, sich mit durchschnittlichen Leistungen zu begnügen.

Abbildung 9: Vergleich des gegenwärtigen mit dem möglichen »handwerklichen« Niveau

Der erfolgreiche Manager hilft jedem Mitarbeiter: 1. die Differenz zwischen der gegenwärtigen und einer herausragenden Leistung zu erkennen, und 2. spürbar die Effizienz zu erhöhen. In diesem Prozeß unterstützt der Manager das Lernen jedes einzelnen durch Anerkennung der Leistung, Beratung, Feedback sowie durch Nutzung aller sich am Arbeitsplatz bietenden Gelegenheiten, mehr Erfahrungen zu machen.

Merkmale eines Lernklimas

Ist das Klima in der Gruppe derart, daß es ein tatsächliches Interesse am Lernen weckt, dann verringern sich viele Probleme, die aus reinem Routineverhalten erwachsen. Aus letzterem entsteht ein »Altern« vor der Zeit, wie man es von in Maschinen oder in anderen mechanischen Konstruktionen verwendeten Metallen kennt. Auch bei Menschen kann vor einer solchen vorzeitigen Abnützung gesprochen werden: Ihre Vorstellungskraft, ihre Anpassungs- und Einsatzfähigkeit beschränken sich in einer Weise, daß sie mit den Situationen und den notwendigen Entscheidungen, wie sie das Arbeitsleben mit sich bringt, nicht mehr zurechtkommen. Ein typischer Mensch dieser Art steht in den mittleren Jahren, aber die Grundlage dafür wurde schon früher gelegt. Das wird deutlich, wenn wir die unterschiedlichen Auswirkungen des Älterwerdens auf Menschen vergleichen und dabei sehen, daß manche weitaus weniger an Energie und Flexibilität verloren haben, als man gemeinhin mit reiferem Alter verbindet.
Indem man Menschen hilft, an ihrer persönlichen Entfaltung zu arbeiten, kann man viel dazu beitragen, ein Klima zu schaffen, das

der Abnützung des einzelnen entgegenwirkt. Diese Erscheinung hat ja keinen Respekt vor welcher Position auch immer, und sie mag in ihrer Heimtücke den Kopf des Unternehmens genauso befallen wie irgendeinen Elektriker. Also muß auch ein Manager alles tun, um offen und flexibel zu bleiben. Ein persönlichem Lernen förderliches Klima wird sich durch manche der folgenden Merkmale auszeichnen:

- Es wurde festgelegt, wie hervorragende Leistungen beschaffen sein müßten, und diese gelten als zu erreichendes Ziel;
- die Mitarbeiter haben einen objektiven Maßstab für ihr »Handwerk« und legen diesen an ihre Arbeit auch an;
- die persönliche Weiterentwicklung geht geplant vor sich;
- Risiken können ohne Angst, sich lächerlich zu machen, eingegangen werden;
- die persönliche Entwicklung wird bei der Arbeit mit den nötigen Hilfsmitteln unterstützt;
- es werden alle Gelegenheiten, die der Weiterentwicklung von Menschen dienen könnten, genützt.

Richtige Einschätzung individueller Weiterbildungsbedürfnisse

Managern und Führungskräften werden viele schwierige Tätigkeiten abverlangt. Zu den forderndsten und am meisten Sensibilität verlangenden zählen Beurteilungsgespräche, mittels deren sich der Vorgesetzte ein Bild von der Leistung des Angestellten macht und diese Einschätzung darlegt. Hier erfolgt das Feedback von Angesicht zu Angesicht, diskutieren Vorgesetzter und Mitarbeiter miteinander.

Viele Menschen mögen es nicht, beurteilt zu werden, und schon gar nicht, wenn sie dabei als mit gewissen Mängeln behaftet eingeschätzt werden, was sie unangenehm an ihre Schulzeit erinnern mag. Andererseits denken so manche mit positiven Gefühlen an ihre Beurteilung durch einen erfahrenen Menschen zurück, dessen Meinung sie respektierten und schätzten.

Beurteilungen machen sowohl dem Chef als auch dem Mitarbeiter Probleme. Der Beurteilende bemerkt, daß es schwierig ist, dabei objektiv zu sein und das Ergebnis zwar unmißverständlich, aber unter Achtung der Würde des Probanden zu vermitteln. Der zu Beurteilende hinwiederum empfindet diese Erfahrung aller Wahrscheinlichkeit nach als nervenanspannend und möglicherweise peinlich, aber zugleich auch als für ihn bedeutsam. Daß oft zu wenig Zeit für diese Gespräche aufgewendet wird oder daß diese ungenügend vorbereitet sind bzw. unzulänglich geführt werden, darf daher nicht überraschen.

Es ist aber der Prozeß der Beurteilung eine der zentralen Aufgaben des aufgabenbezogenen Trainings, und der Manager oder Vorgesetzte ist gut beraten, der durch eine gute Gesprächsstrategie zum individuellen Lernen beiträgt.

Viele Unternehmen haben Systeme formaler Beurteilungen eingeführt. Im allgemeinen verlangen diese von einem Manager, jeden Mitarbeiter einmal jährlich einzuschätzen. Dabei werden die entscheidenden Punkte der Diskussion notiert, woraufhin der Bewertungsbogen in die vertraulichen Personalakte des Unternehmens wandert. Die meisten Beurteilungssysteme erfordern auch ein Gespräch, in dem die jeweilige Bewertung dem einzelnen mitgeteilt wird und er Gelegenheit hat, Fragen zu stellen und Kommentare abzugeben.

Die Führung von Beurteilungsgesprächen

Es ist nicht gerade selten, daß nach formalen Kriterien erstellte Beurteilungen fehlgehen. Das Gespräch kann demoralisierend sein oder falsche Erwartungen wecken; häufig ist auch die Qualität der Information fragwürdig und diese selbst entspricht oft nicht den Tatsachen – oder weicht davon in wesentlichen Nuancen ab. So kann es geschehen, daß viele Mitarbeiter das Gefühl haben, ihre Beurteilung sei zu oberflächlich oder nicht gerecht. Dies führt dazu, daß sie den ganzen Vorgang in Frage stellen und keinerlei Vorteile darin erkennen können. Dabei ist es ein Ziel des Beurteilungssystems, daß man diese Erfahrung als konstruktiv und dynamisierend empfindet. Darüber hinaus soll das Unternehmen mit Informationen gespeist werden, die für die Einsatzplanung vonnöten sind. Für eine formale Beurteilung, die diese Ziele erreichen soll, sind bestimmte vorbereitende Arbeitsschritte unabdingbar. Im folgenden unsere Vorschläge dazu.

Erster Schritt: Vorbereitung

Die erste Anforderung besteht darin, mit dem besonderen Beurteilungssystem Ihres Unternehmens gut vertraut zu sein. Das schließt die Struktur dessen, was eigentlich an Informationen festgehalten werden soll, ein, aber noch wichtiger ist das Wissen, wie die Informationen dann ausgewertet werden. Es liegt an Ihnen, dafür zu sorgen, daß sowohl Sie als auch Ihre Mitarbeiter die entsprechenden Fragebögen oder anderen Unterlagen mit der notwendigen Genauigkeit behandeln. Vor dem Gespräch stellen Sie bitte fest, ob Ihre Kenntnisse ausreichen, diese Aufgabe erfolgreich zu lösen. Ist dies nicht der Fall, so müßte ein kurzes Training mit dem oder den dafür Zuständigen diese Lücke eigentlich schließen können. Die Bitte um vertrauensvolle Beratung seitens eines Kollegen kann helfen, schwierige Fragen zu klären.
Die Vorbereitung verlangt auch, daß man sich Zeit dafür nimmt, die Basisinformationen, auf deren Grundlage die Beurteilung erfolgt, zu erlangen. Im günstigsten Fall liegt einer formalen Beurteilung eine in die Tiefe gehende Rückschau auf das vergangene Jahr zugrunde, die wiederum zu einer umfassenden Vorausschau auf das kommende Jahr beiträgt. Um zu einer ausgewogenen Meinung zu gelangen, sprechen Sie mit denjenigen, die sich der Leistungen der betroffenen Person bedienen, begutachten Sie deren Arbeit (en), und vergleichen Sie deren Leistung mit den zuvor festgelegten Zielen.

Zweiter Schritt: Einstimmung

Es sollte unbedingt dafür gesorgt werden, daß das Beurteilungsgespräch unter vier Augen in einem Raum stattfindet, dessen Atmosphäre einem offenen, maßvollen und kreativen Gedankenaustausch förderlich ist. In der heutigen Zeit des Großraumbüros wird es häufig nötig sein, eine geeignete Räumlichkeit außerhalb der täglichen Arbeitsumgebung aufzusuchen. Und es sollte genügend Zeit für das Treffen zur Verfügung stehen. Zwei Stunden – so die Meinung etlicher kompetenter Manager – müßten jedoch im Durchschnittsfall genügen.

Als der Beurteilende müssen Sie sich selbst psychologisch vorbereiten und entscheiden, wie Sie das Gespräch zu führen beabsichtigen. In den unmittelbaren Tagesgeschäften verliert man ja nur zu leicht den Überblick, aber jegliche Nervosität, gar Voreingenommenheit schadet der Ausgewogenheit, die allein zum Erfolg des Gespräches führt. Sie müssen Ihre Gedanken auf diese Aufgabe einstellen, so daß Sie entspannt und in der Lage sind, die Entwicklung Ihres Gegenübers über eine beträchtliche Zeitspanne hinweg zu überblicken.

Dritter Schritt: Das Gespräch

Vor dem Gespräch richten Sie Ihre Aufmerksamkeit auf die Anordnung der Sitzgelegenheiten, den Charakter des Raumes und den Geräuschpegel. Es muß zum Beispiel darauf geachtet werden, daß der Mitarbeiter nicht schon allein durch den Platz, wo er sitzt, psychologisch im Nachteil ist. Es ist also falsch, wenn der Beurteilende aufgrund eines höheren Stuhls auf den Mitarbeiter hinunterblickt. Auch Unterbrechungen muß vorgebeugt werden, weil es verhängnisvoll sein kann, wenn man von einer Flut von Telefonaten oder Mitteilungen abgelenkt wird.

Kontrollieren Sie zunächst, ob Sie sich ruhig und entspannt fühlen. Sollte dies nicht der Fall sein, so kann es entspannend wirken, wenn Sie darüber sprechen und Ihr Unbehagen offen zugeben. Es mag ja dem Mitarbeiter ähnlich gehen; dann sollte er ermutigt werden, seinem Gefühl Ausdruck zu verleihen. Ängste werden abgebaut, wenn sie offen zur Sprache gebracht werden.

Es ist wichtig, daß die Ziele des Gesprächs klar und positiv dargelegt sind und von beiden akzeptiert werden. Sowohl der Beurteilende als auch der Mitarbeiter müssen sagen, was jeder mit dem Gespräch erreichen möchte. Manchmal ist es nützlich niederzuschreiben, was sich beide jeweils erwarten. Denn existiert keine Übereinstimmung über die grundsätzlichen Ziele, wird wohl wenig erreicht werden. Falls das Gespräch nicht innerhalb der zur Verfügung stehenden Zeit zu einem befriedigendem Ergebnis führt (oder offensichtlich nicht führen kann), setzen Sie Prioritäten und vereinbaren Sie einen weiteren Termin für eine Fortsetzung.

Das Gespräch ist mit großer Wahrscheinlichkeit erfolgreicher, wenn Haltungen und Gefühle offen ausgedrückt werden. Es wäre naiv zu erwarten, daß eine Beziehung, die sich tagtäglich durch Verschlossenheit und Mißmut »auszeichnet«, eines Nachmittags, da man sich zu einem Beurteilungsgespräch zusammensetzt, plötzlich in einen offenen und direkten Meinungsaustausch umschlägt. Der beste Weg, Offenheit zu erzielen, besteht darin, selbst einen offenen Gesprächston anzuschlagen.

In der Anfangsphase des Gesprächs sollte die Tagesordnung oder Themenliste durchgegangen, Übereinstimmung darüber hergestellt und die Liste eventuell schriftlich festgehalten werden. Damit wird es möglich, einzelne Punkte zu bewerten und mehr Zeit für die komplexeren und wichtigeren Themen aufzuwenden. Jeder Punkt der Tagesordnung muß besprochen werden, um:

1. jedes Aufgabengebiet des Mitarbeiters zu definieren und Ziele und Absichten zu verdeutlichen;
2. die Kriterien der Erfolgsbeurteilung genau festzulegen;
3. alle Informationen zu bewerten, die der Einschätzung des bisherigen Fortschritts dienlich sein könnten;
4. alle Blockierungen zu identifizieren, die das Fortschreiten behindern, und zu entscheiden, ob:
   - der Mitarbeiter sich anders verhalten sollte,
   - Sie selbst sich anders verhalten sollten, oder
   - andere bzw. neue Hilfsmittel zum Einsatz kommen müßten;
5. in die Zukunft zu blicken und zu klären, wann wieder Rückschau auf die weitere Entwicklung zweckdienlich wäre.

Der hier in aller gebotenen Kürze dargelegte Prozeß mag kompliziert und mechanistisch erscheinen, aber jeder damit befaßte Manager wird relativ rasch Wege finden, die zugrundeliegenden Ideen mit eigenen Worten zu formulieren – wie ein uns bekannter Manager, der den Vorgang folgendermaßen beschrieb: »Nun, erst legen Sie die Karten offen auf den Tisch und einigen sich über die Sache – was Sie wollen, und was er will. Dann tun Sie Ihr Gehirnschmalz zusammen und gehen durch, worüber geredet werden soll. Dann werden die Punkte logisch geordnet und einer nach dem anderen durchgesprochen, bis eine Lösung da ist.« Sehr richtig zusammengefaßt! Aber allzuoft wird aus einem Beurteilungsgespräch eine nur vorgebliche, mühsame Diskussion, so daß beide Parteien glücklich sind, sie so schnell wie irgend möglich zu beenden.

Solche formell durchgeführten Beurteilungen sind eine Gelegenheit, die längerfristige Karriereentwicklung zu examinieren, doch ist dafür Realitätssinn wichtig. Da nur wenige hohe Positionen erreichen können, aber viele danach trachten, sind Enttäuschungen unvermeidlich. Aber fast jedem ist es möglich, voranzukommen – was eben nicht unbedingt mit Beförderung und der Erreichung eines bestimmten Status gleichbedeutend ist. Darum entwickelt sich unserer Definition nach eine Karriere dann maximal, wenn das Potential einer Person innerhalb der durch seine Lebensumstände gesetzten Grenzen bestmöglich ausgeschöpft wird. In dieser Definition ist kein Platz für ungerechtfertigtes Vorankommen, denn nichts ist so falsch und unproduktiv wie die Sicht der Karriere als einer fortlaufenden Rolltreppe, bei der es genügt, sich unten hinzustellen, um sukzessive nach oben transportiert zu werden. Es ist ganz wichtig zu erkennen, daß das Weiterkommen von Fleiß und Energie abhängt. Niemandem gebührt Anerkennung für bloße Anwesenheit. Das einzige Kriterium für Beförderung ist Nützlichkeit.

Die Fragen des Beurteilenden können viel dazu beitragen, die Haltungen und Karriereziele des Mitarbeiters an den Tag zu bringen. Und doch mag das Ergebnis eine Mischung von Phantasie mit ungerechtfertigten Hoffnungen oder mit übertriebenem Pessimismus sein. Die Offenlegung der Standpunkte des Mitarbeiters und die persönliche Beratung der Art, wie sie auf den folgenden Seiten dargelegt wird, kann zu Realismus und geplantem Vorgehen in diesem wichtigen Bereich des Arbeitslebens führen. Aus einem Rückblick auf die bisherige Karriere kann oft ein systematischer Plan für die Persönlichkeitsentwicklung entstehen.

Vierter Schritt: Abschluß des Gespräches

Es empfiehlt sich, am Ende eines Beurteilungsgespräches Rückschau darauf zu halten. Und zwar aus drei Gründen:

- Die einzelnen Punkte werden noch einmal durchgegangen und alle bis dahin offengebliebenen Fragen ausgeräumt;
- alle noch ungenügend diskutierten Probleme können benannt, und es können Pläne zu deren Lösung entwickelt werden:

- es kann eingeschätzt werden, inwieweit gemeinsame Ziele erreicht wurden.

Eines der Hauptziele des Beurteilungsgespräches war es, zu weiteren Informationen hinsichtlich des optimalen Einsatzes der jeweiligen Arbeitskraft zu gelangen. Es sollte also vor dem Ende des Gespräches für Sie auch geklärt sein, ob Sie diesem Ziel nähergekommen sind. Falls nicht, so sollte dieser Punkt noch behandelt werden. Meist wird der zu Beurteilende ersucht, seine Meinung zum Gesprächsprotokoll zu äußern. Dies deshalb, um eventuelle Divergenzen festzustellen und noch durchgehen zu können.

Wie in jedem anderen wichtigen Geschäftsbereich ist es auch hier hilfreich, das gesamte Verfahren einer kritischen Überprüfung zu unterziehen und mittels Feedback seine Wirksamkeit zu kontrollieren. Sowohl der Manager als auch – und besonders – sein Mitarbeiter sollten ihre Gefühle und Gedanken dazu äußern. Sollte die Erfahrung nicht als positiv empfunden worden sein, dann sollte überlegt werden, was zu tun wäre, um sie zufriedenstellender zu gestalten.

Der Beurteilungsprozeß ist ein wesentlicher Teil der von einem Manager einzuhaltenden Disziplin und ein wesentlicher Teil seiner Verantwortung. Werden die dazu nötigen Methoden und Fertigkeiten beherrscht, so hat der Manager ein flexibles und nützliches Instrument der Verbesserung der Arbeitsbeziehungen, der Unterstützung der individuellen Weiterentwicklung und der effektiven Koordination der Bemühungen in einem Unternehmen in der Hand.

Beratung

Beratung kann als Hilfe bei der Problembewältigung und beim Erkennen von Möglichkeiten definiert werden. Auf informeller Ebene geschieht dies jeden Tag, und bei einigem Geschick kann die Beratung das Denken und Handeln einer Person stark beeinflussen. Geschick ist allerdings in der Tat nötig, will man andere bei ihrer Entwicklung unterstützen; diese Beratungsqualitäten weiten die Managerfunktion von der begrenzten Rolle einer Aufsichtsperson zu der eines Entwicklungshelfers aus. Vielen Managern ist mittlerweile bewußt geworden, daß Beratung durchaus harte Arbeit ist und volle Aufmerksamkeit verlangt.

Anlässe für Beratung

Auslösend für die Beratung ist die Absicht, Zeit, Aufmerksamkeit und Geschick aufzuwenden, um einer anderen Person zu helfen. Der Prozeß der Beratung dient Managern nicht nur bei der Zusammenarbeit mit ihren Untergebenen, sondern hat auch seinen Nutzen im Umgang mit Kollegen, mit Managern anderer Bereiche sowie mit dem eigenen Vorgesetzten. Denn wann immer jemand mit einer schwierigen Situation konfrontiert ist, ist auch Beratung angebracht. Die folgende Liste zeigt die Bandbreite der Einsatzmöglichkeiten:

- formelle Beurteilungsgespräche mit Untergebenen;
- informelle Konferenzen mit Untergebenen, um bisherige Ergebnisse zu überprüfen;
- Problemlösungsdiskussionen mit anderen Managern;
- Diskussion und Planung von Karrieren;
- Betreuung von Einzelpersonen im Hinblick auf ihre Entwicklung;
- Feedback bei Gruppentreffen;
- Klärung schwieriger Beziehungen;
- Hilfe für Freunde in problematischen Situationen;
- Unterstützung für einen selbst, falls dies erforderlich ist.

Aneignung von Beratungsqualitäten

Will man sich zu einem guten Berater entwickeln, muß man damit bei der eigenen Einstellung beginnen. Wesentlich ist, daß einem nur dann geholfen werden kann, wenn der andere das Dilemma, in dem man steckt, verstehen und man selbst bereit ist, dessen Meinung dazu zu respektieren. Egan wies 1975 darauf hin, daß ein guter Berater ein Mensch mit offener Lebens- und Arbeitseinstellung sein müsse, der die folgenden vier Prinzipien beherzige:

- Er ist ehrlich und meint, was er sagt. Er nutzt seine Hilfestellung nicht zur Manipulation oder zum eigenen Vorteil aus.
- Er ist konkret und klar in seinen Aussagen, so daß auch verstanden wird, was er zu sagen hat.

- Er begreift die Gefühle des anderen und beurteilt dessen augenblickliche Verfassung richtig.
- Er ist bereit, unangenehme Tatsachen oder Gefühle aufzudekken, ohne dabei den grundlegenden Respekt für die andere Person zu verlieren.

Will man gut beraten, genügt nicht allein eine gute »Technik«, denn es handelt sich um eine Beziehung in beiden Richtungen, um eine von jeder der beiden Seiten zu erfüllende Partnerschaft. Die Ziele der Beratung sind:

- dem anderen zu helfen, Probleme geschickter zu lösen;
- dem anderen zu helfen, sich über das, was er wirklich will, klarer zu werden;
- dem anderen zu helfen, Spannungen und Frustrationen auszudrücken, hinter denen sich bedeutende Probleme verbergen können;
- dem anderen zu helfen, mehr Verantwortung für das eigene Leben zu übernehmen und sich aktiv um lohnende Ziele umzutun.

Menschen mit Problemen können das Gefühl haben, benachteiligt zu sein, und versuchen, sich der Realität zu verschließen. Für sie scheint die Offenlegung einer wirklichen Schwierigkeit ein Eingeständnis zu sein, nicht selber damit fertig werden zu können, was ja das nach außen zur Schau gestellte Bild von Stärke und Entschiedenheit beeinträchtigen würde. Ein kluger Berater wird also danach trachten, die nur indirekt angedeuteten Probleme und die verborgenen Wahrheiten zu erkennen. Beratung verlangt geschicktes Vorgehen – und Beharrlichkeit.

Ein systematischer Überblick über die Fertigkeiten, die für das Beraten nötig sind, findet sich in Abbildung 10. An der Spitze stehen die Qualitäten des Beraters, die er braucht, um dem anderen zu helfen, seine Gedanken zu ordnen und hierauf das jeweilige Problem gleichsam von innen heraus zu lösen. Weiter unten sind diejenigen Fertigkeiten angeführt, die der Berater einsetzt, wenn es gilt, im Sinne des Gesprächspartners und »Klienten« selbst tätig zu werden.

Jede der acht in der Abbildung aufgeführten Techniken muß zur richtigen Zeit angewandt werden. Es ist ein weitverbreiteter Fehler, zu früh, also bevor die Situation reif dafür ist, Vorschläge zu machen. Den meisten Beratern machen die an der Spitze aufgelisteten Techniken die größten Schwierigkeiten, bei denen es darum geht, jemandem dabei zu helfen, sich selbst zu helfen.

Wichtig ist, daß beide Betroffenen am Beginn auch eines informellen Gesprächs sich über seinen Endzweck verständigen, also in den Erwartungen, die sie in sein Ergebnis setzen, übereinstimmen. So

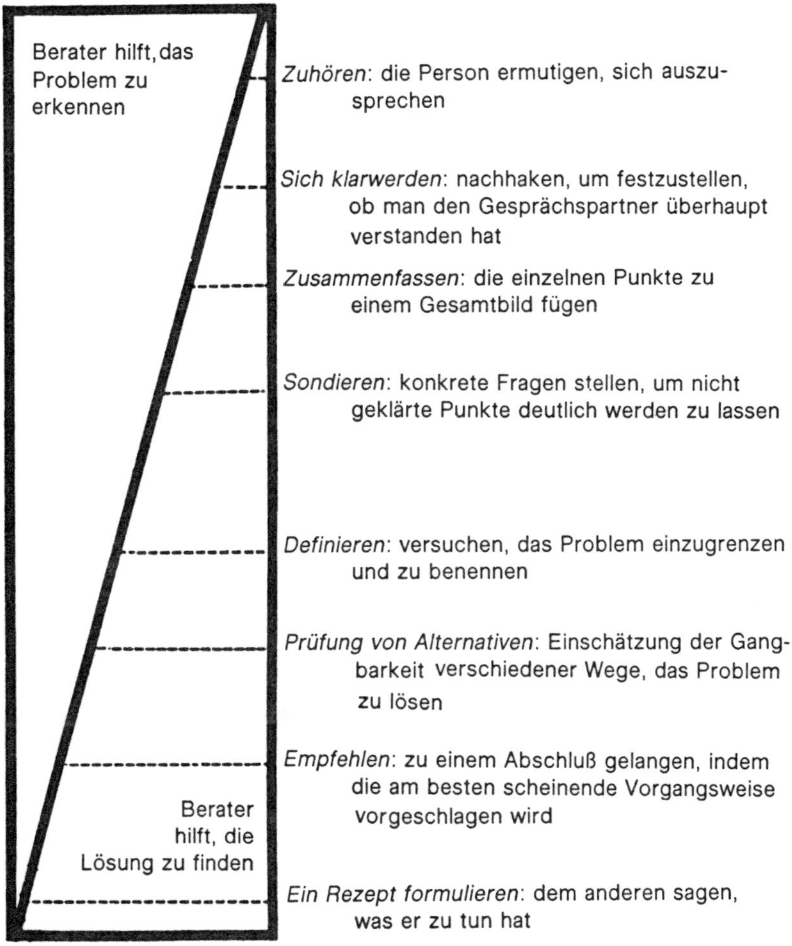

Abbildung 10: Skala der Beratungstechniken

kommt es in Gang, und der Berater stellt fest, wie er seine Fähigkeiten am nützlichsten einsetzen kann. Auf alle Fälle diskutieren Sie gleich anfangs, ob – wie in der Abbildung gezeigt – eine eher problembezogene Vorgangsweise oder eine solche gewählt werden soll, die direkt Lösungen anpeilt.

Zu den bedeutsamsten Erfahrungen im Leben gehören Beobachtungen und Einsichten über einen selbst, die einem von bestimmten Leuten vermittelt wurden. Das genau ist die Art Feedback, die tiefgreifend Einfluß auf das Handeln des einzelnen zu nehmen vermag. Diese Art Feedback kann aber, gerade weil es eine so starke Wirkung hat, mißbraucht werden. Man kann damit verletzen, und man kann damit die andere Person sozusagen am Boden zerstören. Deshalb müssen Manager Feedback auf eine Weise einsetzen, daß es Kraft gibt und den Erfolg des anderen fördert.

In der Regel braucht man einige Zeit, bis man die dazu nötigen Fertigkeiten entwickelt hat, die für einen Manager von großem Wert sind. Mit ihrer Hilfe lassen sich viele Aspekte des Alltagslebens positiv beeinflussen. Die folgenden Leitlinien lassen erkennen, wie wirksam Feedback als Teil des Beratungsprozesses sein kann.

Leitlinien für Feedback im Beratungsprozeß

Volle Aufmerksamkeit: Weil Sie zutiefst persönliche Dinge besprechen, müssen Sie sich während der Begegnung völlig konzentrieren. Lassen Sie keine Ablenkung zu und widmen Sie sich voll und ganz der anderen Person.

Einfühlsamkeit und Sensibilität: Stellen Sie noch vor Beginn des Gesprächs fest, ob Ihre eigenen Intentionen klar und positiv sind. Mitunter verfolgen Berater nicht ganz lupenreine, emotional gefärbte Ziele, die, wenn sie auf welche Weise immer die Begegnung bestimmen, diese für das Gegenüber nutzlos werden lassen.

Akzeptanz von Feedback: Ihre Meinungen und Kommentare sind dann am nützlichsten, wenn Ihr Gegenüber Ihre Aussagen zu seiner Person auch wirklich hören will. Nur so ist man aufnahmebereit und nur so existiert eine Basis für Offenheit. Ohne diese ist es ja wohl kaum möglich, daß Sie beide auch die sensibelsten Bereiche besprechen.

Keine Umschweife: Gutes Feedback ist klar und konkret. Verblümtheit, falsch verstandene Schonung und vage Ausdrucksweise sind der Tod für ein brauchbares Feedback.

Nicht verschweigen: Wird die jeweilige Meinung nicht im vollen Umfang mitgeteilt, so kann Ihr Gesprächspartner nur ein oberflächliches Verständnis Ihres Standpunktes entwickeln, was nur mäßig hilfreich für Veränderungen ist. Nur wenn Sie Ihre Gedanken und Gefühle so umfassend wie möglich ausdrücken, wird es Ihrem Gegenüber möglich, seine Wirkung auf Sie einzuschätzen.

Fakten von Meinungen trennen: Sie sollten ebenso in der Lage sein, objektive Aussagen über das Verhalten einer Person zu tätigen, wie Ihre persönliche Reaktion darauf auszudrücken. Beides hat seine Relevanz; es ist aber sehr wichtig, strikt zwischen objektiven Fakten und subjektiver Meinung zu unterscheiden. Üblicherweise ist hilfreiches Feedback auf Information und nicht so sehr auf persönliche Meinung konzentriert und vermeidet Bewertungen oder gar Urteile. Die einfache Beschreibung der Situation, so wie Sie sie sehen, erlaubt dem anderen eine Bewertung. Erscheint Ihnen aber die Mitteilung einer Beurteilung unerläßlich, so stellen Sie unbedingt klar, daß es sich um eine subjektive Einschätzung handelt.

Auf das Timing achten: Am nützlichsten ist Feedback dann, wenn der Empfänger empfangsbereit ist, wenn aber auch das diskutierte Ereignis noch frisch im Gedächtnis ist. Sich die Reaktionen aufzuheben kann zu Gegenattacken führen und den ganzen Vorgang unwirksam machen. Grundsätzlich sollte Feedback regelmäßig und unverzüglich gegeben werden.

Praktizierbare Vorschläge: Nützliches Feedback führt zu Verhaltensänderungen. Also muß es sich auf ein Verhalten beziehen, das der Empfänger auch tatsächlich ändern kann. Feedback über Dinge, die außerhalb der Kontrolle einer Person liegen, ist von eher geringem Nutzen. Alternativen vorzuschlagen kann dazu verhelfen, neue Wege der Problembewältigung durchzudenken.

Damit die Botschaft vernommen wird: Wenn möglich, vergleichen Sie Ihre Meinung mit der anderer Menschen, um zu sehen, ob diese mit Ihnen übereinstimmen (besonders nützlich in einer Trainingsgruppe, aber auch in einem Arbeitsteam praktizierbar). Werden verschiedene Standpunkte eingeholt und verglichen, kommen Unterschiede wie Gemeinsamkeiten klarer zum Ausdruck, was zu größerer Objektivität führt.

Der Nutzen von Feedback

Manchen Menschen fällt es schwer, positive Gefühle auszudrükken. Es macht sie verlegen, oder sie wissen einfach nicht, wie man Zustimmung oder Sympathie äußert. Jemand, der Feedback dieser Art nicht ausdrückt, nimmt anderen viel. Denn Zuwendung hilft, das Leben zu genießen und persönliche Stärken zu entwickeln. Das Zurückhalten von sowohl negativem als auch positivem Feedback ist sehr nachteilig, weil Offenheit sowohl Unternehmen als auch Individuen prosperieren läßt. In vieler Hinsicht hängt der Wert eines Menschen als Manager, Kollege und Freund von seiner Fähigkeit ab, aktiv zu geben bzw. auf Feedback durch andere einzugehen.

Lernen aus den Arbeitserfahrungen

Betreuung (Coaching)

Viele Herausforderungen des Alltags sind Gelegenheiten, die eigene Persönlichkeit weiterzuentwickeln. Die Übertragung von Aufgaben kann dabei helfen, sich die Methode des »Coaching« anzueignen. Es handelt sich dabei um eine die Realität nützende Trainingstechnik. Dahinter steckt der Gedanke, daß man seine Qualitäten am besten durch Bewältigung realer Probleme entwickelt. Mit dem Coaching sind folgende Absichten verbunden:

- die Potentiale der Mitarbeiter zu heben;
- andere zu stärken und zu motivieren, indem man sich auf den Realismus und die Dynamik stützt, wie sie geradezu unvermeidlich von neuen Herausforderungen hervorgerufen werden;
- die Arbeitsbelastung des Managers zu verringern und die Fähigkeit des Delegierens auszubauen.

Mit neuen Aufgaben umgehen lernen

Coaching verlangt, daß Aufgaben außerhalb des Normalen übernommen werden, die mit neuen, sowohl die Erfahrung als auch die Kompetenz erweiternden Herausforderungen verbunden sind. Dabei gehört es zum schwierigsten Teil, solche Aufgaben auszuwählen, die zwar fordern, aber nicht überfordern. Und sie sollten einen praktischen Zweck verfolgen, zum Beispiel:

- mehr an Konferenzen auf höherer Ebene teilzunehmen;
- Projekte zu übernehmen;
- die Betreuung von Kunden zu intensivieren;
- sich mit anderen Abteilungen zu beraten;
- Entscheidungen in neuen Verantwortungsbereichen zu treffen,
- Informationen zu analysieren.

Jobentwicklungsphasen

Coaching ist nicht allein für Leute mit einem neuen Aufgabenbereich konstruktiv, sondern auch für solche, die schon lange denselben Platz einnehmen. Macht sich jemand mit einer neuen Tätigkeit vertraut – ob untergeordnet oder leitend –, so meistens nach einem vorhersagbaren Muster:

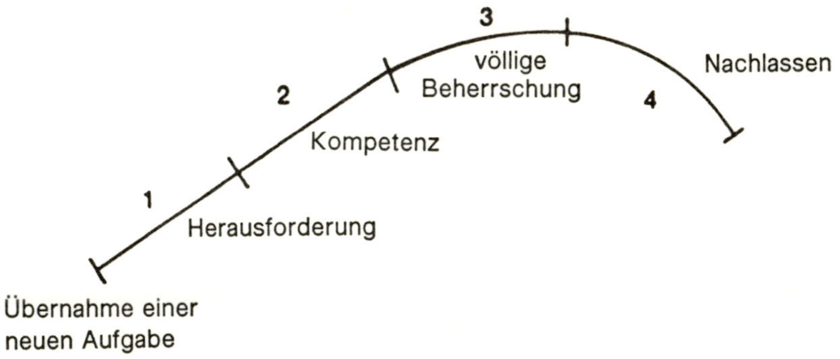

Abbildung 11: Die vier Entwicklungsphasen bei neuen Tätigkeiten

1. Die Herausforderung: Eine neue Tätigkeit stellt viele Anforderungen. Es gilt, glaubwürdig mit bisher unbekannten Tatsachen umzugehen und richtige Entscheidungen zu treffen. Weil der optimale Weg für die Bewältigung noch nicht gefunden ist, kann sich die Sache in die Länge ziehen. Doch ist das die Zeit, die den, der den Job in den Griff bekommen will, fordert.

2. *Erlangung von Kompetenz:* Wenn man lernt und sich weiterentwickelt, beginnt man, Leistungsstandards zu setzen und sie zu erreichen. Die Unterstützung von Kollegen intensiviert sich, und so verbessern sich die Beziehungen. Neue Herausforderungen bzw. Informationen verunsichern nicht mehr wie am Anfang. Nun reagiert man schon viel rascher und irrt sich kaum mehr.

3. *Völlige Beherrschung der Aufgabe:* Nach längerer Zeit läßt die Herausforderung nach, und die meisten Probleme lassen sich durch Anwendung der gesammelten Erfahrungen lösen. Der größte Teil der täglichen Routine geht systematisch vor sich – ob durch formalisierte Arbeitsabläufe oder durch sicheres Reagieren auf neue Fragestellungen –, so daß ein größerer Überblick möglich wird. Die betreffende Person kann besondere und die bisherige Tätigkeit ausweitende Aufgaben übernehmen, doch ist diese selbst noch interessant und bietet genügend Spielraum für die Weiterentwicklung.

4. *Das Nachlassen:* Diese Phase ist nicht unvermeidlich, stellt sich aber häufig ein, wenn der Job nicht mehr genügend Anregung bietet und man es verabsäumt, sich nach neuen Herausforderungen und Anreizen umzusehen. Nun kann man leicht in reine Routine abgleiten und ein »Gewohnheitstier« werden, dessen Fähigkeit, sich Neuem zu stellen, verkümmert. Oder man sucht für seine Initiative und Kreativität Betätigungsfelder außerhalb des Unternehmens.

Coaching-Fähigkeiten

Die für das Coaching erforderlichen Fähigkeiten sind für jeden Manager von grundlegender Bedeutung. Er muß

- fähig sein, genau zuzuhören;
- fähig sein, das Lernen anderer zu unterstützen;
- dem Lernenden helfen, die eigenen Stärken und Schwächen zu analysieren;
- klare und erreichbare Ziele setzen können;
- sich der Gefühle und Bedürfnisse anderer bewußt sein.

Die Coaching-Methode, bei der es sich im wesentlichen um gezielte Betreuung desjenigen handelt, dessen Entwicklung man vorantreiben will, hat etliche Vorteile, unter anderem:

- Sie führt zu wirklicher Entwicklung;
- die Entwicklung fußt auf nützlicher Arbeit;
- sie verbessert die Beziehungen zwischen Manager und Mitarbeiter;
- die Kosten sind gering;
- sie kann den spezifischen Bedürfnissen der jeweiligen Person genau angepaßt werden.

Wie jede Methode hat auch diese Grenzen, und ihr Erfolg hängt von der Kompetenz des Betreuers ab. Sie braucht Zeit, weil die entsprechenden Aufgaben gefunden werden müssen, weil beraten und überwacht werden muß.

Merkmale von Managern mit großen/unzulänglichen Trainerfähigkeiten

Manager und Führungskräfte müssen, weil sie ja in der Regel für andere verantwortlich sind, ihre Fähigkeiten als Trainer ständig weiterentwickeln. Links nun die Merkmale der dabei wenig Erfolgreichen; rechts die ihrer effizienteren Kollegen.

Unzulängliche Trainerfähigkeiten	*Große Trainerfähigkeiten*
Weiß nichts vom Trainingsaspekt von Arbeitsaufgaben;	Versteht sich auch als jemand, der einen Teil seiner Zeit dem Training anderer widmet;
verabsäumt es, innerhalb der Arbeitsgruppe ein dem Lernen förderliches Klima zu schaffen;	schafft ein angenehmes Lernklima;
ist sich des Lernbedarfs anderer nicht bewußt;	hilft mit, die Lernbedürfnisse anderer zu analysieren;

stellt keine fordernden Aufgaben;	sorgt für Herausforderungen;
beurteilt nur selten;	beurteilt Mitarbeiter systematisch;
klärt Stärken und Schwächen der Mitarbeiter nicht;	bemüht sich um Klärung der Stärken und Schwächen seiner Mitarbeiter;
macht sich vom Potential anderer kein Bild;	erkennt das Potential anderer;
setzt keine leistungssteigernden Ziele;	setzt Ziele, die über die bisherigen Limits hinausgehen;
unterschätzt die Wichtigkeit der Karriereplanung;	hilft anderen bei der Planung ihrer Karriereentwicklung;
läßt Stagnation zu;	unternimmt Schritte, um Stagnation zu verhindern;
gibt kein Feedback oder geht ungeschickt dabei vor;	gibt hilfreiches Feedback;
berät nur gelegentlich;	berät andere methodisch;
unterläßt es, Entwicklungsmöglichkeiten am Arbeitsplatz zu nutzen.	nutzt am Arbeitsplatz Gelegenheiten, die der Weiterentwicklung dienlich sein können.

Wann Manager am meisten großer Trainerfähigkeiten bedürfen

Alle Manager und Führungskräfte, die täglichen Kontakt mit anderen haben, müssen Trainerfähigkeiten entwickeln. Das gilt besonders für solche mit Mitarbeitern, die einen Job längere Zeit auszufüllen haben. In diesen Fällen sind Training und Entwicklung für die Motivation von besonderer Bedeutung. Von Managern und Führungskräften, die immer wieder, aber nur für einen jeweils begrenzten Zeitraum Experten heranziehen oder die vor allem Repräsentationspflichten haben, wird weniger Trainingskompetenz verlangt. Geschick beim Training anderer ist auch für diejenigen nützlich, deren Tätigkeit verlangt, stark auf andere Menschen einzuwirken. Beeinflussung und Training ist nicht ganz dasselbe. Dennoch: Wer aufgrund seiner Aufgaben Einfluß auf andere zu nehmen hat, wird oft entdecken, daß die Förderung des Lernens seinen Zielen nur dienlich ist.

Literaturhinweis

Egan, G., *The skilled helpers: A model for systematic helping and interpersonal relating*. Monterey, CA: Brooks/Cole, 1975. (dt.: *Der fähige Helfer. Grundformen treffender Beziehungen*. 1979)

Blockierung 11: Geringe Teambildungsfähigkeiten

Die Sitzung fand in einer gespannten und drückenden Atmosphäre statt. Die anwesenden Spitzenmanager waren geschockt. Von ihrem Bereich war ein guter Gewinn erwartet worden, aber die neueste Überprüfung hatte ergeben, daß grundlegende Fehler in der Kostenstruktur zu einem erheblichen Verlust für das Unternehmen führen würden.

Ziemlich blaß bemerkte der Bereichsleiter: »In der Zentrale bekam ich vom Generaldirektor zu hören, ich hätte von dem in mich gesetzten Vertrauen zwei Drittel aufgebraucht und daß unsere Lage nicht schlechter sein könnte. Am liebsten würde ich den Schuldigen hängen, ertränken und vierteilen. Aber lassen Sie uns die Sache analysieren. Was haben wir falsch gemacht?«

Zunächst war alles still. Dann faßte sich einer der Manager ein Herz und antwortete: »Nun, meiner Meinung nach besteht das Problem darin, daß niemand speziell für den Vergleich der Kostenveranschlagung mit den Marktvorhersagen verantwortlich ist. Wir arbeiten nach dem Funktionsprinzip, so daß die einzige Person, die einen Gesamtüberblick hat, Sie als Bereichsleiter sind. Sie sind für uns das Zentrum, das alle Informationen erhält; daher sind Sie auch der einzige, der übergreifende Entscheidungen treffen kann.« Die anderen Führungskräfte nickten zum Zeichen ihrer Übereinstimmung mit dieser Analyse.

Nun sagte ihr Chef: »Sie können von mir nicht erwarten, daß ich jedes Detail im Blick habe. Es ist Ihre Aufgabe, dafür zu sorgen, daß die Abteilung funktioniert, und Sie müssen gewußt haben, daß etwas falsch läuft.«

Nach einer Pause räusperte sich einer und konstatierte nervös: »Ich glaube, daß einige von uns sich sehr unter Druck fühlen, wenn sie eigentlich Probleme ansprechen müßten. Wir haben ja alle die Erfahrung gemacht, daß es uns nicht gut bekommt, wenn wir kein Blatt vor den Mund nehmen.«

Darauf der Direktor: »Zwei Dinge sind mir nun klar geworden. Erstens: Wir sind schlecht organisiert, wenn Fehler wie diese auftreten können. Und zweitens: Wir brauchen mehr Vertrauen und mehr Offenheit in unseren Beziehungen untereinander. Wie wollen wir das angehen?«

> Einer der Manager erwiderte: »Ich glaube, wir nützen die Tatsache nicht genügend aus, daß wir ja ein Team sind. Wir sind alle so sehr damit beschäftigt, unsere eigenen Bereiche zu schützen, daß gemeinsame Probleme einfach nicht in Angriff genommen werden. Wir müssen als Einheit operieren und nicht als Ansammlung von Individuen!«

In einer Zeit, da sowohl die Unternehmen als auch ihre Aufgaben immer vielschichtiger werden, stellen immer mehr Manager fest, daß sie die Effektivität ihrer Teams entwickeln müssen, weil nur so befriedigende Ergebnisse zu erzielen sind und eine hohe Arbeitsmoral aufrechterhalten werden kann. In den letzten Jahren haben wir die Funktionsweisen erfolgreich arbeitender Gruppen ausführlich untersucht und gelernt, diese verständlich zu machen. Um auf der Höhe der Zeit zu sein, müssen Manager gute Teams bilden können, um zu Gruppen zu gelangen, die beständig erfolgreich vorankommen. Hierbei sind vier Faktoren zu beachten:

1. die Erkenntnis der Teambildungsmöglichkeiten;
2. die Rolle des Teamleiters;
3. die Entwicklungsschritte zur Reife des Teams;
4. die Überwindung von Blockierungen erfolgreicher Teamarbeit.

In detaillierterer Form haben wir uns mit Teambildung und Übungen dazu in früheren Publikationen beschäftigt. (Francis und Young, 1979; Woodcock, 1979). Die in diesem Abschnitt wiedergegebenen Grundgedanken sind dort begründet.

Erkenntnis der Teambildungsmöglichkeiten

Jede Gruppe hat das Potential, wesentlich mehr zu erreichen als die Summe ihrer einzelnen Mitglieder. Und doch realisieren Gruppen oft nicht einmal einen Bruchteil ihrer Möglichkeiten. Häufig ist der Austausch innerhalb einer Gruppe unlebendig, defensiv, unbefriedigend, verwirrend und ineffektiv. Dieser Defekt kostet das jeweilige Unternehmen viel, da es für den Erfolg notwendig ist, daß man die zur Verfügung stehenden Mittel koordiniert, Ziele abklärt, neue Ideen anregt und fördert, Operationen plant und seine Ziele allen Hindernissen zum Trotz verwirklicht.

Viele Manager haben wenig Vorstellung vom Potential einer Gruppe, weil sie zu oft von Konferenzen ermüdet wurden, in denen man sich im Schneckentempo zu Entscheidungen durchrang, als es darum ging, zu einem Gruppenkonsens zu gelangen. Und doch kann ein Team zu einer aufregenden und leistungsfähigen neuen Kraft werden – es ist, wie einmal gesagt wurde, »das stärkste Werkzeug, das Menschen zur Verfügung steht«. Es kann in einzigartiger Weise anregend, hilfreich und dynamisch sein. Und es kann ein Genuß sein, sich als Teil einer Gruppe zu fühlen, ihr verpflichtet zu sein, sich hohe Standards zu setzen und mit ihr gemeinsam ein anregendes und kreatives Umfeld zu schaffen. Manager bilden aus verschiedenen Gründen Gruppen:

- Gute Teams zu bilden kann für den Erfolg entscheidend sein;
- die Aufteilung von Problemen reduziert den Streß;
- mehr Ideen werden entwickelt, so daß sich die Innovationskraft erhöht;
- große bzw. übergreifende Probleme lassen sich im Team besser lösen;
- zwischenmenschliche Schwierigkeiten, Unklarheiten über die jeweilige Rolle und unzulängliche persönliche Mitwirkung können in einer Gruppe häufig erfolgreich behoben werden.

Zu bedenken ist allerdings, daß die Gruppenmethode kein Allheilmittel für alle Managementprobleme ist. Sie ist ein Werkzeug, das Menschen wirksam hilft, zueinander in Beziehung zu treten, damit gemeinsame Ziele rasch, effektiv und in erfreulicher Atmosphäre erreicht werden. Teamarbeit im Unternehmen verlangt von jedem, daß er versucht, die Gruppe zum Erfolg zu führen. Dabei geht es nicht darum, individuell Pluspunkte zu sammeln oder persönliche Vorteile zu erlangen.

Eine Gruppe hat eine gemeinsame Aufgabe, die vereinte Bemühungen erfordert. Die Effizienz zeigt sich in der Fähigkeit des Teams, brauchbare Resultate zu erzielen.

Eine funktionierende Gruppe zu bilden ist nicht einfach; diese Aufgabe verlangt methodische und sorgfältige Aufbauarbeit. Beziehungen müssen geknüpft, Arbeitsmethoden geklärt, und es muß ein energiegeladenes und positives Klima geschaffen werden. Eine Gruppe entwickelt stets ein Eigenleben sowohl in praktischer als auch in emotionaler Hinsicht. Für sie ist ein starkes Identitätsgefühl bezeichnend.

Die Rolle des Teamleiters

Er übernimmt in der Entwicklung der Gruppe eine einzigartige und entscheidende Rolle. Die Mitglieder beobachten unvermeidlich seinen Führungsstil und bewerten seine Fähigkeit, Offenheit, Zusammenarbeit und Gruppendiskussionen zu fördern. Ein Manager mag in Worten ankündigen, sich der Prinzipien des Teamworks befleißigen zu wollen, doch dann einen deutlichen Mangel an Vertrauen in das einzelne Teammitglied demonstrieren. Ohne diesbezügliche Anstrengungen, ohne persönliche Integrität und vertrauensbildende Maßnahmen kann ein Team nicht aufgebaut werden.

Notwendigkeitsgrad der Teambildung

Wenn ein Manager eine Teambildung erwägt, sollte er sich zuallererst fragen, ob die voraussichtlichen Kosten nicht zu hoch und die notwendigen Anstrengungen nicht zu groß sind (vergleiche dazu in den Literaturhinweisen Woodcock und Francis, 1981). Bei jedem Team sollte am Anfang die Einschätzung der Bereitschaft seiner präsumtiven Mitglieder zur Zusammenarbeit stehen sowie die Überlegung der Zweckmäßigkeit. Die folgende Auflistung gibt an, welche Art Gruppengrößen Chancen haben, von den Vorteilen einer Teambildung zu profitieren:

Notwendigkeitsgrad der Teambildung	*Charakter der Gruppe*
Sehr große Dringlichkeit	Die Gruppenmitglieder sind sehr voneinander abhängig und gemeinsam für das Erreichen wichtiger Ziele verantwortlich, die bedeutende Auswirkungen auf den Gewinn bzw. Erfolg des Unternehmens haben. Die Gruppenmitglieder müssen gut zusammenarbeiten, um Resultate zu erzielen. Das

	Überleben des Unternehmens wäre durch Fehlschläge in Frage gestellt.
Große Dringlichkeit	Die Gruppenmitglieder sind voneinander abhängig, weil ihre Leistung von ihrer gemeinsamen Effizienz und Kompetenz abhängt. Die Gruppe trägt erheblich zum Unternehmenserfolg bei. Bliebe sie hinter ihren Möglichkeiten zurück, so wäre dies eine versäumte Gelegenheit. Die Folge wäre sinkende Arbeitsmoral.
Keine besondere Dringlichkeit	Diese Gruppe hat klare Ziele, kann aber Erfolge ohne besondere gegenseitige Abhängigkeit ihrer Mitglieder erzielen. Diese haben klar voneinander unterscheidbare Rollen mit individueller Verantwortung, und jeder trägt individuell als »Experte« zum Gruppenerfolg bei.
Geringe Notwendigkeit	Es existiert zwar eine Gruppe, aber deren Mitglieder tragen nicht in dieser Funktion besonders zum Erfolg des Unternehmens bei. Allerdings würde eine Teambildung doch die Arbeitsmoral und die Motivation positiv beeinflussen.
Keinerlei Notwendigkeit	Teambildung im strengen Wortsinn ist dann unnötig, wenn es sich um eine der Teambildunglockere Gruppierung handelt, der es an gemeinsamen Zielen fehlt und die als solche im Unternehmen relativ geringe Bedeutung hat. Die Kompetenz des einzelnen hängt nicht mit der Effizienz der Gruppe zusammen, weil der Schlüsselfaktor die individuelle Leistung ist.

Die Charta des Teambilders

Ist man einmal fest entschlossen, methodisch ein Team zu bilden, müssen seine Mitglieder einen Aufbauprozeß durchlaufen. Die Initiatoren, so zeigte die Praxis wiederholt, wenden dabei, wenn sie die Sache kompetent angehen, sehr ähnliche Methoden an:

Festlegung klarer Ziele	● Intelligente Gruppen finden meist klarer ihren eigenen Weg, wenn ihnen die allgemeine Richtung bekannt ist. ● Übermethodisches Vorgehen führt leicht zum Auf-der-Stelle-Treten.
Bescheidener Beginn	● »Große Bäume wachsen aus winzigen Samenkörner.« ● Erfolg bringt Selbstvertrauen und zieht weitere Erfolge nach sich. ● Menschen schätzen Konzeptionen, die sie auch umsetzen können.
Übereinstimmung vor Beginn der Aktivitäten	● Engagement erwächst aus Beginn der tatsächlichem Verständnis. ● Positive Veränderung ohne Engagement ist praktisch unmöglich. ● Engagement braucht Zeit.
Realistische Zeitplanung	● »Rom wurde nicht an einem Tag erbaut.« ● Vor dem Lernen muß oft verlernt werden. ● Änderungen der Verhaltens»kultur« gehen nicht rasch vor sich.
Umfassende und tiefgehende gemeinsame Beratung	● Der Beitrag jedes einzelnen ist von großem Wert. ● Gemeinsame Beratung verstärkt das Engagement. ● Beratung ist keine lästige Pflicht, sondern entscheidend. ● Manipulation untergräbt die Teambildung.
Enge Verbindung von Teambildung mit organisatorischer Aufbauarbeit	● Experimente werden dann eher akzeptiert, wenn sie nicht mit zusätzlicher Arbeit verbunden sind. ● Die regelmäßigen Treffen und die gemeinsamen Projekte sollten für die Teambildung und -stärkung genutzt werden. ● Bedeutsame Resultate werden leicht als solche erkannt.

Der Umgang mit »taktischen« Problemen	• Es sollte nichts unter den Teppich gekehrt werden. • Das Erreichbare muß realistisch eingeschätzt werden. • Hier geht es nicht um Politik; wer sich wie ein Sonntagsredner benimmt, diskreditiert seine eigenen Bemühungen.
Ermutigung zur Offenheit	• Tief verwurzelte Vorurteile und Überzeugungen geht man am besten in offener Diskussion an. • Entstandene Diskussionen und Auseinandersetzungen dürfen nicht unterdrückt werden.
Keine falschen Erwartungen wecken	• Etwas versprechen ist leicht. • Nicht gehaltene Versprechen machen unglaubwürdig.
Wenn nötig, muß die Arbeit reorganisiert werden	• Die Entwicklung braucht ihre Zeit. • Der Teambildungsprozeß kann für den einzelnen zu vermehrter Arbeitsbelastung führen.
Das Unbekannte ist meist bedrohlicher als das Bekannte	• Die Offenlegung von Problemen macht sie weniger angsteinflößend.
Die persönliche Weiterentwicklung wird grundsätzlich von einem selbst gesteuert	• Alter, Fähigkeiten und Überzeugungen bilden persönliche Grenzen. • Letztendlich ist jeder für seine eigene Weiterentwicklung selbst verantwortlich.
»Man kann zwar ein Pferd zur Tränke führen, aber trinken muß es selbst«	• Haltungsänderungen können *nicht* erzwungen werden. • Offenheit und Ehrlichkeit können nicht erzwungen werden. • Änderungen *vorzutäuschen,* nur das *kann* erzwungen werden.
Jene nicht vergessen, die keinen Anteil am Geschehen haben	• Neid und Eifersucht sind möglich. • Man gehört gerne dazu.

Teambildung kann auch mittelbar Probleme bewirken	• Andere Gruppen können verunsichert werden. • Einzelne und Gruppen können über ihre gegenwärtige Rolle hinauswachsen.
Während der Teamaufbauphase alle sich eröffnenden Möglichkeiten beachten	• Rasante Persönlichkeitsentwicklungen können einsetzen. • Aus neuen Ideen entsteht leicht weitere Kreativität. • Es kann zur Infragestellung von bisherigen Systemen und Methoden, ja zu Angriffen auf diese kommen.
Delegieren	• Die Menschen unterscheiden sich auch durch die Verschiedenheit ihrer Stärken und Fähigkeiten voneinander. • Delegiert man Aufgaben, so hilft das in der Regel dem anderen, sich weiterzuentwickeln.
Falls nötig, Hilfe von außen akzeptieren	• Wählen Sie sorgfältig aus. • Übernehmen Sie für Ihre eigene Tätigkeit die Verantwortung. • Außenstehende können andere Einsichten und Fähigkeiten haben. • Außenstehende haben keine Vergangenheit in dem gegebenen Rahmen, sind also wohl kaum betriebsblind. • Außenstehende sind mit größerer Wahrscheinlichkeit unparteiisch.
Aus Fehlern lernen	• Geben Sie zu, wenn Sie unrecht hatten. • Überprüfen Sie regelmäßig den Fortschritt. • Ermutigen Sie zu Feedback. • Das Wertvollste für Sie ist ehrliches Feedback Ihrer Kollegen.
Das Gepredigte auch selbst praktizieren	• »Taten sagen mehr als Worte.«

Der Leiter muß die Bedürfnisse seines Teams kennen und das Muster jedes Gruppenbildungsprozesses soweit begriffen haben, daß er imstande ist, diese neue Gruppierung durch die ganze Abfolge von Entwicklungsphasen zu steuern. Dabei ist Offenheit geradezu lebenswichtig. Alle auf das Team einwirkenden Probleme müssen durchgesprochen, das wechselseitige Feedback darf nicht vergessen werden, und es muß Zeit aufgewendet werden, um sich über Erwartungen Klarheit zu verschaffen. Der Gruppenleiter muß in hohem Maße Ansprechbarkeit demonstrieren – diese ist ja ein wesentliches Merkmal der methodischen Teambildung. Darüber hinaus muß er ein waches Auge auf die einzelnen Mitglieder haben, er muß ihre persönlichen Bedürfnisse erkennen und dafür Sorge tragen, daß jeder im Verlauf der Teamarbeit Entwicklungs- und Erstarkungsmöglichkeiten vorfindet. Dabei sind die folgenden Leitlinien zu beachten:

- Alle Mitglieder sind sich über die Ziele des Teams im klaren;
- die individuellen Fähigkeiten sind erkannt und die Rollen geklärt;
- das Team ist entsprechend den Anforderungen der Aufgabe strukturiert;
- das Team reflektiert seine Arbeitsmethoden und setzt sich Ziele für Verbesserungen;
- das Team entwickelt eine Selbstdisziplin, die darauf abzielt, Zeit und Hilfsquellen möglichst optimal zu nutzen;
- das Team hat genügend Zusammenkünfte, bei denen alle aufgetretenen Probleme gemeinsam angepackt werden;
- das Team unterstützt seine eigenen Mitglieder und entwickelt enge Beziehungen untereinander;
- die Beziehungen zueinander sind offen, so daß jeder bereit ist, Schwierigkeiten und Blockierungen der Effektivität zu bekämpfen.

Erfolgreicher Stil des Teamleiters

Der Manager eines Teams ist verpflichtet, unmittelbaren und aufrichtigen Kontakt mit den einzelnen Mitgliedern zu pflegen. Nur wenige Rollen in der Gesellschaft enthüllen die persönliche Integrität so weitgehend wie die des Managers. Teammanager, die ihre

Macht für Manipulation, Demoralisierung oder Einschränkung der Potentiale anderer ausnützen, werden rasch durchschaut. Man achtet sie nicht und mißtraut ihnen. Dabei ist aber Vertrauen für die Heranbildung eines gesunden und produktiven Teams *entscheidend.*
Vertrauen wird Menschen entgegengebracht, die meinen, was sie sagen, und entsteht dann, wenn Unsicherheitsfaktoren und Handlungsschwächen ausgeräumt werden. Obgleich die Techniken des Führens erlernbar sind, muß doch jeder einzelne, der eine solche Funktion hat, zu einer persönlich glaubwürdigen Methodik gelangen, die mit seinen Grundwerten ganz offensichtlich übereinstimmt. Seine Reife beweist der Manager eines Teams dadurch, daß sich sein Erfolg auf eine genuin aus ihm selbst kommende Vorgangsweise gründet, die der Aufgabe angemessen ist. Er ist warmherzig und ohne Falsch, ist aber in der Auseinandersetzung entschieden und selbstbewußt, konfrontiert sich mit jedem Problem und nimmt sich von den hohen Anforderungen, die er stellt, in keiner Weise aus.

Der Reifungsprozeß eines Teams

Die Entwicklungsstufen

Teams haben wie Menschen einen Eigencharakter. Daher ist es unmöglich, ihr Verhalten exakt vorauszusagen. Bei ihrer Entwicklung läßt sich aber eine Reihe von Entwicklungsstufen feststellen, die jede von der jeweils vorangegangenen ausgeht. In Grundzügen handelt es sich um das folgende Muster.

Erste Stufe: Die Erprobung

Das eben geborene Team mag an der Oberfläche geschäftig und organisiert erscheinen, aber im Innern beobachten einander die Mitglieder genau – und zwar um festzustellen, inwieweit jeder bereit ist, sich tatsächlich einzubringen. Häufig werden Gefühle unter Verschluß gehalten, ein Mitglied übernimmt Autorität oder maßt sie sich an, und die Zusammenarbeit folgt einem eingespielten Ritual. Über die Ziele und die anzuwendenden Arbeitsmethoden wird eher wenig und kaum ernsthaft diskutiert. Häufig kümmert sich einer um den anderen nicht, eher selten hört einer dem anderen zu. Ein kreatives, dynamisches Teamwork ist praktisch (noch) nicht vorhanden.

Zweite Stufe: Der »Nahkampf«
In vielen Teams kommt es zu einer Phase der Umwälzung, wenn es gilt, den vom Leiter geleisteten Beitrag einzuschätzen, wenn sich Bündnisse und Cliquen herausbilden und wenn Auffassungsunterschiede an den Tag kommen. Nun werden Beziehungen bedeutsam, kommt es zur Offenbarung persönlicher Stärken und Schwächen. Das Team beginnt, eine Diskussion über Engagement zu führen und mit verschiedenen Möglichkeiten der Verbesserung der Beziehungen zu experimentieren. Mitunter kommt es jetzt zu einem Machtkampf um die Führung.

Dritte Stufe: Das Versuchsstadium
Wenn sich die Fähigkeiten des Teams ausweiten, sieht es sich mit dem Problem konfrontiert, wie die nun sichtbar gewordenen Talente und Ressourcen am besten zu nutzen seien. Das Team tendiert dazu, in einer fragmentarischen und unsystematischen Weise zu arbeiten. Jedoch wachsen Wille und Interesse dafür, sich die nötigen Erkenntnisse anzueignen, die ein besseres Funktionieren ermöglichen würden. Die Arbeitsmethoden werden überprüft, man ist bereit, Experimente zu wagen, und man handelt in der Absicht, zu einer Verbesserung der Leistung zu gelangen. Man stellt sich auch riskanten Aufgaben, und bisher eher passive Teammitglieder fangen an, ihr Scherflein beizutragen.

Vierte Stufe: Das Funktionieren
Nun beginnt das Team, Probleme mit Geschick anzupacken und alle zur Verfügung stehenden Hilfsmittel erfolgreich einzusetzen. Es legt Gewicht auf rationale Zeitnutzung und Zielsetzung. Es entwickelt sich der Stolz, Mitglied eines »siegreichen« Teams zu sein. Probleme werden realistisch gesehen und kreativ gelöst. Führungsfunktionen werden flexibel und entsprechend der jeweiligen Aufgabe von verschiedenen Mitgliedern übernommen.

Fünfte Stufe: Die Reife
Ein reifes Team hat enge und entwickelte Beziehungen zwischen ihren Mitgliedern. Jedes einzelne Mitglied wird für das, was es ist, und nicht für irgendeinen Anschein akzeptiert und geschätzt. Die Beziehungen sind informell und gerade deshalb angenehm. Persönliche Mißverständnisse und Meinungsverschiedenheiten werden rasch ausgeräumt. Das Team ist zu einer erfolgreichen sozialen Einheit geworden, dem man auch von außen Anerkennung spendet. Es ist zu außerordentlichen Leistungen imstande und setzt hohe Erfolgsstandards.

Erfolgreich ist ein Teamleiter dann, wenn es ihm gelingt, seine Arbeitsgruppe durch alle Entwicklungsphasen hindurch zur Reife zu führen. Anfangs wird er die Ziele klären helfen, Arbeitsabläufe vorschlagen, Standards festlegen und die Mitarbeiter ermutigen, einander besser kennenzulernen. Mitunter verlangt diese Aufgabenstellung einen selbstbewußten und autoritativen Führungsstil. Zur weiteren Entfaltung der Gruppe gehört die Schaffung von Gelegenheiten zu Zusammenkünften, die Entwicklung eines offenen Klimas, die Sicherstellung, daß man die bisher geleistete Arbeit umfassend Revue passieren läßt, und die Bereitschaft, das Team an zunehmend mehr Informationen und Entscheidungsprozessen teilhaben zu lassen.
Der Manager eines Teams muß auch in der Lage sein, die nächste Phase der Gruppenentwicklung vorauszusehen und die Mannschaft an die zukünftigen Aufgaben und die daraus resultierenden Probleme heranzuführen. In dem Maße, wie sich die Qualität des Teamworks verbessert, verbessern sich auch die Möglichkeiten für Innovationen im Führungsprozeß. Je nach Aufgabenstellung mag die Leitungsposition wechseln und die Rolle des einzelnen ändert sich entsprechend dessen spezifischen Qualitäten. Immer mehr Aufgaben werden delegiert, und immer mehr Mitglieder werden wachsend in Planung und Entscheidung einbezogen. Der Manager verhilft seinem Team durch Beispiel und Führung über alle Wachstumsstufen hinweg zur völligen Verwirklichung des in der Gruppe steckenden Potentials.

Die Überwindung der Blockierungen effizienten Teamworks

Während der Entwicklung zum reifen und erfolgreichen Team kann es vorkommen, daß die Gruppe bisweilen keinerlei Fortschritte erkennen kann. Ein Anzeichen für eine solche Blockierung ist mangelnde Tatkraft und geringe Leistung. Da ist es hilfreich, sich typische Hemmnisse vor Augen zu führen. Versteht man ein Problem, so ist es logischerweise leichter zu lösen. Unserer Erfahrung nach sind die folgenden Blockierungen die häufigsten.

Blockierung 1: Unzulängliche Führung

Führung ist wohl der wichtigste Faktor bei der Qualitätsbestimmung von Teamwork. Ein Teamleiter, der nicht willens ist, sich der für die Teambildung erforderlichen Methoden zu bedienen, oder dem die Fähigkeit abgeht, einen entsprechenden Führungsstil zu entwickeln, wird jede Initiative, ein Team zu bilden, schon im Keim ersticken.

Erfolg wird nur haben, wer stets betont und anhand von Beispielen zeigt, daß Probleme so lange behandelt werden müssen, bis man zu einer klaren und eindeutigen Lösung gelangt. Ein erfolgreicher Teamleiter ist in der Regel jemand, der

- seinen persönlichen Überzeugungen treu und darauf bedacht ist, als integer zu gelten;
- sich des Delegierens als Hilfsmittel für das Voranschreiten und die Erreichung der Ziele bedient;
- sich über Standards im klaren ist;
- gewillt und in der Lage ist, Vertrauen und Loyalität sowohl entgegenzubringen als auch zu empfangen;
- die Kraft hat, die Integrität und die Position des Teams aufrechtzuerhalten;
- Erwartungshaltungen, Befürchtungen und Bedürfnisse anderer erkennt und deren Würde respektiert;
- Tatsachen ins Auge blickt;
- die individuelle wie die Entwicklung des Teams fördert;
- wirkungsvolle Arbeitsmethoden einführt und aufrechterhält;

- versucht, die Arbeit angenehm, spannend und lohnenswert zu gestalten.

Blockierung 2: Unqualifizierte Teammitglieder

Ein Team ist mehr als die Summe einzelner Talente. Es braucht eine ausgeglichene »Mannschaft« von Leuten, die zusammenarbeiten können. In jedem Team müssen die verschiedensten Rollen ausgefüllt werden, deren Analyse für die Bildung einer ausgeglichenen und lebendigen Gruppe grundlegend ist. Unter den Mitgliedern sollten sich etwa »Ideenproduzenten«, »Analytiker«, »treibende Kräfte«, »Planer«, »zurückhaltende Faktoren« und »Macher« finden. Oder jedes Mitglied trägt zu einer oder mehreren dieser Rollen bei. Fehlt etwas davon, dann muß das Team aus sich heraus eine Entsprechung hervorbringen.

Wenn Teammitgliedern grundlegende Qualitäten fehlen, kann dies zum Versagen des ganzen Teams führen. Es muß ein Gleichgewicht zwischen »technischem« Können und persönlichen Eigenschaften herrschen, die zusammengenommen erst die Fähigkeit ergeben, die jeweiligen Aufgaben erfolgreich zu erfüllen – wobei die dazu nötigen Fertigkeiten und Eigenschaften von Gruppe zu Gruppe variieren.

Blockierung 3: Ungünstiges Klima

Die Personen eines Teams sind meist von unterschiedlicher Herkunft, und die Skala ihrer Wertvorstellungen und Erwartungen mag sehr breit sein. Das Team gedeiht aber nur, wenn das Klima insofern moderat ist, als darin Differenzen überbrückbar werden und es den einzelnen ermutigt.

Ein Test dafür, ob eine positive Atmosphäre herrscht oder nicht, ist der Grad des Engagements der Mitglieder für die Ziele des Teams. Jenes muß aus freien Stücken eingebracht und entwickelt werden. Es wird aber kaum vorhanden sein, solange sich die Beteiligten nicht persönlich dafür entschieden haben, ihre Energien den Vorhaben des Teams zu widmen. Der Maßstab für dessen Reife ist das bereits erreichte Niveau dieses Engagements. Mit der Verfestigung der gefühlsmäßigen Bindungen wächst auch die Bereitschaft der Gruppenmitglieder, aktiv für die gemeinsamen Ziele einzustehen, und schon die bloße Mitwirkung wird als Bereicherung erlebt. Es entsteht eine innere Begeisterung, die aus Unmittelbarkeit, Offenheit und Interesse für das Wohlergehen aller Beteiligten erwächst. Ein anderer wichtiger Indikator für das Klima und das Gedeihen eines Teams ist die gegenseitige Unterstützung. Die Mitglieder der einen Gruppe fühlen sich durch sie bestärkt und ermutigt; wohingegen man sich in einer anderen Gruppierung dauernd fragen muß, ob nicht schon wieder eine Intrige gegen einen selbst ausgeheckt wurde. Doch genügt Unterstützung allein nicht; sie braucht als quasi Gegengewicht die Auseinandersetzung, mit deren Hilfe wichtige anstehende Fragen ans Licht gefördert und diskutiert werden. Differenzen zwischen einzelnen Mitgliedern dürfen nicht verdeckt bleiben. Bleiben nämlich wesentliche Probleme unausgesprochen, dann entsteht die Tendenz zu Abwehrhaltungen und Verteidigungsstellungen; manche beginnen, ihre Ansichten bei sich zu behalten, und ziehen es vor, sich angepaßt statt ihren wahren Meinungen entsprechend zu verhalten.

Blockierung 4: Unklarheit über die gemeinsamen Ziele

Der erste Schritt zum Ziel ist die Klärung dessen, was man eigentlich erreichen will. Ein leistungsfähiges und reifes Team ist normalerweise in der Lage, seine Absichten zu verwirklichen, wenn alle Beteiligten darüber ins reine gekommen sind. Die einzelnen Mitglieder fühlen sich den Zielen eher dann verpflichtet, wenn sie sich mit ihnen identifizieren können und sie einen gewissen Anteil an ihrer Formulierung hatten. Diese Übereinstimmung ist unter Umständen schwierig zu erreichen, aber die Erfahrung lehrt, daß sie eine essentielle Voraussetzung für den Erfolg eines Teams darstellt und somit die Mühe wert ist.

Wenn eine Gruppe keine klare Sicht von dem hat, was sie zu erreichen trachtet, dann folgt daraus notwendigerweise, daß so manche ihrer Mitglieder außerstande sind, zu ihrem Erfolg beizutragen. Aber auch wenn die Ziele des Teams allgemein verstanden werden, existiert ein Unterschied zwischen den persönlichen und den Gruppenbedürfnissen, den es zu überbrücken gilt. Ein effizientes Team ermöglicht zweierlei: daß jeder einzelne seine eigenen Bedürfnisse erfüllt und daß jeder davon ausgehend zum Gelingen des Ganzen beiträgt. Brauchbare Zielvorstellungen werden in der Regel folgenden Kriterien gerecht:

- Alle Beteiligten haben sie diskutiert und stimmen in ihnen überein;
- jeder einzelne und das gesamte Team sind in die Festlegung der Verantwortlichkeitsbereiche einbezogen;
- die Betonung liegt nicht so sehr auf dem, was im einzelnen zu tun ist, sondern vor allem auf dem, was man zu erreichen beabsichtigt;
- die Ziele sind so formuliert, daß man die geforderten Endresultate, die Bewertungskriterien sowie einen Zeitplan für die Überprüfung der Zwischenergebnisse eindeutig festgelegt hat;
- wenn die Ziele gesetzt werden, berücksichtigt man auch mögliche Veränderungen der Rahmenbedingungen;
- die Ziele sind möglichst konkret formuliert, befristet und auch so gehalten, daß sie meßbare Erfolgskriterien aufweisen.

Team- und Einzelziele müssen mit der Zeit geändert bzw. den neuen Gegebenheiten angepaßt werden. Es gibt zahlreiche Beispiele von Gruppen, die sich anfangs über die Zielsetzungen im klaren waren, dann aber dafür bezahlen mußten, daß sie diese im Lauf der Jahre nicht einer Revision unterzogen. Ein Team jedoch, das vorwärts blickt, Schwierigkeiten vorhersieht, sich bietende Gelegenheiten ergreift und seine Vorhaben im Lichte der Erfahrung neu festlegt, wird letztlich auch Erfolg haben.

Blockierung 5: Das Ziel wird nicht wirklich erreicht

Mitunter herrscht in einem Team ein gutes Klima, und auch die Führung funktioniert, aber es fehlt ihm der für die Umsetzung seiner Vorhaben nötige Elan. Zwar sind die erforderlichen Grundvoraussetzungen (wie Kompetenz, Methodik, technisches Können usw.) vorhanden, aber die Ergebnisse entsprechen dennoch nicht den Erwartungen. Es sind aber allein die greifbaren Resultate, die für das Unternehmen zählen. Wenn die Gruppe zwar den Bedürfnissen ihrer Mitglieder nach sozialen Kontakten gerecht wird, aber nichts Wesentliches leistet, dann erfüllt sie ihren Zweck nicht, und die Situation wird kritisch.
Erfolgreich kann sich ein Team nur dann nennen, wenn die Leistungsstandards und das Ergebnisniveau hoch sind und wenn diese weitestgehend seine Arbeit bestimmen. Es kommt also darauf an,

daß auch innerhalb der Gruppe die Erfüllung des jeweiligen Vorhabens anerkannt und belohnt wird. Letzteres muß nicht unbedingt finanziell erfolgen – vielen Menschen ist ja persönliche Anerkennung ebenso wichtig wie Bargeld. Es ist häufig so, daß man sich in Teams am wohlsten fühlt, die weit über dem Durchschnitt liegende Ergebnisse erzielen. Das Streben nach herausragender Leistung, selbst bei den alltäglichen Aktivitäten, hat große Motivationskraft. Es regt die eigenen Fähigkeiten an, fördert den Stolz und erhöht das Selbstwertgefühl.

Blockierung 6: Ineffiziente Arbeitsmethoden

Gediegene Arbeitsmethoden und erfolgbringende Entscheidungsprozesse sind für jedes Arbeitsteam von zentraler Bedeutung. Die kritischen Punkte dabei sind:

- die Art und Weise, wie Entscheidungen getroffen werden;
- die Sammlung von und der Zugriff auf Informationen;
- die Kommunikation innerhalb der Gruppe und nach außen;
- die wirksame und koordinierte Nutzung der Ressourcen;
- die Verfahren zur Überprüfung von Entscheidungen;
- die Methoden für die Einschätzung neuer Aufgaben;
- die Kriterien zur Messung des Erfolgs.

Das gut funktionierende Team wendet Arbeitsmethoden an, die genau auf seine Bedürfnisse zugeschnitten sind; diese werden nicht starr, aber konsequent angewandt. Dem Team ist bewußt geworden, daß es auch so etwas wie Qualitätsnormen für Arbeitsbesprechungen gibt. Die einzelnen Mitglieder haben persönliche Fertigkeiten entwickelt, die allgemein geschätzt und von der Gruppe genutzt werden. Es herrscht ein Klima der Sachkompetenz, und die Meetings sind selten langweilig. Das Team bewegt sich rasch voran, achtet aber dabei auf jeden einzelnen; weil nicht von der gemeinsamen Sache abgeschweift wird, ist sichergestellt, daß alle im Hinblick auf diese wichtigen Fragen und Probleme auch aufgeworfen werden.

Blockierung 7: Mangelnde Offenheit und Auseinandersetzung

Manche Teams gleichen eher einer gemütlichen Feierabendrunde, weil sie es unterlassen, Personen und Begebenheiten einer analytischen und kritischen Bilanz zu unterziehen. Sie verhindern so die freimütige Meinungsäußerung und Beurteilung. Diese noble Zurückhaltung läßt Auseinandersetzungen gar nicht erst aufkommen, und die Einschätzung der realen Lage unterbleibt. Ein Klima dieser Art kann verschiedene Ursachen haben:

- *Höflichkeit:* Alle oder einige Teammitglieder sind der Meinung, sich auf Konfrontationen einzulassen sei unzivilisiert und widerspreche den guten Umgangsformen.
- *Angst, das Gesicht zu verlieren:* Kritik wird als höchst unwillkommener bzw. unzulässiger persönlicher Angriff betrachtet, der dem Ansehen schadet.
- *Angst, die gemeinsame Sache zu schädigen:* Kritik gilt als Feind, der Schwächen lediglich aufdeckt, um die Moral zu untergraben.
- *Unentwickeltes Kritikvermögen:* Man hat zwar an sich viel für Erfolgskontrolle übrig und weiß deren Vorteile zu schätzen, doch fehlt es schlicht an Kenntnis, wie diese zu bewerkstelligen sei. Hier mangelt es an analytischen Fähigkeiten und an Kultur der Konfrontation.

Abgeschlossene Vorhaben ebenso wie die Arbeitsroutine müssen jeweils einer Autopsie unterzogen werden. Diese »Manöverkritik« und ihre Ergebnisse verhelfen dem Team zu neuem Lehrmaterial. Man setzt sich zusammen, um die Stärken und Schwächen in der Arbeit zu analysieren und sich offen die gegenseitigen Einschätzungen mitzuteilen. Da es allen um die Sache und nicht um Personen geht, lernt jeder einzelne, auch negative Kommentare ohne Groll, Wehleidigkeit oder gar Rachegedanken zu akzeptieren.

Will ein Team Erfolg haben, dann müssen seine Mitglieder ohne Furcht, sich lächerlich zu machen oder Vergeltungsmaßnahmen auszulösen, ihre Ansichten übereinander aussprechen und ihre Differenzen austragen können. Geschieht dies nicht, dann bleibt viel der eingesetzten Energie, Anstrengung und Kreativität ohne Ergebnis. Gute Teams meiden heikle oder unangenehme Themen nicht, sondern setzen sich mit ihnen offen und ehrlich auseinander.

Wird die Konfrontation richtig gesteuert und in konstruktiver Weise eingesetzt, dann führt sie zu einem besseren Verständnis der Gruppenmitglieder füreinander. Der positiv verstandene Konflikt resultiert in Geradlinigkeit, verminderten Spannungen, verbesserten Beziehungen und größerem Vertrauen zueinander. Negativität hingegen erzeugt Mißtrauen und Feindseligkeit.

Blockierung 8: Zu wenig entwickelte Persönlichkeiten

Ein Team ist der Versuch, Wissen und Können von Einzelindividuen zwecks Ausführung eines bestimmten Vorhabens zu vereinen. Daraus folgt, daß bei sonstiger Gleichheit aller anderen Faktoren dasjenige Team am erfolgreichsten sein wird, dessen Mitglieder das höchste Niveau individueller Fähigkeiten aufweisen. Diese wieder müssen nicht unbedingt von der jeweiligen Bildung, Qualifikation oder Erfahrung abhängen. So gibt es Manager, die durchaus über die notwendigen Qualitäten verfügen, aber doch nie zu entsprechenden Resultaten gelangen. Andere wieder hatten kaum je eine Ausbildung, so daß man bei ihnen keine besonderen Fertigkeiten vermuten würde, sprächen nicht ihre enormen Erfolge eine deutlich andere Sprache.

Ein gutes Team fördert das Vorankommen jedes seiner Mitglieder. Kommen neue Mitglieder dazu, ist es wichtig, daß man es versteht, sie mit sicherer Hand einzuführen. Die Gruppe muß bestimmte Anforderungen stellen, und der einzelne darf nicht den Eindruck gewinnen, daß er sich durchschwindeln kann. Und es muß die Angehörigkeit als Ehre und Privileg empfunden werden. Die Qualität eines Teammitglieds mißt sich unserer Meinung nach daran, ob es

- druckvoll agiert;
- sich seiner Gefühle bewußt ist;
- flexibel hinsichtlich seiner Stellung in der Gruppe ist;
- sich von der Richtigkeit eines anderen Standpunkts überzeugen, aber ihn sich nicht aufzwingen läßt;
- seine eigenen Ansichten gut darlegt.

Es läßt sich feststellen, daß Teammitglieder, die ihre Fähigkeiten voll entfaltet haben, insgesamt andere Charaktermerkmale aufweisen als ihre weniger erfolgreichen Kollegen. Leute, die wenig erreichen, scheinen überhaupt dem Leben eher passiv gegenüberzustehen und vor allem auf Sicherheit bedacht zu sein. Herausforderungen machen ihnen Angst – also weichen sie ihnen, wo es geht, aus.

Selbstprüfung und kritische Betrachtung der eigenen Überzeugungen ist ihnen fremd. Feedback und Kritik von außen begreifen sie nicht als hilfreich, sondern als bedrohlich. Sie wären glücklicher, lebten sie unter lauter schwachen Persönlichkeiten; weil dies aber nicht so ist, nehmen sie es anderen meist übel, wenn diese sogar schwierige Situationen in einen persönlichen Erfolg zu verwandeln verstehen.

Im Gegensatz dazu scheinen Menschen mit häufigen Erfolgserlebnissen das Leben als Ganzes positiv zu sehen in der Überzeugung, daß sie es meistern können. Sie verwirklichen ihre Vorhaben und suchen neue Herausforderungen. Sie möchten mehr über sich selbst wissen und interessieren sich für das Feedback, das ihnen andere geben können. Sie sind jederzeit für konstruktive Kritik zu haben, wissen, daß sie nur über begrenzte Zeit, begrenzte Kräfte verfügen, und versuchen, den Wert ihrer Ressourcen zu erkennen und das beste aus ihnen zu machen. Solche Leute sind sich selbst die wertvollste Hilfe und steigern die Dynamik des Teams beträchtlich.

Blockierung 9: Geringe kreative Fähigkeiten

Erfolgreiche Teams sind solche, die kreativ Ideen produzieren und diese auch in die Praxis umsetzen. Wenn wir uns den Prozeß der Kreativität in Erinnerung rufen, so ist festzustellen, daß zuallererst ein Bedürfnis erkannt, also das Fehlen eines »Kettenglieds« wahrgenommen sein muß. Jetzt braucht man eine neue Idee. Dabei kann es sich um eine logische Fortführung schon gedachter Gedanken, aber genauso um eine radikale Abkehr davon handeln.

Die neue Idee liegt am Anfang höchst selten klar und in allen ihren Konsequenzen vor einem ausgebreitet da. Sie muß vorangetrieben, ausgeweitet und vertieft, sodann begrifflich möglichst simplifiziert und schließlich erprobt werden. (Ideen müssen »funktionieren«, oder sie sind lediglich akademisch interessant.) Dieser Prozeß muß jedoch nicht individuell ablaufen; er kann durchaus von den Anstrengungen eines gesamten Teams getragen sein. Bei der Ideenproduktion unterscheidet man zweckmäßigerweise fünf Phasen:

- die Erkenntnis des Mangels, des Bedürfnisses;
- die Entwicklung des »Keims«;
- dessen Wachstum, also die Reifung der Idee;
- die (experimentelle) Erprobung;
- die Anwendung.

Viel hängt von der – schwer zu definierenden – Haltung des Umfelds, in unserem Fall also des Unternehmens zu Innovationen ab. So manches Unternehmen hat eine gute Atmosphäre dafür geschaffen, so daß es eine reine Freude ist, dort zu arbeiten. Dies wiederum verhilft zur nötigen Dynamik und Lebenskraft. Ein uns bekannter erfahrener Manager meinte einmal, die zentrale Aufgabe des Managements bestünde darin, in der Belegschaft vorhandene »latente Energie« freizusetzen.
Das gelangweilte Wiederholen als wenig sinnhaft eingeschätzter Tätigkeiten führt zu Frustration und unterdrückt die Vitalität, den Enthusiasmus und verhindert Innovationen. Dies erweist sich sehr rasch als Gefahr für das Prosperieren der Firma, weil es sie des kreativen Potentials beraubt und dem (mitunter hinhaltenden) Widerstand gegenüber jeglicher Veränderung Nahrung gibt.
Um alle verfügbare Schöpfer- und Schaffenskraft zu nutzen, muß man mehr tun, als lediglich allem Neuen und Erneuernden gegenüber aufgeschlossen sein. Hilfreiche Fertigkeiten und Prozeßabläufe lassen sich relativ leicht feststellen, aber man muß ebenso darauf vorbereitet sein, daß auch den bestausgebildeten und erfahrensten unter den kreativen Persönlichkeiten weiterhin Fehler unterlaufen können und daß man immer wieder Risiken einzugehen hat. Deshalb reicht Kreativität allein nicht aus; da sie ihrer Definition nach vieles im unsicheren beläßt, muß sie Hand in Hand mit einer gereiften Entscheidungsfähigkeit gehen.

Blockierung 10: Mangelnde Konstruktivität zwischen verschiedenen Teams

Teams unterhalten im Normalfall Wechselbeziehungen zu anderen Gruppen, aber manchmal ist die Qualität der Zusammenarbeit dürftig. Häufig trifft man unbefriedigende Kommunikation und das Fehlen gemeinsamer Ziele an.

Manche Manager reden über ihre Arbeit in dem Sport entlehnten Begriffen. Sie haben die Absicht »zu gewinnen«, »sammeln Punkte«, sprechen von »Wettbewerb«. Ausdrücke dieser Art zeigen, wie Personen über ihre Arbeit denken und welche geistigen Bilder ihnen interpretieren helfen, was vorgeht. Der Teamleiter hat eine besondere Rolle bei der Verbesserung der Beziehungen von Gruppen untereinander zu »spielen« und kann viel tun, um Feindseligkeiten vorzubeugen und die Kooperation zu verbessern. Den Abbau von Konflikten kann er durch folgende Schritte unterstützen:

- Erkennbarmachen gemeinsamer Ziele;
- Entwicklung eines Verständnisses für die Situation und die beteiligten Personen;
- Bereitstellung von Gelegenheiten zur regelmäßigen Behandlung von Problemen;
- Aufbau eines Vertrauensklimas.

Merkmale von Managern mit hohen/geringen Teambildungsfähigkeiten

Teams aufzubauen ist ein hervorragendes Instrument für das Management, mit dessen Hilfe es äußerst dynamische, ideenreiche, verantwortungsbewußte und dem Unternehmenszweck hervorragend dienende Gruppierungen installieren kann. Die Kennzeichen von Managern und Führungskräften, die kompetent Teams zu bilden verstehen, sind in der folgenden rechten Spalte aufgelistet. Links summierten wir die Merkmale ihrer in dieser Hinsicht weniger erfolgreichen Kollegen.

Geringe Teambildungsfähigkeit	*Hohe Teambildungsfähigkeit*
Hat kaum Führungsqualitäten;	Kann gut anleiten und führen;
ist inkonsequent;	ist sehr konsequent;
hat für Teams nichts übrig;	hängt einer teambegünstigenden Managementphilosophie an;

sucht, wenn er sich von der Notwendigkeit überzeugt hat, ein Team zu bilden, ungeeignete Mitglieder aus;	wählt geeignete Mitglieder aus;
interessiert sich kaum für andere;	engagiert sich für andere;
hat Probleme, eine positive Atmosphäre zu schaffen;	versteht es, ein angenehmes Klima zu schaffen;
ist nicht zielbewußt;	das zu Erreichende motiviert ihn;
ist sich über seine und die Rolle des Teams innerhalb der Organisation im unklaren;	weiß diese Rollen klar zu definieren;
verfügt nur über ungenügend wirksame Arbeitsmethoden;	bedient sich effektiver Arbeitsmethoden;
unterläßt es, Rollen innerhalb des Teams zu definieren;	definiert individuelle Rollen im Team;
vermischt Tatsachenfeststellung mit Kritik;	trennt objektive Erfolgsüberprüfung klar von subjektiver persönlicher Kritik;
ignoriert die Persönlichkeitsentwicklung;	unterstützt kreative Potentiale;
toleriert unterentwickelte Beziehungen;	stellt stabile Beziehungen von Teams zueinander her;
läßt zu, daß Konflikte Sprengkraft entwickeln, oder fördert gar Spaltungstendenzen;	nutzt Konflikte in konstruktiver Weise, so daß sie den Zusammenhalt fördern;
entmutigt Risikobereitschaft;	ermutigt zur Übernahme von Risiken;
vermeidet in beide Richtungen persönliche Feedback;	sucht Feedback zu erhalten sund zu geben;
nutzt die Zeit schlecht;	nutzt die Zeit optimal;
läßt niedrige Normen zu.	strebt danach, möglichst hohe, aber von allen akzeptierbare Standards zu setzen.

Wann Manager am meisten hohe Teambildungsfähigkeiten benötigen

Die Fähigkeit, Teams zu bilden, wird in allen Unternehmen und sonstigen Organisationen höchst willkommen sein, in denen es gilt, die Talente einzelner zum Zweck der Erreichung gemeinsamer Ziele miteinander aufs engste zu verbinden. Eine große Zahl von Managern und Führungskräften verbringen mehr als 60 Prozent (!) ihrer Zeit mit Sitzungen oder anderen Zusammenkünften, also mit Gruppenarbeit.

Sie brauchen demnach eine richtige Herangehensweise, eine wirkungsvolle Methode, mit dieser Tatsache umzugehen. Dies trifft ganz besonders auf Projektleiter, Chefs von Forschungs- und Entwicklungsteams, von Gruppen, die die weitere Politik bestimmen, von Serviceteams und von Gruppen zu, die unter starkem äußerem Druck arbeiten.

Teambildungsqualitäten sind von zentraler Bedeutung, wenn eine Anzahl Menschen zusammengeführt wird und nun lernen muß, kooperativ und effizient an gemeinsamen Aufgaben zu arbeiten.

Da wird es oft notwendig sein, Konferenzen zu leiten, das Team nach außen zu vertreten und gute Beziehungen mit anderen Einheiten des Unternehmens herzustellen.

Ein Manager, der bewußt der »Teambildungsphilosophie« huldigt, wird die Probleme mit anderen teilen, für ein positives Klima sorgen, die Gruppenziele klären und regelmäßig die Effizienz überprüfen. Ein entsprechendes Wissen und Können wird am meisten dann benötigt, wenn Personen sehr voneinander abhängen und gut zusammenarbeiten müssen, um ein hohes Leistungsniveau zu erreichen.

Manager hingegen, die in relativer Isolation arbeiten, etwa technisches Fachwissen beisteuern, haben geringeren Bedarf an Teambildungsfähigkeiten.

Literaturhinweise

Francis, D./Young, D., *Improving work groups: A practical manual for team building.* San Diego, CA: University Associates, 1979.

Woodcock, M., *Team development manual.* Aldershot: Gower, 1979; New York, Halsted, 1979.

Woodcock, M./Francis, S., *Organisation Development through Teambuilding.* Aldershot: Gower, 1981. New York: Halsted, 1981.

Teil 4:

Blockierungen am Arbeitsplatz

Wir nehmen an, daß Sie nun die elf Abschnitte über die einzelnen Blockierungen gelesen und deren Bedeutung für Ihre Person erwogen haben. Jetzt laden wir Sie ein, Ihre Einschätzung von sich selbst zu vertiefen, indem Sie weitere mögliche Blockierungen kennenlernen und feststellen, ob auch diese Ihre Arbeit als Manager behindern.

Die Durchführung der Eigenerhebung der Blockierungen in Teil 2 diente Ihnen dazu, einen Überblick über Ihre eigenen Stärken und Schwächen als Manager zu erhalten – allerdings mit dem Nachteil der Subjektivität und möglichen Einseitigkeit. Darüber hinaus geben diese Testergebnisse nicht unbedingt eine Antwort auf die Frage, ob ihre persönlichen Blockierungen auch Ihre Arbeitsleistung beeinflussen. Deshalb haben wir zwei zusätzliche Tests mit der Absicht entwickelt, zuvor gewonnene Einsichten zu vertiefen und objektiver zu gestalten.

Der erste dieser zusätzlichen Tests, die Erhebung der Blockierungen am Arbeitsplatz, versetzt Sie in die Lage, die besonderen Anforderungen, die Ihre Arbeit an Sie stellt, einzuschätzen. Obwohl alle Inhaber von Managerfunktionen über bestimmte gleiche Fertigkeiten verfügen müssen, verlangt doch jeder spezifische Job eine ganz spezifische Mixtur von Wissen und Können. Die Erhebung der Blockierungen am Arbeitsplatz läßt Sie überprüfen, inwieweit Ihre persönlichen Fähigkeiten den Anforderungen Ihrer Arbeit gerecht werden. Und Sie können dem Ergebnis entnehmen, in welche Richtung Sie sich weiterentwickeln sollten.

Nach der Durchführung dieser Tests können Sie durch eine einfache Kalkulation Ihre persönlichen Fähigkeiten (wie sie durch die Eigenerhebung der Blockierungen in Teil 2 festgestellt wurden) mit den besonderen Anforderungen Ihres gegenwärtigen Jobs (ermittelt durch die Erhebung der Blockierungen am Arbeitsplatz) vergleichen. Das ist das Einzigartige der von uns vorgeschlagenen Methode, Managementprobleme über den Weg der Untersuchung von Blockierungen zu lösen. Darüber hinaus zeigt sie auf, welche Entwicklungsrichtung Sie einschlagen müssen, falls Ihre Arbeit Qualitäten von Ihnen verlangt, über die Sie (noch!) nicht in ausreichendem Maße verfügen.

Nehmen wir als Beispiel Bob Johnson (der Name ist erfunden, aber wir sprechen von einer konkreten Person), der meinte, er sei zu wenig kreativ. Durch die Eigenerhebung der Blockierungen wurde seine Annahme tatsächlich bestätigt, also führte er sich die Ausführungen im Abschnitt über geringe Kreativität (Blockierung 6) zu Gemüte. Dabei hatte er aber eine wichtige Sache übersehen: Seine Arbeit besteht weitgehend aus Routine, er muß also gar nicht so besonders schöpferisch und innovativ sein! Was bedeutet, daß eine sogar sehr starke Blockierung nicht unbedingt ein akutes Arbeitshindernis darstellen muß und eine Verbesserung bestimmter Fähigkeiten praktisch keinen Einfluß auf die Effizienz der augenblicklichen Tätigkeit haben kann. Sollte Bob jedoch seinen Job gegen einen solchen tauschen, der mehr Kreativität verlangt, dann würden sich die Prioritäten ändern, und die Ausweitung seiner schöpferischen Fähigkeiten würde für ihn zur absoluten Notwendigkeit werden.

Der zweite Test, die Einschätzung der eigenen Blockierungen durch andere, wird, wie der Name sagt, von anderen Personen zur Zweck der Objektivierung der Informationen über Ihre eigene Effizienz durchgeführt. Er bietet die Möglichkeit, die Ansichten anderer über Ihre Führungskompetenz zu erfahren, wobei dieselbe Erhebungsmethode wie für die Selbsteinschätzung angewandt wird – was für das Vergleichen von großem Vorteil ist. Am schlüssigsten sind die Ergebnisse dann, wenn *mehrere* mit Ihren Vorgangsweisen als Manager vertraute Personen von Ihnen ersucht werden, den Fragebogen auszufüllen, und Sie den Vergleich dieser Ergebnisse mit denen des Selbsteinschätzungstests gewissenhaft durchführen.

Beide Blockierungstests (der Selbst- und der Fremdeinschätzung) informieren über Ihre Managementqualitäten. Es kommt aber häufig vor, daß die Ergebnisse weitgehend oder in Details nicht übereinstimmen. Das ist nicht weiter überraschend, handelt es sich doch quasi um Schnappschüsse aus verschiedenen Blickwinkeln. Die Diskrepanzen lassen sich als Ausgangsbasis für fruchtbare Dis-

kussionen, Maßnahmen der Selbstkontrolle, Weiterbildung und Selbstvervollkommnung konstruktiv nutzen.
Teil 4 endet mit einem Vergleich der aus den verschiedenen Fragebögen gewonnenen Daten. Erst die Gesamtschau der Ergebnisse führt zu umfassenden und annähernd objektiven Aussagen über Ihre gegenwärtigen Entwicklungsbedürfnisse.

Die Nutzung der Testergebnisse

Die beiden Tests von Teil 4 bieten zusammen mit jenem aus Teil 2 ein neuartiges Feedback, das imstande ist, Ihr Verständnis für die Konzeption der persönlichen Blockierungen und Ihre Selbsterkenntnis zu vertiefen. Lediglich oberflächliches Verständnis gibt nur wenig Chancen auf eine Änderung des Verhaltens und auf eine Erhöhung der persönlichen Effizienz. Die Absicht des ganzen Buches ist es ja, Sie zu einer realistischen Einschätzung Ihrer Stärken und Schwächen und zu einer Klärung Ihrer persönlichen Ziele gelangen zu lassen und Sie zu einer bewußt gesteuerten Weiterentwicklung anzuregen. Wir fordern Sie auf, die Tests als spannendes Abenteuer zu sehen, das Sie in ein bisher wenig erforschtes, mit Schätzen reich gesegnetes Neuland führt und Ihnen hilft, die dort notwendigen Pfadfinder- und Führungsfähigkeiten zu erlangen und dann auch aufrechtzuerhalten.
Aber seien Sie gewarnt: Wenn Sie die Ergebnisse der Einschätzung Ihrer Blockierungen durch andere analysieren, bedenken Sie, daß es sich um Feedback handelt, das auf Sie bedrohlich wirken kann. Es ist nicht einfach, offensichtlich kritische Einschätzungen als hilfreich zu akzeptieren und dann konstruktiv zu nutzen. Versuchen Sie aber dennoch eine positive Haltung zu den Ergebnissen einzunehmen. Die gewonnenen Informationen können für Sie von unschätzbarem Wert sein, aber nur, wenn Sie die darin enthaltenen Botschaften auch zu hören bereit sind.
Bevor Sie die Tests beginnen, überlegen Sie, mit wem Sie dessen Resultate diskutieren können. Fällt Ihnen niemand ein, dann versuchen Sie, ein oder zwei Personen, deren Meinungen Sie vertrauen, informell als Berater heranzuziehen. Dazu einige Richtlinien:

- Wählen Sie Personen aus, von denen Sie wissen, daß sie bereit sind, Sie zu unterstützen, und daß sie Ihr Vertrauen nicht mißbrauchen;

- vereinbaren Sie bestimmte Zeiten für diese Zusammenkünfte und planen Sie genügend Zeit für die Diskussion ein;
- lassen Sie beim jeweils ersten Treffen den Zweck der Zusammenkunft, Ihre Absichten und Ihre Einschätzung dessen, was jeder für den anderen tun kann, klar erkennen;
- denken Sie daran, daß Zusammenkünfte in der Regel dann am nützlichsten sind, wenn sie zu offenen, den Gesprächsgegenstand direkt ansteuernden, der Wahrheit auf den Grund gehenden Diskussionen anregen;
- überprüfen Sie regelmäßig, ob Sie Fortschritte gemacht haben, und versuchen Sie, jegliches Hindernis auf dem Weg des Voranschreitens zu erkennen und zu beseitigen.

Die Nutzung der Testergebnisse im Unternehmen

Diese Testverfahren wurden hauptsächlich zu dem Zweck ausgearbeitet, dem einzelnen Manager zu helfen, seine ganz persönlichen Blockierungen zu erkennen. Sie können jedoch auch für bestimmte Entwicklungsbedürfnisse in Organisationen und Unternehmen genutzt werden. Hier einige in dieser Hinsicht mögliche Anwendungsbereiche:

- Einschätzung von Trainingsbedarf;
- Festlegung von Aufnahmekriterien, wenn neue Mitarbeiter eingestellt werden sollen;
- Planung von Änderungen in der Karriere;
- Berufsberatung;
- Beurteilungsberatung;
- Feststellung von Ausbildungserfordernissen;
- Managertraining;
- Teambildung.

Wenn Sie mit den Testverfahren vertrauter geworden sind, überlegen Sie, ob sich nicht weitere Anwendungsmöglichkeiten ergeben – für Sie als Individuum, in Ihrem Arbeitsteam oder im großen Rahmen Ihres Unternehmens insgesamt.

Erhebung der Blockierungen am Arbeitsplatz

Anleitung

Der Test besteht aus einem elfteiligen Fragebogen und einer Zusammenfassung. Der Wert der Ergebnisse hängt davon ab, wie ehrlich Sie bei der Beantwortung sind, aber auch davon, mit welcher Genauigkeit Sie die Anforderungen Ihrer Tätigkeit einschätzen können.
Haken Sie bei jeder Aussage der folgenden Seiten entsprechend Ihrer Einschätzung die Antwort »Trifft völlig zu«, »Trifft teilweise zu« oder »Trifft nicht zu« an. Addieren Sie die Punkte (diese stehen unter der jeweiligen Antwort), die Sie im fertiggestellten Teil erzielt haben, bevor Sie zum nächsten Teil schreiten. Am Ende lesen Sie die Anleitung für den Auswertungsbogen.

Teil 1

1. Ich muß viel alleine arbeiten.

trifft völlig zu	trifft teilweise zu	trifft nicht zu
2	1	0

2. Ich muß unter Druck arbeiten.

trifft völlig zu	trifft teilweise zu	trifft nicht zu
2	1	0

3. Manchmal muß ich unpopuläre Entscheidungen treffen.

trifft völlig zu	trifft teilweise zu	trifft nicht zu
2	1	0

4. Ich bin sehr verschwiegen.

trifft völlig zu	trifft teilweise zu	trifft nicht zu
2	1	0

5. Mein Beruf steht häufig in Konflikt mit meinem Privat- bzw. Familienleben.

trifft völlig zu	trifft teilweise zu	trifft nicht zu
2	1	0

6. Ich muß zu ungewöhnlichen Zeiten arbeiten.

trifft völlig zu	trifft teilweise zu	trifft nicht zu
2	1	0

7. Meine Arbeit verlangt häufig, daß ich auswärts esse oder Leute zum Essen einlade.

trifft völlig zu	trifft teilweise zu	trifft nicht zu
2	1	0

8. Ich muß allein auf mich gestellt wichtige Entscheidungen treffen.

trifft völlig zu	trifft teilweise zu	trifft nicht zu
2	1	0

9. Ich muß viel verreisen bzw. bin oft nicht zu Hause.

trifft völlig zu	trifft teilweise zu	trifft nicht zu
2	1	0

10. Meine Arbeit stellt emotionale Anforderungen an mich.

trifft völlig zu	trifft teilweise zu	trifft nicht zu
2	1	0

Gesamtpunktezahl von Teil 1 ☐

Teil 2

1. Ich muß mir über Grundsatzfragen im klaren sein.

trifft völlig zu	trifft teilweise zu	trifft nicht zu
2	1	0

2. Meine persönliche Lebensphilosophie ist für andere ersichtlich.

trifft völlig zu	trifft teilweise zu	trifft nicht zu
2	1	0

3. Ich muß häufig persönliche Überzeugungen darlegen.

trifft völlig zu	trifft teilweise zu	trifft nicht zu
2	1	0

4. Ich muß in Grundsatzfragen eine feste Haltung einnehmen.

trifft völlig zu	trifft teilweise zu	trifft nicht zu
2	1	0

5. Ich treffe Entscheidungen, die menschliche Werte betreffen.

trifft völlig zu	trifft teilweise zu	trifft nicht zu
2	1	0

6. Meine Wertvorstellungen werden häufig in Frage gestellt.

trifft völlig zu	trifft teilweise zu	trifft nicht zu
2	1	0

7. Ich muß anderen gegenüber als fair angesehen werden.

trifft völlig zu | trifft teilweise zu | trifft nicht zu
2 | 1 | 0

8. Ich beeinflusse Grundsatzentscheidungen.
trifft völlig zu | trifft teilweise zu | trifft nicht zu
2 | 1 | 0

9. Ich muß Angelegenheiten von grundsätzlicher Bedeutung erledigen.
trifft völlig zu | trifft teilweise zu | trifft nicht zu
2 | 1 | 0

10. Ich muß andere in persönlichen Angelegenheiten beraten.
trifft völlig zu | trifft teilweise zu | trifft nicht zu
2 | 1 | 0

Gesamtpunktezahl von Teil 2 ☐

Teil 3

1. Ich lege Ziele gemeinsam mit anderen fest.
trifft völlig zu | trifft teilweise zu | trifft nicht zu
2 | 1 | 0

2. Mein Job befriedigt mich nicht.
trifft völlig zu | trifft teilweise zu | trifft nicht zu
2 | 1 | 0

3. Meine Arbeit steht häufig in Konflikt mit meinem Privatleben.
trifft völlig zu | trifft teilweise zu | trifft nicht zu
2 | 1 | 0

4. Ich habe nur selten Gelegenheit, meine Ziele mit Hilfe anderer zu überdenken.
trifft völlig zu | trifft teilweise zu | trifft nicht zu
2 | 1 | 0

5. Meine Arbeit greift häufig auf mein persönliches Leben über.
trifft völlig zu | trifft teilweise zu | trifft nicht zu
2 | 1 | 0

6. Mein Job bietet mir keine besonderen Möglichkeiten zur Selbstverwirklichung.
trifft völlig zu | trifft teilweise zu | trifft nicht zu
2 | 1 | 0

7. Ich muß die Leistungen anderer bewerten.

trifft völlig zu | trifft teilweise zu | trifft nicht zu
2 | 1 | 0

8. Ich muß anderen Zielvorstellungen klarmachen.
   trifft völlig zu | trifft teilweise zu | trifft nicht zu
   2 | 1 | 0
9. Ich habe Anteil an langfristiger Planung.
   trifft völlig zu | trifft teilweise zu | trifft nicht zu
   2 | 1 | 0
10. Meine Arbeit steht häufig in Konflikt mit meinen persönlichen Ambitionen.
    trifft völlig zu | trifft teilweise zu | trifft nicht zu
    2 | 1 | 0

Gesamtpunktezahl von Teil 3 ☐

Teil 4

1. Meine Arbeit verlangt, daß ich mir laufend neue Methoden und Fertigkeiten aneigne.
   trifft völlig zu | trifft teilweise zu | trifft nicht zu
   2 | 1 | 0
2. Ich erwarte, daß sich entweder mein jetziges Aufgabenfeld vergrößert oder daß ich in eine Tätigkeit mit weitergesteckten Aufgaben wechsle.
   trifft völlig zu | trifft teilweise zu | trifft nicht zu
   2 | 1 | 0
3. In Zukunft wird meine Arbeit bedeutende neue Anforderungen an mich stellen.
   trifft völlig zu | trifft teilweise zu | trifft nicht zu
   2 | 1 | 0
4. Meine Arbeit wird sich in den nächsten Jahren wahrscheinlich grundlegend verändern.
   trifft völlig zu | trifft teilweise zu | trifft nicht zu
   2 | 1 | 0
5. Ich werde voraussichtlich zunehmend mit technologischen Veränderungen konfrontiert.
   trifft völlig zu | trifft teilweise zu | trifft nicht zu
   2 | 1 | 0
6. Meine Arbeit ist eine ständige Herausforderung für mich.

trifft völlig zu — trifft teilweise zu — trifft nicht zu
2 — 1 — 0

7. Mein Job wird voraussichtlich bald mehr Effizienz als jetzt von mir verlangen.
trifft völlig zu — trifft teilweise zu — trifft nicht zu
2 — 1 — 0
8. Ich muß vertrauensvolle Beziehungen zu anderen entwickeln.
trifft völlig zu — trifft teilweise zu — trifft nicht zu
2 — 1 — 0
9. Ich muß stets aufgeschlossen und empfänglich für neue Ideen und neue Arbeitsmethoden sein.
trifft völlig zu — trifft teilweise zu — trifft nicht zu
2 — 1 — 0
10. Es wird für mich in Zukunft schwieriger werden, erfolgreich zu sein.
trifft völlig zu — trifft teilweise zu — trifft nicht zu
2 — 1 — 0

Gesamtpunktezahl von Teil 4 ☐

Teil 5

1. Das Lösen von Problemen ist ein wichtiger Teil meiner Arbeit.
trifft völlig zu — trifft teilweise zu — trifft nicht zu
2 — 1 — 0
2. Ich muß in hohem Maße persönliche Urteile fällen.
trifft völlig zu — trifft teilweise zu — trifft nicht zu
2 — 1 — 0
3. Es gibt wenig festgelegte Verfahrensweisen für mich.
trifft völlig zu — trifft teilweise zu — trifft nicht zu
2 — 1 — 0
4. Ich habe mit einer Vielzahl komplexer Informationen zu arbeiten.
trifft völlig zu — trifft teilweise zu — trifft nicht zu
2 — 1 — 0
5. Meine Arbeit umfaßt viel Planung.
trifft völlig zu — trifft teilweise zu — trifft nicht zu
2 — 1 — 0

6. Ich muß aufgrund gemachter Erfahrungen dauernd Pläne ändern.

trifft völlig zu	trifft teilweise zu	trifft nicht zu
2	1	0

7. Ich muß immer wieder rasch sich neu ergebende Möglichkeiten nützen.

trifft völlig zu	trifft teilweise zu	trifft nicht zu
2	1	0

8. Viele Probleme müssen in Gruppentreffen gelöst werden.

trifft völlig zu	trifft teilweise zu	trifft nicht zu
2	1	0

9. Ich muß mich unter verschiedenen Methoden, Probleme zu lösen, entscheiden.

trifft völlig zu	trifft teilweise zu	trifft nicht zu
2	1	0

10. Ich muß häufig mit unvorhergesehenen bzw. nicht alltäglichen Situationen fertig werden.

trifft völlig zu	trifft teilweise zu	trifft nicht zu
2	1	0

Gesamtpunktezahl von Teil 5 ☐

Teil 6

1. Ich muß häufig neue oder bisher unbekannte Wege erproben.

trifft völlig zu	trifft teilweise zu	trifft nicht zu
2	1	0

2. Gewisse Bereiche meiner Arbeit verändern sich dauernd.

trifft völlig zu	trifft teilweise zu	trifft nicht zu
2	1	0

3. Ich muß kreativer als die meisten meiner Kollegen sein.

trifft völlig zu	trifft teilweise zu	trifft nicht zu
2	1	0

4. Ich muß die Annahmen anderer hinterfragen.

trifft völlig zu	trifft teilweise zu	trifft nicht zu
2	1	0

5. Ich muß mir neue Denkweisen aneignen bzw. zunutze machen.

trifft völlig zu	trifft teilweise zu	trifft nicht zu
2	1	0

6. Die richtige Antwort muß häufig lange gesucht werden.

trifft völlig zu	trifft teilweise zu	trifft nicht zu
2	1	0

7. Ich führe innovative Mitarbeiter.

trifft völlig zu	trifft teilweise zu	trifft nicht zu
2	1	0

8. Ich muß neue Ideen entwickeln, fördern bzw. mir solche aneignen.

trifft völlig zu	trifft teilweise zu	trifft nicht zu
2	1	0

9. Häufig kann ich nur durch die Methode von Versuch und Irrtum vorankommen.

trifft völlig zu	trifft teilweise zu	trifft nicht zu
2	1	0

10. Ich muß oft unkonventionelle Dinge tun.

trifft völlig zu	trifft teilweise zu	trifft nicht zu
2	1	0

Gesamtpunktezahl von Teil 6 ☐

Teil 7

1. Um erfolgreich zu sein, muß ich darauf achten, daß meine Ansichten von anderen berücksichtigt werden.

trifft völlig zu	trifft teilweise zu	trifft nicht zu
2	1	0

2. Der Schlüssel zu meinem Erfolg ist die Beeinflussung anderer.

trifft völlig zu	trifft teilweise zu	trifft nicht zu
2	1	0

3. Ich muß oft einen guten ersten Eindruck hinterlassen.

trifft völlig zu	trifft teilweise zu	trifft nicht zu
2	1	0

4. Ich muß mit Bestimmtheit auftreten.

trifft völlig zu	trifft teilweise zu	trifft nicht zu
2	1	0

5. Ich muß ein gutes Verhältnis zu denen haben, mit denen ich zusammenarbeite.

trifft völlig zu	trifft teilweise zu	trifft nicht zu
2	1	0

6. Ich muß andere viel beraten bzw. viel Überzeugungsarbeit leisten.

trifft völlig zu	trifft teilweise zu	trifft nicht zu
2	1	0

7. Konferenzen und Zusammenkünfte sind ein wichtiger Teil meines Arbeitslebens.

trifft völlig zu	trifft teilweise zu	trifft nicht zu
2	1	0

8. Ich habe klare Sachverhalte darzulegen.

trifft völlig zu	trifft teilweise zu	trifft nicht zu
2	1	0

9. Ich muß anderer Leute Meinungen berücksichtigen.

trifft völlig zu	trifft teilweise zu	trifft nicht zu
2	1	0

10. Es ist wichtig, daß man sich ernsthaft mit dem auseinandersetzt, was ich zu sagen habe.

trifft völlig zu	trifft teilweise zu	trifft nicht zu
2	1	0

Gesamtpunktezahl von Teil 7 ☐

Teil 8

1. Ich muß Leute mit erheblich voneinander abweichenden Fähigkeiten führen.

trifft völlig zu	trifft teilweise zu	trifft nicht zu
2	1	0

2. Ich muß den Führungsstil offen mit anderen diskutieren.

trifft völlig zu	trifft teilweise zu	trifft nicht zu
2	1	0

3. Ich kann einen wichtigen Beitrag zur Arbeitsmoral meines Teams leisten.

trifft völlig zu	trifft teilweise zu	trifft nicht zu
2	1	0

4. Ich berate untergeordnete Manager in Fragen ihres Arbeitsstils bzw. der Methodik.

trifft völlig zu	trifft teilweise zu	trifft nicht zu
2	1	0

5. Meine Untergebenen müssen sehr motiviert sein.

trifft völlig zu	trifft teilweise zu	trifft nicht zu
2	1	0

6. Es wird von mir verlangt, daß ich einen progressiven Führungsstil anwende.

trifft völlig zu	trifft teilweise zu	trifft nicht zu
2	1	0

7. Ich muß mit verschiedenen Untergebenen auf verschiedene Art und Weise umgehen.

trifft völlig zu	trifft teilweise zu	trifft nicht zu
2	1	0

8. Ich muß dazu beitragen, daß effektive Managementpraktiken entfaltet werden.

trifft völlig zu	trifft teilweise zu	trifft nicht zu
2	1	0

9. Ich muß ziemlich viel delegieren.

trifft völlig zu	trifft teilweise zu	trifft nicht zu
2	1	0

10. Ich muß ständig die Effizienz meines Teams überprüfen

trifft völlig zu	trifft teilweise zu	trifft nicht zu
2	1	0

Gesamtpunktezahl von Teil 8 [ ]

Teil 9

1. Ich muß die Rollen anderer analysieren und bestimmen.

trifft völlig zu	trifft teilweise zu	trifft nicht zu
2	1	0

2. Ich hänge erheblich von meinen Untergebenen ab.

trifft völlig zu	trifft teilweise zu	trifft nicht zu
2	1	0

3. Ich muß mich organisatorisch um die Zeiteinteilung anderer kümmern.

trifft völlig zu	trifft teilweise zu	trifft nicht zu
2	1	0

4. Die tagtägliche Motivierung meiner Untergebenen ist eine meiner zentralen Aufgaben.

trifft völlig zu   trifft teilweise zu   trifft nicht zu
2   1   0

5. Ich muß weitgehend delegieren.
trifft völlig zu   trifft teilweise zu   trifft nicht zu
2   1   0

6. Ich beeinflusse das Einkommen meiner Untergebenen in hohem Maße.
trifft völlig zu   trifft teilweise zu   trifft nicht zu
2   1   0

7. Ich muß einige sehr schwierige Menschen führen.
trifft völlig zu   trifft teilweise zu   trifft nicht zu
2   1   0

8. Ich muß die Rolle der von mir Geführten und den Beitrag, den sie zu leisten haben, klären.

2 1 NBRHEX1E0

9. Ich muß anderen helfen, ihre Leistung zu verbessern, indem ich ihnen Feedback gebe.
trifft völlig zu   trifft teilweise zu   trifft nicht zu
2   1   0

10. Ich muß für andere effiziente Arbeitsabläufe festlegen.
trifft völlig zu   trifft teilweise zu   trifft nicht zu
2   1   0

Gesamtpunktezahl von Teil 9 [ ]

Teil 10

1. Ich muß meinen Untergebenen helfen, sich neue Fertigkeiten anzueignen.
trifft völlig zu   trifft teilweise zu   trifft nicht zu
2   1   0

2. Ich muß jede Gelegenheit einer Lernmöglichkeit für meine Untergebenen erkennen und nützen.
trifft völlig zu   trifft teilweise zu   trifft nicht zu
2   1   0

3. Ich haben einen bedeutenden Anteil an der Karriereentwicklung meiner Untergebenen.
trifft völlig zu   trifft teilweise zu   trifft nicht zu
2   1   0

4. Ich habe als Teilzeittrainer zu fungieren.

trifft völlig zu	trifft teilweise zu	trifft nicht zu
2	1	0

5. Ich muß die Leistungen anderer beurteilen.

trifft völlig zu	trifft teilweise zu	trifft nicht zu
2	1	0

6. Zu meinem Aufgabenkreis gehört Beratung.

trifft völlig zu	trifft teilweise zu	trifft nicht zu
2	1	0

7. Unzulängliches Training meiner Untergebenen würde den Erfolg des von mir geführten Bereichs ernstlich beeinträchtigen.

trifft völlig zu	trifft teilweise zu	trifft nicht zu
2	1	0

8. Ich muß fähig sein, das Potential anderer zu erkennen.

trifft völlig zu	trifft teilweise zu	trifft nicht zu
2	1	0

9. Ich muß dazusehen, daß die von mir Geführten eine konstruktive Haltung entwickeln.

trifft völlig zu	trifft teilweise zu	trifft nicht zu
2	1	0

10. Ich bin dafür verantwortlich, Leute für Trainings- oder Fortbildungskurse zu empfehlen.

trifft völlig zu	trifft teilweise zu	trifft nicht zu
2	1	0

Gesamtpunktezahl von Teil 10 ☐

Teil 11

1. Ich leite häufig Konferenzen.

trifft völlig zu	trifft teilweise zu	trifft nicht zu
2	1	0

2. Es zählt zu meinen Aufgaben, von Zeit zu Zeit wechselnde Gruppen anzuleiten.

trifft völlig zu	trifft teilweise zu	trifft nicht zu
2	1	0

3. Ich muß aus den mir Unterstellten effiziente Teams bilden

trifft völlig zu	trifft teilweise zu	trifft nicht zu
2	1	0

4. Es ist wichtig, daß in dem von mir geleiteten Team ein Klima der Offenheit und des gegenseitigen Vertrauens herrscht.

trifft völlig zu	trifft teilweise zu	trifft nicht zu
2	1	0

5. Es ist notwendig, daß meine Einheit gute Beziehungen zu anderen Arbeitseinheiten im Unternehmen unterhält.

trifft völlig zu	trifft teilweise zu	trifft nicht zu
2	1	0

6. Ich muß mit anderen an gemeinsamen Problemen arbeiten.

trifft völlig zu	trifft teilweise zu	trifft nicht zu
2	1	0

7. Ich muß die Leistung von Gruppen beurteilen.

trifft völlig zu	trifft teilweise zu	trifft nicht zu
2	1	0

8. Es ist wichtig, daß meinen Untergebenen die Ziele unserer Einheit klar sind und daß sie dahinterstehen.

trifft völlig zu	trifft teilweise zu	trifft nicht zu
2	1	0

9. Die Menschen, die ich führe, hängen sehr voneinander ab und müssen sich aufeinander verlassen können.

trifft völlig zu	trifft teilweise zu	trifft nicht zu
2	1	0

10. Um ein Vorhaben zu verwirklichen, muß ich von Zeit zu Zeit Arbeitsgruppen bilden.

trifft völlig zu	trifft teilweise zu	trifft nicht zu
2	1	0

Gesamtpunktezahl von Teil 11 [ ]

Übertragen Sie Ihre Punktezahlen der Abschnitte 1 bis 11 in die Spalte A. Teilen Sie jede der Zahlen in Spalte A durch 2 und schreiben Sie das Ergebnis in Spalte B.

	A	B
Teil 1 (Die Unfähigkeit, sich selbst anzuleiten)		
Teil 2 (Unklare Wertvorstellungen)		
Teil 3 (Unklare persönliche Ziele)		
Teil 4 (Gehemmte persönliche Entwicklung)		
Teil 5 (Unzulängliche Fähigkeit zur Problemlösung)		
Teil 6 (Geringe Kreativität)		
Teil 7 (Geringes Beeinflussungsvermögen)		
Teil 8 (Mangelhaftes Managementverständnis)		
Teil 9 (Geringe Führungskompetenz)		
Teil 10 (Unzulängliche Trainerfähigkeiten)		
Teil 11 (Geringe Teambildungsfähigkeiten)		

Wie Sie sofort erkennen, bezieht sich jeder Teil dieses Tests auf die entsprechende Blockierung, wie sie in Teil 3 des vorliegenden Buches abgehandelt wurde. Ihre Teilergebnisse zeigen auf, inwieweit Sie es im Hinblick auf ihren gegenwärtigen Aufgabenbereich nötig haben, die einzelne Blockierung zu überwinden. Je höher die Zahl in Spalte B, desto wichtiger ist es für Sie, die mit der jeweiligen Blockierung zusammenhängenden Probleme zu lösen.

Vergleich der Punktezahlen aus den beiden bisherigen Blockierungstests (Selbsteinschätzung und Blockierungen am Arbeitsplatz)

Mit der Durchführung der Eigenerhebung der Blockierungen erhielten Sie eine Art Selbstporträt: Sie konnten feststellen, wie Sie sich selbst sehen. Dieser Test führt Sie nun einen Erkenntnisschritt weiter, indem er die Auswirkung Ihrer Hemmnisse auf Ihren derzeitigen Aufgabenbereich aufzeigt.

Übertragen Sie die Punktezahlen von Spalte B der vorherigen Seite in die Spalte A der folgenden Tabelle.

	Aufgabenbezogene Einschätzung Punkte	Selbsteinschätzung Punkte	Abweichung
Blockierungen	A	B	C
Unfähigkeit zur Selbststeuerung			
Unklare Wertvorstellungen			
Unklare persönliche Ziele			
Gehemmte Persönlichkeitsentwicklung			
Unentwickelte Fähigkeit, Probleme zu lösen			
Geringe Kreativität			
Geringes Beeinflussungsvermögen			
Mangelhaftes Management-Verständnis			
Geringe Führungskompetenz			
Unzulängliche Trainerfähigkeiten			
Geringe Teambildungsfähigkeiten			

Nun übertragen Sie in Spalte B die Punktezahlen, die Sie für jede Blockierung im Selbsteinschätzungstest (Seite 35) erhalten haben. Ist die jeweilige Zahl in Spalte A größer als in Spalte B, so ziehen Sie die Zahl B von Zahl A ab und schreiben das Ergebnis in Spalte C; ist A kleiner als B oder gleich groß, lassen Sie Spalte C leer.

Scheint in Spalte C eine Zahl auf, so handelt es sich um eine Blokkierung, die Ihnen aller Wahrscheinlichkeit nach Probleme bei Ihrer derzeitigen Arbeit macht. Je größer die Abweichung, desto wichtiger ist es für Sie, die Blockierung zu überwinden. Vergessen Sie jedoch nicht, daß es sich um sehr subjektive Aussagen handelt. Deshalb sollten Sie die Ergebnisse diskutieren und als auf Sie zutreffend bestätigen, bevor Sie sich daranmachen, daraus Pläne abzuleiten.

Fremdeinschätzung der Blockierungen

Anleitung für den Manager

Das Feedback, das Sie durch diesen Test erhalten, kann eine beunruhigende, ja in hohem Maße verstörende Rückmeldung sein. Wenn Sie ihn nützen wollen, wählen Sie dafür Personen aus, von denen Sie meinen, sie seien in der Lage, Ihr Verhalten und Ihre Leistungen als Manager in ihrer Gesamtheit zu überblicken. Bedenken Sie, daß das Ergebnis sehr davon abhängt, zu welchem Grad diese Personen tatsächlich Erfahrungen mit Ihnen als Chef, Gleichgestellter oder Untergebener gemacht haben.
Benutzen Sie die Resultate als eine Genauigkeits- und Richtigkeitskontrolle für die von Ihnen durchgeführte Selbsteinschätzung Ihrer Blockierungen.
Kopieren Sie die folgenden Hinweise und den Fragebogen für all jene, die Sie ersuchen wollen, die auf Sie bezogenen Fragen zu beantworten. Unserer Meinung nach sollten dies mindestens drei Personen sein.

Hinweise für den Benutzer des Fragebogens

Tragen Sie den Namen der zu begutachtenden Person ein.

Auf den folgenden Seiten finden Sie 110 Aussagen, die auf den zu Beurteilenden entweder zutreffen oder nicht. Entscheiden Sie bei jeder einzelnen Aussage, ob sie Ihrer Meinung nach weitgehend richtig ist. Wenn ja, dann kreuzen Sie bitte das mit der entsprechenden Zahl versehene Feld im Antwortraster am Ende des Tests an. Trifft die Aussage Ihrer Ansicht nach nicht zu oder haben Sie nach eingehender Überlegung keine Meinung dazu, dann lassen Sie das Feld frei.
Bitte antworten Sie so wahrhaftig wie möglich und scheuen Sie sich nicht, ihre ganz subjektiven Eindrücke wiederzugeben, weil es genau darauf ankommt. Der zu beurteilenden Person helfen Sie durch völlige Aufrichtigkeit am besten.

Er/sie . . .

1. schindet sich zu sehr, weil er/sie den Anforderungen seiner/ihrer Arbeit unbedingt gerecht werden will.
2. ist sich über wichtige Grundsatzfragen nicht im klaren.
3. ist nicht entschieden genug, wenn wichtige Personalentscheidungen zu treffen sind.
4. bemüht sich nicht sehr um die Entwicklung seiner Persönlichkeit.
5. ist häufig unfähig, effizient Probleme zu lösen.
6. experimentiert selten bzw. erprobt kaum einmal neue Ideen.
7. hat Ansichten, denen seine Kollegen selten beipflichten.
8. scheint ein mangelhaftes Verständnis von zentralen Managementprinzipien zu haben.
9. hat Schwierigkeiten, die ihm Untergebenen zur effizienten Erfüllung ihrer Aufgaben zu bringen.
10. verhält sich so, als ob das Training bzw. die Ausbildung der Mitarbeiter in erster Linie andere anginge.
11. findet das Leiten von Konferenzen schwierig und häufig der Mühe nicht wert.
12. scheint schlechter physischer Verfassung zu sein.

13. ersucht andere praktisch nie um Stellungnahmen zu seiner/ihrer Grundeinstellung gegenüber Leben und Arbeit.
14. würde, falls gefragt, Schwierigkeiten haben zu erzählen, was er/sie mit seinem/ihrem Leben vorhat.
15. handelt nicht so, als habe er/sie ein großes Potential für Weiterbildung bzw. -entwicklung.
16. geht unsystematisch an Probleme heran.
17. könnte als jemand beschrieben werden, der/die ränderungen nicht besonders schätzt.
18. findet es oft schwierig, andere Menschen erfolgreich zu beeinflussen.
19. hat sich seinen/ihren Führungsstil wahrscheinlich nicht genau überlegt.
20. scheint von seinen/ihren Mitarbeitern nicht vorbehaltlos unterstützt zu werden.
21. wendet kaum Energie für die Ausbildung und Entwicklung von Mitarbeitern auf.
22. hat keine besonderen Fähigkeiten, effizicntc Arbeitsteams aufzubauen.
23. mag es ganz und gar nicht, unbeliebt zu sein.
24. entscheidet sich manchmal statt für das Richtige für den einfachen Weg.
25. muß häufig Lebens- oder Arbeitsziele ändern, weil sich die Dinge nicht zufriedenstellend entwickeln.
26. trachtet in seinem/ihrem Arbeitsleben nicht nach Erfüllung.
27. unterzieht die Arbeitsziele selten einer kritischen Überprüfung.
28. ist weniger kreativ als die meisten anderen Manager.
29. hinterläßt keinen guten ersten Eindruck.
30. diskutiert selten die eigenen Stärken oder Schwächen bzw. kümmert sich in dieser Hinsicht kaum um Feedback.
31. findet es schwierig, positive Beziehungen zu Mitarbeitern aufzubauen.
32. nimmt sich kaum Zeit, die Entwicklungsbedürfnisse der Mitarbeiter zu überdenken.
33. hat keine wirkliche Erfahrung im Teamaufbau.
34. findet es schwierig, sich die Zeit rationell einzuteilen.
35. nimmt in Grundsatzfragen selten eine feste Haltung ein.

36. scheint sich nicht um objektive Bewertung von Leistungen zu bemühen.
37. sucht selten neue Erfahrungen zu machen.
38. findet es schwierig, mit Informationen umzugehen.
39. hebt gelegentlich gegenüber Experimenten die Aufrechterhaltung der bewährten Ordnung hervor.
40. ist häufig nicht bestimmt genug.
41. handelt in der Annahme, daß sich die Einstellung einzelner zur Arbeit nicht ändern läßt.
42. hat Mitarbeiter, die der Meinung sind, daß er/sie nicht genügend für das Unternehmen leistet.
43. hält nicht viel von Beurteilungssystemen.
44. schafft ein offenes Klima, in dem gegenseitiges Vertrauen herrscht.
45. läßt zu, daß sich seine/ihre Arbeit negativ auf sein/ihr Privat- bzw. Familienleben auswirkt.
46. verhält sich mitunter im Widerspruch zu den von ihm/ihr vertretenen Überzeugungen.
47. erlaubt, daß die Arbeit seine/ihre Freizeit stark einschränkt.
48. sucht kaum Feedback anderer im Hinblick auf seine/ihre Leistungen oder Fähigkeiten zu erlangen.
49. plant nicht gut.
50. neigt dazu, den Mut zu verlieren und aufzugeben, wenn nicht sofort Lösungen gefunden werden können.
51. findet es schwierig, mit anderen Beziehungen anzuknüpfen.
52. versteht nicht ganz, was Menschen zu hoher Leistung motiviert.
53. findet es schwierig, wirksam zu delegieren.
54. vermeidet es möglichst, anderen Feedback zu geben.
55. sollte die Beziehungen zu dem von ihm/ihr geführten Team und zu anderen Arbeitsgruppen im Unternehmen verbessern.
56. wirkt bei der Arbeit häufig müde.
57. hinterfragt seine/ihre persönlichen Wertvorstellungen nicht ausreichend.
58. scheint keine besondere Befriedigung im Beruf zu finden.
59. scheint Herausforderungen nicht besonders zu mögen.
60. überprüft seine/ihre eigenen Fortschritte und Leistungen nicht ausreichend.

61. traut sich zuviel zu.
62. findet es schwierig, andere zum gewünschten Verhalten zu veranlassen.
63. hat altmodische, bereits überholte Ansichten über das Führen anderer.
64. ermutigt seine Mitarbeiter nicht ausreichend zu effizienter Arbeit.
65. berät Untergebene selten.
66. vertritt die Meinung, ein Manager müsse in allen Situationen Untergebene führen und seinen Mitarbeitern immer übergeordnet sein.
67. neigt dazu, zu viel zu essen/zu trinken.
68. ist häufig inkonsequent.
69. versteht sich mit seinen/ihren Arbeitskollegen nicht gut.
70. überlegt selten, was ihn/sie davon abhält, effizienter zu sein.
71. bedient sich, wenn es um die Lösung von Problemen geht, nicht der Hilfe anderer.
72. hat Schwierigkeiten, sehr innovative Personen zu führen.
73. macht bei Konferenzen keine gute Figur.
74. leitet alle Menschen in der gleichen Weise an.
75. hat mitunter im Umgang mit Untergebenen wirkliche Schwierigkeiten.
76. läßt Fortbildungs- und Entwicklungschancen für seine/ihre Untergebenen ungenutzt vorübergehen.
77. investiert nicht genügend Anstrengungen in die Klarstellung, was von Untergebenen jeweils erwartet wird.
78. wirkt nicht energiegeladen und dynamisch.
79. scheint sich nicht darüber im klaren zu sein, in welcher Weise, seine/ihre Erziehung seine/ihre Überzeugungen beeinflußt hat.
80. hat keinen erkennbaren Karriereplan, würde aber von einem solchen durchaus profitieren.
81. neigt dazu, aufzugeben, wenn es schwierig wird.
82. strahlt wenig Zuversicht aus, wenn er/sie Gruppensitzungen leitet, bei denen Probleme gelöst werden sollen.
83. hat häufig Schwierigkeiten, Ideen zu entwickeln.
84. praktiziert mitunter nicht, was er/sie predigt.

85. mag es nicht, wenn Menschen seine/ihre Entscheidungen in Frage stellen.
86. strengt sich wenig an, die Rollen und die Arbeitsziele von Untergebenen zu definieren.
87. tut wenig dafür, daß sich die Fähigkeiten von Untergebenen verbessern, obwohl dies wünschenswert wäre.
88. besitzt nicht die für die Bildung eines leistungsstarken Arbeitsteams erforderlichen Fähigkeiten.
89. wird dabei beobachtet, sich selbst zu vernachlässigen.
90. zögert, seine Überzeugungen mit anderen zu diskutieren.
91. diskutiert kaum jemals langfristige Ziele mit anderen.
92. kann nicht als wirklich offen und flexibel bezeichnet werden.
93. wendet im allgemeinen keine systematische Methode zur Lösung von Problemen an.
94. ist sichtlich irritiert oder verwirrt, wenn er/sie einen Fehler macht.
95. ist kein guter Zuhörer.
96. findet es schwierig, mit Erfolg Aufgaben an andere zu delegieren.
97. würde bei Problemen von seinen Untergebenen wahrscheinlich nicht vorbehaltlos unterstützt werden.
98. ist offensichtlich der Auffassung, daß durch Beratung anderer nur wenig erreicht werden kann.
99. unternimmt wenig, um Mitarbeitern zu helfen, mehr als jetzt zu leisten.
100. findet es manchmal nicht leicht, eigene emotionale Schwierigkeiten zu überwinden.
101. hat Wertvorstellungen, die mit denen des Unternehmens nicht übereinstimmen.
102. verwirklicht seine Ambitionen nicht.
103. erweitert selten die eigenen Fähigkeiten.
104. scheint heute mehr Probleme zu haben als vor einem Jahr.
105. schätzt unbeschwertes, heiteres Verhalten am Arbeitsplatz nicht.
106. wird oft von anderen nicht ernst genommen.
107. führt andere mit Methoden, an die er/sie selbst nicht wirklich glaubt.

108. wird von seinen/ihren Mitarbeitern nicht besonders wegen seiner Führungsqualitäten respektiert.
109. baut niemanden für seine/ihre Nachfolge auf.
110. ist kein(e) »Teamspieler(in)«.

Antwortraster für die Fremdeinschätzung der Blockierungen

Jedes Feld des folgenden Rasters entspricht einer der 110 Aussagen der Erhebung. Wenn Sie also meinen, daß eine Aussage weitgehend auf die betreffende Person zutrifft, kreuzen Sie das ihr zugeordnete Feld an. Trifft die Aussage Ihrer Meinung nach im wesentlichen nicht zu oder können Sie keine Angaben dazu machen, so lassen Sie das Feld frei. Bitte gehen Sie in der richtigen Reihenfolge vor und achten Sie darauf, keine der Aussagen irrtümlich auszulassen.

	A	B	C	D	E	F	G	H	I	J	K
	1	2	3	4	5	6	7	8	9	10	11
	12	13	14	15	16	17	18	19	20	21	22
	23	24	25	26	27	28	29	30	31	32	33
	34	35	36	37	38	39	40	41	42	43	44
	45	46	47	48	49	50	51	52	53	54	55
	56	57	58	59	60	61	62	63	64	65	66
	67	68	69	70	71	72	73	74	75	76	77
	78	79	80	81	82	83	84	85	86	87	88
	89	90	91	92	93	94	95	96	97	98	99
	100	101	102	103	104	105	106	107	108	109	110
Summe											

Wenn Sie alle 110 Aussagen berücksichtigt haben, addieren Sie die *Anzahl der Kreuze* (aber nicht die Zahlen!) in jeder senkrechten Spalte und schreiben Sie diese Summe in das dafür vorgesehene Feld. Nun schreiten Sie zur Auswertung.

Auswertung der Fremdeinschätzung der Blockierungen

Übertragen Sie jede der Summen aus dem Anwortrasters in die entsprechenden Zeilen A bis K. Die Spalte »Rang« ist so zu verstehen, daß die höchste Punktezahl dort mit 1., die zweithöchste Punktezahl mit 2. bezeichnet wird usw.

Spalte	Blockierung	Punkt	Rang
A	Unfähigkeit zur Selbststeuerung		
B	Unklare Wertvorstellungen		
C	Unklare persönliche Ziele		
D	Gehemmte Persönlichkeitsentwicklung		
E	Unentwickelte Fähigkeit, Probleme zu lösen		
F	Geringe Kreativität		
G	Geringes Beeinflussungsvermögen		
H	Mangelhaftes Management-Verständnis		
I	Geringe Führungskompetenz		
J	Unzulängliche Trainerfähigkeiten		
K	Geringe Teambildungsfähigkeiten		

Ist die Spalte »Rang« ausgefüllt, geben Sie dieses Ergebnis an die von Ihnen beurteilte Person weiter.

Vergleich der Bewertung der Selbsteinschätzung und der Fremdeinschätzung der Blockierungen

Dieser Auswertungsbogen dient der Verknüpfung der Resultate der Selbsteinschätzung mit denen der Einschätzung durch andere.

Anleitung

1. Übertragen Sie die Punkte, die Sie bei Ihren Beurteilern erzielt haben, auf die Tabelle auf der folgenden Seite. (Wurden weniger als vier Bogen ausgefüllt, lassen Sie die entsprechende Anzahl von Spalten frei. Waren es mehr, so fügen Sie welche hinzu.)
2. Addieren Sie alle Punkte horizontal und tragen Sie die Ergebnisse in Spalte E (Gesamtpunkte) ein.
3. Für die Spalte F (Durchschnitt) dividieren Sie die Zahlen von Spalte E durch die Anzahl der Fremdbeurteiler und ziehen Sie das so erzielte Ergebnis von 10 ab. Das Resultat wird in die Spalte F eingetragen.
4. Übertragen Sie die Punkte aus Ihrer Selbsteinschätzung der Blockierungen in die Spalte G.
5. Addieren Sie die Punkte von Spalte F mit denen von Spalte G horizontal und dividieren Sie diese Summe durch 2. Tragen Sie das Ergebnis in die Spalte H ein.

	A	B	C	D	E	F	G	H
	Fremd-einschät-zung 1	Fremd-einschät-zung 2	Fremd-einschät-zung 3	Fremd-einschät-zung 4			Selbstein-schät-zung	
Blockierungen	Punkte	Punkte	Punkte	Punkte	Summen	Durch-schnitt	Punkte	Punkte-kombina-tion
Unfähigkeit zur Selbststeuerung								
Unklare Wertvorstellungen								
Unklare persönliche Ziele								
Gehemmte Persönlichkeits-entwicklung								
Unentwickelte Fähigkeit, Probleme zu lösen								
Geringe Kreativität								
Geringes Beeinflussungsvermögen								
Mangelhaftes Management-Verständnis								
Geringe Führungskompetenz								
Unzulängliche Trainerfähigkeiten								
Geringe Teambildungsfähigkeit								

Die Punktekombination in Spalte H ist ein nützlicher Indikator Ihrer persönlichen Stärken und Ihrer Blockierungen, weil es sich um eine Zusammenschau Ihrer eigenen Wahrnehmungen mit denen anderer, also um die gegenseitige Modifikation verschiedener subjektiver Sichtweisen handelt. Das Resultat ist weitaus objektiver, als es eine einzelne Einschätzung sein kann. Niedrige Punktezahlen in dieser Spalte bezeichnen Bereiche, in denen es für Sie wichtig wäre, sich als Manager weiterzuentwickeln. Um sich selbst einen besseren Überblick zu verschaffen, tragen Sie die Ergebnisse aus Spalte H unten ein.

Meine Stärken als Manager

Höchste Punktezahlen	Bezeichnung

Blockierung, die mich hindert, meine Potentiale zu realisieren

Niedrigste Punktezahlen	Bezeichnung

Vergleichswertung der drei Erhebungen

Die Vergleichstabelle für die Resultate aller drei Erhebungen wird folgendermaßen ausgefüllt: Tragen Sie die Punktezahl der Spalte A der Tabelle auf Seite 293 hier ebenfalls in die Spalte A ein. In die Spalte B tragen Sie die Werte aus Spalte H (»Punktekombination«) der Tabelle auf Seite 307 ein. Ist der Wert in der Spalte A höher als in Spalte B, so wird B von A abgezogen und die Differenz in Spalte C eingetragen. Ist ein Wert in Spalte A kleiner als in Spalte B oder gleich groß, dann bleibt die Spalte C an dieser Stelle leer. Die so in Spalte C (»Diskrepanz«) ermittelten Werte zeigen Blockierungen und damit Entwicklungsbedürfnisse auf, die Sie aller Wahrscheinlichkeit nach haben. Je größer der Wert in Spalte C, desto mehr profitieren Sie von der Beseitigung der entsprechenden Blockierung.

	Arbeitsplatztest **Punkte**	**Punktekombination**	**Diskrepanz**
Blockierungen	**A**	**B**	**C**
Unfähigkeit, sich selbst anzuleiten			
Unklare Wertvorstellungen			
Unklare persönliche Ziele			
Gehemmte persönliche Entwicklung			
Unzulängliche Fähigkeit, Probleme zu lösen			
Geringe Kreativität			
Geringes Beeinflussungsvermögen			
Mangelhaftes Managementverständnis			
Geringe Führungskompetenz			
Unzulängliche Trainerfähigkeiten			
Geringe Teambildungsfähigkeit			

Teil 5:

Maßnahmen zur Erkundung von Blockierungen

In den vorangegangenen Teilen dieses Buches wurde Gewicht auf die Haltungen, Fertigkeiten und Methoden gelegt, die Manager in den kommenden Jahrzehnten für ihren Erfolg brauchen werden. Dieser Teil nun befaßt sich mit praktischen Möglichkeiten, Ihre Fähigkeiten auszubauen. Er handelt von Entwicklungsbarrieren, von Methoden, Managern bei ihrer Entwicklung zu helfen, von der Ausarbeitung von Plänen für die persönliche Weiterentwicklung und von praktischen, der Beseitigung von Blockierungen dienenden Maßnahmen.

Entwicklungsbarrieren

So manche Manager neigen zur Beibehaltung ihrer gewohnten Verhaltensmuster und entwickeln sich in den Jahren ihrer beruflichen Laufbahn praktisch nicht weiter. Die häufigsten Hindernisse dabei sind die folgenden:

- *Furcht vor neuen Situationen:* Oft werden Sicherheit und Bequemlichkeit Risiken und Neuerungen vorgezogen.
- *Abneigung, sich verwundbar zu zeigen:* Es ist dies der Versuch, (psychischen) Schlägen und bedrohlichen Situationen tunlichst aus dem Wege zu gehen.
- *Erwartungen anderer:* Mitunter behindern die Familie, Kollegen und/oder Freunde Änderungsbemühungen eines Menschen.
- *Fehlendes Vertrauen in die eigenen Fähigkeiten:* Oft läßt sich beobachten, daß jemand seine Entwicklung selbst behindert, weil er nicht daran glaubt, sich selbst oder seine Arbeits- und Lebensbedingungen ändern zu können.

- *Unzulängliche Strategie und methodische Schwächen:* Manchmal fehlt es an den für einen Wandel notwendigen Ideen oder Methoden.

Jede dieser Barrieren stellt einen Widerstand gegen Veränderung und Fortschritt dar. Aber es existieren viel mehr Hindernisse, und sie sind von Person zu Person verschieden. Dem Druck in Richtung auf Veränderung steht häufig eine mindestens ebenso starke Resistenzkraft entgegen, so daß ein Stillstand eintritt. Die Situa-

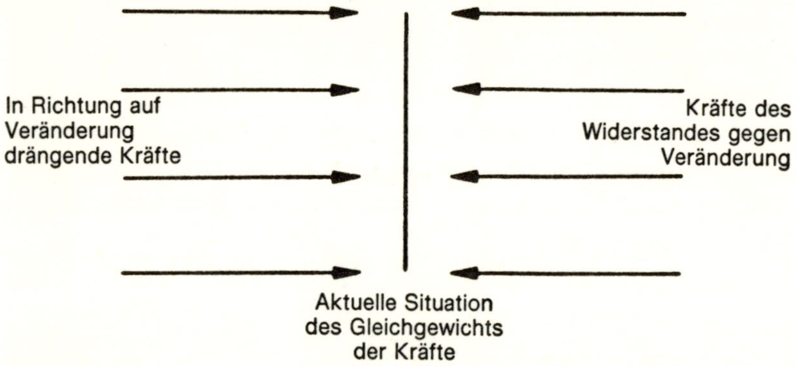

Abbildung 12: Kräfte der Veränderung und des Beharrens im Gleichgewicht

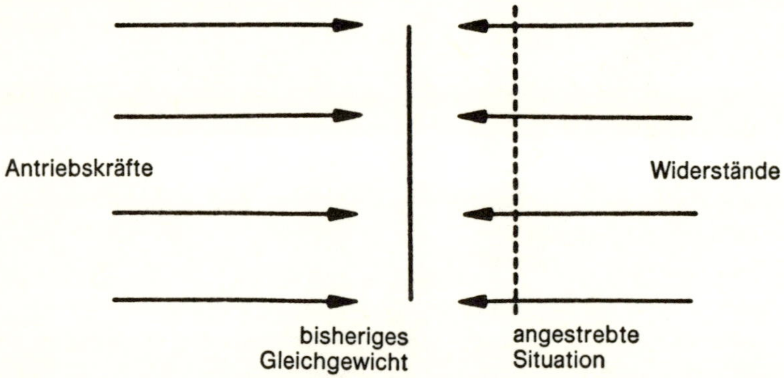

Abbildung 13: Veränderung als Verschieben des Gleichgewichts zwischen Antriebskräften und Widerständen

tion (graphisch in Abbildung 12 dargestellt) ist wie beim Tauziehen, wobei sich die augenblickliche Lage aus dem momentanen Verhältnis der positiven (vorantreibenden) und der negativen (widerstrebenden) Kräfte ergibt. Verschiebt sich das Gleichgewicht, so vollzieht sich ein Wandel (siehe Abbildung 13). Dieser Wandel kann durch die folgenden fünf Maßnahmen herbeigeführt werden:

1. durch das Erkennen der in dieser Auseinandersetzung wirksam werdenden Kräfte und die Einschätzung ihrer jeweiligen Stärke;
2. durch die Stärkung der die Veränderung fördernden Kräfte·,
3. durch die Einbeziehung neuer, den Wandel unterstützender Kräfte.
4. durch Schwächung all dessen, was der Veränderung entgegensteht;
5. durch Ausschaltung möglichst vieler dieser Widerstandskräfte.

Diese Konzeption eignet sich nicht nur für die Entwicklung der Kunst effizienten Managens im allgemeinen, sondern bietet auch interessante Einblicke in die Möglichkeiten, die eigene Persönlichkeitsentwicklung zu steuern. Auch hier müssen die positiven, in Richtung Veränderung drängenden Kräfte gestärkt und jene des Beharrens geschwächt werden (siehe Abbildung 14 auf Seite 314). Dabei hat es wenig Sinn, die einzelnen Kräfte unabhängig voneinander zu betrachten. Sie müssen alle und auf längere Sicht in die Bemühungen einbezogen werden, weil nur so eine fühlbare Erhöhung der persönlichen Effizienz zu erreichen ist.

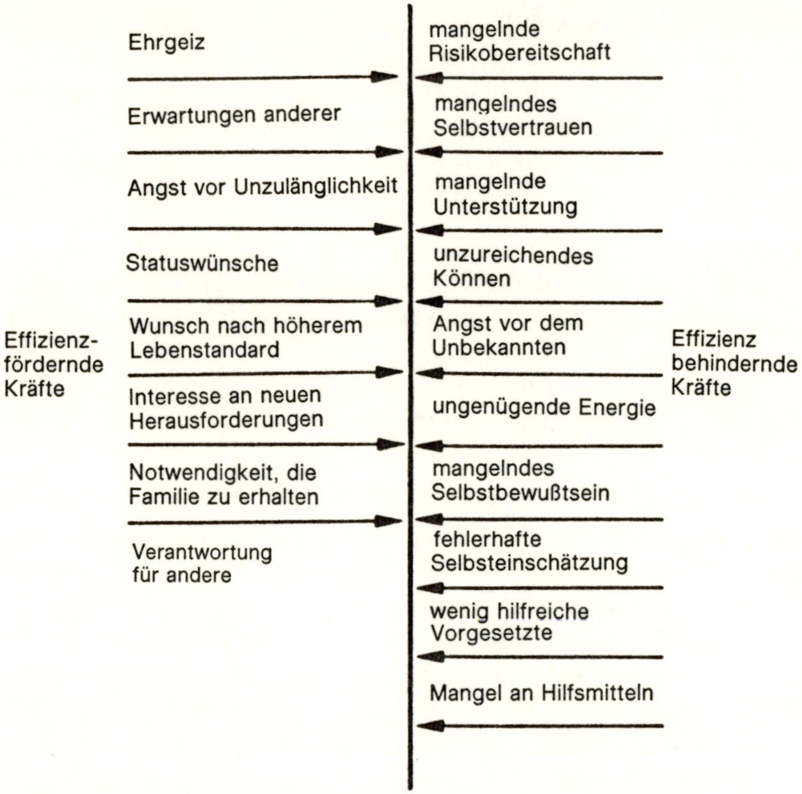

Abbildung 14: Anwendung der Analyse entgegengesetzter Kräfte zum Zweck der Steuerung der Persönlichkeitsentwicklung

Der persönliche Entwicklungsplan

Ein solcher Plan sollte auf Ihre Situation abgestimmt und realistisch sein; er sollte darauf abzielen, Ihre Fähigkeiten zu erweitern und Ihr Engagement zu verstärken. Die folgenden aus der Praxis gewonnenen Grundregeln können Ihnen helfen, einen derartigen Plan auszuarbeiten.

Seien Sie sich über Ihre Ziele im klaren: Manchmal liegt das Scheitern daran, daß man keine klaren Ziele vor Augen hat. Versuchen

Sie sich also das Ergebnis, das Sie anstreben, vorzustellen und halten Sie es möglichst detailliert schriftlich fest.
Legen Sie Erfolgskriterien fest: Meßbare Erfolge sind von größerem Nutzen. Wenn jemand abnehmen will, so hilft ihm eine Tabelle, in die er die Gewichtsveränderungen einträgt. Dasselbe Prinzip kann auch für die Verbesserung der persönlichen Leistung angewandt werden.
Freuen Sie sich auch über kleine Fortschritte: Nicht umsonst heißt es, daß auch ein großer Baum aus einem kleinen Samenkorn gewachsen ist. Wer sich wie Superman mit einem Schlage verwandeln will, hat selten Erfolg. Und: Erfolg bewirkt weiteren Erfolg. Langsame, aber gut fundierte Fortschritte sind (meist) von Dauer und haben die Tendenz, die Arbeitshaltung nachhaltig positiv zu verändern.
Haben Sie angesichts unbekannter Situationen Mut zum Risiko: Neue Situationen wirken oft bedrohlich. Da ist die Geschichte von Hardy, unter Lord Nelson ein tapferer Kämpfer in Seeschlachten, die zu den blutigsten der Geschichte zählten. Doch als er einen Posten im Greenwich Naval College antreten sollte, weigerte er sich standhaft, den ersten Zug der gerade errichteten Eisenbahn von London nach Greenwich zu besteigen. Der tapfere Seebär lehnte mit der Begründung ab, sich nicht ohne Not diesem enormen Risiko aussetzen zu wollen.
Man muß sich häufig zwischen einem Risiko und der gewohnten Sicherheit entscheiden. Das Unsichere einer neuen Situation ist oft ein negativer, das Voranschreiten behindernder Faktor.
Bedenken Sie, daß die eigene Entwicklung in der Hauptsache von einem selber abhängt: Letztlich ist jeder für seine Entwicklung selbst verantwortlich. In jedem Lebensabschnitt kann man wählen, ob man aus den Erfahrungen lernt oder diese ignoriert, ob man sich also für den sicher scheinenden Hafen entscheidet und riskiert, dort zu stranden. Um erfolgreich zu sein, muß man Selbstverantwortlichkeit für das eigene Leben entwickeln.
Ihre Veränderung kann sich auf andere negativ auswirken: Mit wachsender Effizienz und wachsendem Erfolg ändern sich auch Ihre Prioritäten. Ihre erhöhte Kompetenz mag von anderen mit Neid oder Mißgunst betrachtet werden.
Ergreifen Sie sich bietende Gelegenheiten: Die Arbeit an Ihrer Wei-

terentwicklung eröffnet Ihnen neue Perspektiven. So können Beziehungen produktiver gestaltet werden, Teams aufgebaut, Geschäftsabwicklungen verbessert und neue Kontakte geknüpft werden. Die Fähigkeit, sich bietende Gelegenheiten auch zu erkennen und zu nützen, ist ganz charakteristisch für Leute, die bewußt ihren Radius zu erweitern trachten.

Seien Sie bereit, von anderen zu lernen: Man kann die Methoden, Haltungen und Fähigkeiten anderer in der Absicht analysieren, den Ursachen für deren Erfolge oder Mißerfolge auf den Grund zu kommen. Auch wenn es stimmt, daß Sie die Verantwortung für Ihre eigenen Handlungen selbst tragen, ist es doch oft sehr nützlich, sich von anderen beraten zu lassen. Sie geben Ihnen Feedback, sind meist weniger voreingenommen als Sie selbst und vermitteln Ihnen Sichtweisen, die von den Ihren abweichen mögen. Zögern Sie aber nicht, die Meinungen anderer zu hinterfragen. Das versetzt Sie in die Lage, deren Gedanken zu beurteilen, und erhöht zugleich Ihr Ansehen und den Respekt, den Sie genießen.

Lernen Sie aus Ihren Rückschlägen und Fehlern: Seien Sie bereit, Fehler einzugestehen. Betrachten Sie auch Ihre Rückschläge und Fehler als Feedback, das Ihnen die Praxis gibt, und lernen Sie die Lehren daraus. Diese Methode verwandelt Mißerfolge in eine wertvolle Entwicklungshilfe.

Beschäftigen Sie sich mit der Unternehmenspolitik: Jedes Unternehmen hat eine Geschäftspolitik, und es ist nur klug, sich mit deren Konsequenzen auseinanderzusetzen. Es kann sein, daß Ihre Effizienz gerade durch sie beeinträchtigt wird. Wenn Sie bestimmte Aspekte dieser Politik als schädlich erkannt haben, gehen Sie dagegen an und tragen Sie nach Möglichkeit zu deren Überwindung bei.

Diskutieren Sie offen Ihre Ansichten und Prinzipien: Tiefverwurzelte Ansichten, Überzeugungen und Vorurteile lassen sich nur ändern, wenn sie ans Tageslicht gebracht und vorbehaltlos analysiert werden. Sprechen Sie mit Leuten, mit denen Sie Schwierigkeiten haben – deren abweichende Meinungen können besonders anregend sein. Unterschätzen Sie den Wert von Diskussionen nicht. Die Darlegung Ihrer Positionen und Ansichten gibt Ihnen Gelegenheit, die Reaktionen daraus zu beobachten.

Seien Sie gegenüber dem Unternehmen, das Sie beschäftigt, loyal:

Die Beziehung zwischen dem einzelnen und seinem Unternehmen ist weitgehend ein Handel, aus dem beide Seiten großen Nutzen zu ziehen bestrebt sind. Wenn Sie nicht das Ihre dazu tun, dann können Sie auch nicht viel erwarten.

Seien Sie bei der Zeitplanung realistisch: Seine Fähigkeiten zu erweitern ist keine befristete Aufgabe. Scheint das Ziel erreicht zu sein, ist es Zeit, sich neuen Entwicklungsbereichen zuzuwenden. Wie Sie sich jetzt verhalten, ist das Ergebnis eines jahrelangen Lernprozesses, und nur allmählich treten neue Verhaltensmuster an die Stelle von alten. Veränderung verlangt ständige Aufmerksamkeit, und ihre Dauer muß realistisch eingeschätzt werden.

Praktizieren Sie, was Sie predigen: Es sind nicht Ihre Worte, sondern Ihre Taten, die Ihre Fähigkeiten unter Beweis stellen. Die Menschen sind mit Recht skeptisch gegenüber Absichtserklärungen und eloquenten Tiraden, und zwar ganz besonders dann, wenn die betreffende Person schon öfter lediglich dadurch auf sich aufmerksam gemacht hat. Sie sollten es ebenso halten: Beurteilen Sie andere aufgrund dessen, was ihren Worten folgt.

Benutzen Sie die Konzeption der Blockierungen, um Fortschritte zu beobachten: Die in diesem Buch enthaltenen Fragebögen zur Erfassung von Blockierungen zeigen Ihre Stärken sowie jene Bereiche auf, deren Entwicklung Sie sich zuwenden sollten. Wenn Sie diese Tests in regelmäßigen Zeitabständen wiederholen, können Sie die Ergebnisse vergleichen und gegeneinander abwägen. So können Sie die Fortschritte, die Sie machen, beobachten und Ihre Entwicklungspläne stets neu beleben.

Freuen Sie sich über Ihre Fortschritte: Lernen fällt am leichtesten, wenn es Spaß macht und Freude bereitet. Es kann einem leicht passieren, daß man dermaßen mit seinen Zielen beschäftigt ist, daß man aufhört, den Weg dorthin zu genießen. Das produktivste Lernklima ist ein solches, das eine Fülle echter Herausforderungen und die Möglichkeit vieler Erfolgserlebnisse bietet.

Hilfreiche Entwicklungsmethoden für Manager

Obwohl das Erkennen der persönlichen Blockierungen an sich bereits eine Antriebskraft für Veränderungen ist, sind oft zusätzliche Erfahrungen und Lernprozesse erforderlich, um das Verständnis zu vertiefen und zu neuen Fähigkeiten und Einsichten zu gelangen. Für wichtige persönliche Veränderungen braucht man Selbstvertrauen, Wissen und Können, die Unterstützung anderer und – vor allem anderen – die Fähigkeit, Dinge anders als andere und auf immer neue Weise zustande zu bringen. Das Problem besteht für Manager darin, wie sie es anstellen sollen, ihre eigenen Gewohnheiten und Fähigkeiten zu untersuchen, ihr Potential zu testen und Erfahrungen in der Anwendung neuer Methoden zu sammeln. Jeder muß seine eigenen unmittelbaren Erkenntnisse gewinnen, weil nur wenig durch Beschreibungen weitergegeben werden kann. Man muß selbst fühlen, selbst wissen. Abbildung 15 versucht, diesen Prozeß der Selbstentwicklung durch eigenes Handeln anschaulich zu machen.

In der jüngeren Vergangenheit sind etliche Methoden entwickelt worden, mit deren Hilfe Manager in die Lage versetzt werden sollten, ihre eigenen (oft unbewußt genutzten) Arbeitsstile und Potentiale zu erkunden und sich zu vergegenwärtigen. Fast ausnahmslos erwerben Leute, die diese Methoden anwenden, neue Fertigkeiten, gelangen zu neuen Einsichten und entdecken bislang unerkannte Fähigkeiten. Wenn man die einzelnen in diesem Buch dargelegten Detailschritte addiert, kommt man auf nahezu 200, von denen die meisten die Erfahrungen des Managementalltags als »Rohmaterial« für das Lernen nutzen. Sie dienen alle der Veränderung im persönlichen Bereich und helfen mit, möglicherweise aufkommende Trägheit zu überwinden und eine persönliche Entwicklung, die diese Bezeichnung verdient, zu bewirken.

Dieses Buch ist lediglich als allgemeiner Rahmen für die Eigenanalyse und Selbstprüfung zu verstehen, weil so manche Details unberücksichtigt bleiben mußten. Darum werden Sie noch weitere Hilfsmittel für Ihr Vorankommen benötigen. Das wichtigste davon ist aber sicher Ihr Einsatz, Ihr Engagement in der Praxis, da das Lernen aus der eigenen Erfahrung die schönsten Früchte zeitigt, wenn es gilt, neue Fähigkeiten zu erwerben und anzuwenden.

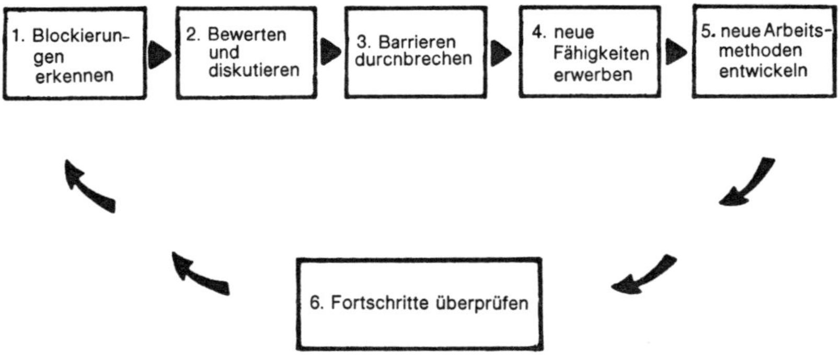

Abbildung 15: Entscheidende Schritte eines Aktionsplans für die Selbstentwicklung